Эта книга принадлежит

_____

Контакты владельца

_____

Эту книгу хорошо дополняют:

Вверх!
Инна Кузнецова

**Помогите им вырасти или смотрите,
как они уходят**
Беверли Кей, Джулия Джулиони

Правила выдающейся карьеры
Стивен Кови, Дженнифер Колосимо

Веди людей за собой
Дэвид Новак

Инна Кузнецова

Месяц в небе

Практические заметки о путях
профессионального роста

Издательство «Манн, Иванов и Фербер»
Москва, 2013

УДК 658
ББК 65.291
К89

Кузнецова, И. А.

К89   Месяц в небе. Практические заметки о путях профессионального роста / Инна Кузнецова. — М. : Манн, Иванов и Фербер, 2013. — 352 с.

ISBN 978-5-91657-821-8

Стремясь к высоким должностям, нужно понимать, что путь не будет легким. И еще — что помимо интересной, насыщенной жизни там вас ждет огромная ответственность: фактически благополучие компании будет зависеть от вас.

Хотите примерить на себя жизнь топ-менеджера глобальной корпорации, чтобы разобраться, нужно ли вам это и что требуется для достижения подобного поста? Прочтите книгу Инны Кузнецовой, которая поднялась по всем ступенькам карьерной лестницы в компании IBM до поста вице-президента по маркетингу, а затем перешла в другую компанию на еще более высокую должность, став там к тому же членом совета директоров.

Книга принесет наибольшую пользу тем, кто стремится к планомерному карьерному росту, особенно в глобальной корпорации.

УДК 658
ББК 65.291

VEGAS LEX

Оглавление

О чем эта книга

Секрет усспультно пройденного пути в том,
чтобы его начать[*].
Записка в китайском печенье

Не ждите особой помощи от записок внутри китайского печенья, но иногда и они могут навести на хорошую мысль. Когда я пытаюсь осознать и проработать сложную тему, то стараюсь записывать свои мысли в виде заметок.

Последние полтора года у меня не было недостатка в вопросах, требующих осмысления: впервые возглавив вертикаль в крупной компании, я пыталась не только преобразовать свою организацию, но и перейти очередной рубеж в собственном профессиональном росте. Это только кажется, что скачок, переход в другую лигу случается мгновенно. На самом деле он зреет годами, происходит постепенно и, уже произойдя по факту, требует внутреннего осознания и перестройки.

Моя первая книга «Вверх! Практический подход к карьерному росту»[**] появилась как результат размышлений над предыдущим участком моего пути. Начав работу в российском представительстве IBM в 1993 году, я перешла в штаб-квартиру компании в Америке в начале 1997 года. В последующие двенадцать лет мне пришлось решать все те задачи, с которыми сталкиваются профессионалы в современных

---

[*] The secret of getting ahead is getting started.
[**] Впервые вышла в издательстве «Манн, Иванов и Фербер» в 2012 году. *Прим. ред.*

глобальных корпорациях: выбирать следующую должность и проходить интервью, работать с трудными коллегами и непростыми начальниками, искать менторов и улучшать навыки руководства, планировать растущую нагрузку и получать MBA. В моем случае к ним прибавилась еще и необходимость выработать правильное отношение к таким факторам, как пол и иностранное происхождение, избавиться от собственного страха перед выступлениями и пресс-конференциями из-за акцента и не сбрасывать скорость перед несуществующим препятствием.

Двенадцать лет спустя, после десятка должностей, связанных как с горизонтальными шагами — расширением области компетенции, — так и с повышениями, в 2009 году я стала первым вице-президентом русского происхождения в штаб-квартире IBM. Посыпались просьбы стать ментором, приглашения на выступления и круглые столы не только по профессионально-техническим, но и по карьерным темам. Это, в свою очередь, заставило меня не только точнее сформулировать ответы на наиболее частые вопросы профессионального роста, но и начать делиться своими мыслями и наблюдениями. Мои заметки, сделанные в попытках разобраться в стоящих передо мной трудностях, неожиданно оказались актуальными для многих. Так появилась моя первая книга «Вверх! Практический подход к карьерному росту», ставшая бестселлером на рынке бизнес-литературы в России. Получая письма от незнакомых людей с рассказами о том, как книга помогла им определиться с планированием карьеры и решением сложных вопросов — от выбора должности или программы MBA до работы с трудными коллегами, — я радуюсь, что мои размышления на эти темы принесли кому-то пользу.

В то же время моя собственная карьера совершила необычный поворот. В начале 2012 года я ушла из IBM в CEVA Logistics, одну из крупнейших глобальных компаний в логистике, чтобы возглавить там всю вертикаль сбыта. Это было своего рода перемещение в другую лигу — по уровню принимаемых решений, влиянию на бизнес компании и объему ответственности. Переход в другую индустрию, да еще и в корпорацию со штаб-квартирой в Амстердаме — я продолжаю жить в Америке и провожу немалую часть времени в поездках, — был сам по себе нелегок. Но оказалось, что сам статус члена совета директоров предполагает немало нового независимо от отрасли, дисциплины и географии. К чему-то я была готова, что-то оказалось неожиданностью, и все вместе потребовало определенного осмысления. Им я и хочу поделиться в новой книге, посвященной переходу в высшее руководство компании.

Так же как и «Вверх!», она написана в первую очередь для тех, кто задумывается о построении карьеры в глобальной корпорации. В современном мире бизнеса существуют различные лестницы роста. Карьеры бывают вертикальные, связанные с руководством людьми, и горизонтально-экспертные, построенные на углублении знаний и способностей в определенной области, а не на увеличении количества подчиненных или масштаба ответственности за прибыли и убытки. И в том и в другом случае продвижение требует ряда навыков помимо непосредственного знания своей дисциплины и получения хороших результатов.

Далеко не все идущие по обоим путям сознательно ставят цели, намечают вехи и планируют следующие шаги. Есть люди, вообще не заинтересованные в профессиональном росте как самовыражении. Они ориентируются на оптимизацию заработка и временны́х затрат. Есть и те, кто любит свою работу, но по ряду причин не ищет большой ответственности и не желает выходить из собственной зоны комфорта. Это не значит, что книга покажется им неинтересной, — напротив, они могут найти в ней подтверждение собственных мотивов, равно как и увлечься ее мемуарной составляющей. Однако наибольшую ценность она будет представлять для тех, кто периодически задумывается о карьере, о продвижении и месте в иерархии глобальной компании. Книга рассказывает, что требуется для этого помимо выдающихся результатов непосредственно в профессиональной дисциплине, о чем важно поразмыслить человеку, переходящему на старший уровень руководства.

Я не выделяю вопросы женской карьеры в отдельную главу, потому что, с моей точки зрения, большинство встающих при переходе в высшее руководство проблем и необходимых навыков находятся вне гендерных различий. Тем не менее в ряде ситуаций есть нюансы, на которых мне хотелось бы остановиться особо, — от целеполагания и мифа о том, что работа на высшем уровне карьерной иерархии исключает наличие семьи, до стиля руководства и некоторых сложностей, с которыми женщины сталкиваются чаще, чем мужчины, — в силу традиций воспитания.

Возможно, переход в логистику, где женщин в руководстве оказалось гораздо меньше, чем в IT, и беседы с новыми коллегами, нередко ищущими во мне ментора и ролевую модель, оказали определенное влияние на мое понимание этого вопроса. Наш мир неоднороден. Положение женщин в бизнесе сильно варьируется по отраслям и странам. То, что кажется пройденным этапом (подобно праву голосовать, отвоеванному движением суфражисток) в одном месте, по-прежнему актуально в другом. В моей первой книге, в главе про лимитирующий фактор, который мы сами себе создаем или раздуваем, я призывала различать личную ситуацию и статистическую. Объективные или субъективные сложности, ставшие препятствием для многих, не останавливают отдельных конкретных людей в достижении намеченных целей. При всем том полезно понимать, на каких моментах и как именно стоит заранее заострить внимание при переходе в высшее руководство.

Большинство из нас меняет за свою жизнь с десяток должностей и работ и хотя бы однажды задается вопросом: хочу ли я подняться на самый верх? И если да, то что для этого требуется? Кого повышают в начальники первого-второго уровня и кто из них позже дорастает до совета директоров? Действительно ли все определяется связями и как они строятся? А если не все, что конкретно важно для того, чтобы со временем перейти в высшее руководство глобальной компании?

Профессиональный путь — результат череды решений: наших собственных и тех лиц, что влияют на нашу карьеру. Чем они определяются?

В первой части этой книги мы поговорим о вопросе, который сто́ит периодически задавать себе по мере продвижения: хотите ли вы идти дальше? Жизнь «на верхнем этаже» окружена множеством мифов. Их исследование, анализ реального положения дел — на примерах моей работы и опыта коллег — может помочь вам в выборе.

Вторая часть книги посвящена тому, что нужно для перехода на более высокий уровень. Ряд качеств и навыков, о которых пойдет речь, понадобятся куда раньше. Их развитие может ускорить ваше повышение и на более ранних стадиях карьеры, а отсутствие — вывести ее на длительное плато. Они могут стать критериями отбора среди все более конкурентной группы кандидатов на следующую позицию, демонстрирующих успешные результаты в своей области, так же как и вы, и обладающих столь же высокой работоспособностью и амбициями.

В третьей части мне хотелось бы поделиться рядом советов, которые могут пригодиться в первый год тем, кто уже вошел в совет директоров, независимо от того, какой функцией, продуктовой областью или регионом они руководят.

Эта книга — не пошаговое описание действий, ведущих к гарантированным результатам. Она также не является сборником воспоминаний или изложением жизненной философии. Однако я обращаюсь к собственному опыту как к иллюстрации ряда примеров из жизни и надеюсь, что он поможет идущим следом. Это заметки о том, что́ я осознала для себя в процессе перехода и хотела бы рассказать друзьям и ученикам, идущим по пути построения карьеры в глобальной корпорации, в надежде помочь им если не обойти, то хотя бы сгладить острые углы.

Автор

Вместо предисловия
Ожидание взлета

Месяц в небе.
Июнь.
Пчела.
Запах жасмина.
На ладони.
Стихотворение на свитке
в чайной комнате в Токио

Первый раз нас тряхнуло за два дня до цунами. Ощущения от землетрясения на пятнадцатом этаже токийского небоскреба воскресили давно забытое воспоминание о покраске фасада дома в стройотряде, когда бригада, готовившая место для маляров, прибила леса к деревьям. Тогда во время ветра нас качало из стороны в сторону вместе с дощатым полом и банками краски. Вот и толчки в три с небольшим балла, докатившиеся до Токио от эпицентра, находящегося в трехстах километрах, вызывали легкую морскую болезнь.

Хозяева встречи и сопровождающие меня японские коллеги прореагировали на них мимоходом, как отмечают у нас в Нью-Йорке неожиданный июньский ливень:

— А, — сказали они. — А это землетрясение!

— Сильнее, чем обычно. И долго как!

Вздохнули, вежливо поинтересовались, приходилось ли мне раньше испытывать подземные толчки, и как ни в чем не бывало вернулись к вопросу виртуализации хранения данных. Комната походила из стороны в сторону еще пару минут и успокоилась. Никто не хватал с полок каски и фонари, непременно имеющиеся в наличии в любом японском офисе или гостиничном номере, не устремлялся в организованном порядке вниз по лестнице и даже не пытался залезть под массивный деревянный стол конференц-зала. Я тоже перестала беспокоиться: судя по всему, новые здания в Токио были рассчитаны на куда более сильные подземные толчки.

Уже к вечеру землетрясение лишь изредка всплывало в разговорах, да и то скорее как забавный казус и приятная нейтральная тема.

— Надо же, больше четырех минут длилось!

— А обычно?

— Не больше двух-трех, у нас такое каждый месяц.

Впрочем, даже во время ужина замлетрясение не так сильно занимало умы — куда больше нас интересовали темы культурных различий. Например, моя японская коллега, ранее не бывавшая в Европе, как раз приехала из своей первой поездки в Милан, где больше всего ее поразили две вещи. Во-первых, то, что там сохранен старый центр — в азиатских городах новая застройка ведется свободно, без заботы о сохранении исторического облика. А во-вторых, величина собора: в Европе храм выше государственных зданий. В Японии роль правительства и императора всегда была гораздо значимей, чем роль религии, и это отражено в относительных размерах построек.

В Токио я в первый раз подписала русскоязычным читателям экземпляры вышедшей три месяца назад книги «Вверх!». А они поделились со мной рассказами об особенностях японской офисной жизни. Так я узнала, что общение с клиентами или штаб-квартирой в Японии крайне регламентировано и часто требует нескольких уровней утверждения. Мне это очень помогло понять ряд проблем, с которыми мы столкнулись у себя в компании при организации технической поддержки. Например, почему в Японии ждут очередного моего визита, чтобы с задержкой на пару месяцев сообщить о проблемах, а не просто отправляют электронное письмо разработчикам. А японская команда действовала обычным для нее образом, в соответствии с существовавшим годами процессом и этикетом, заведенным во времена продажи стабильных аппаратных средств, а не системного программного обеспечения, не рассчитанного на полное тестирование в лабораторных условиях. Книга не только помогла мне найти сотни друзей по всему миру — сам мир становился шире.

Я постепенно поверила, что землетрясение — это действительно просто погодные условия. И когда в шесть утра у меня над головой залязгали трубы и я в конце концов сообразила спросонок, что это вовсе не починка водопровода и что лампа над столом раскачивается неспроста, то почти не испугалась. Я подошла к окну: машины шли потоком, эстакады стояли на месте. Когда лязг не прекратился на шестой минуте, позвонила мужу в Америку, чтобы услышать его голос и убедиться, что мне не страшно. И отправилась на встречу с заказчиком, одну из самых тяжелых встреч в Японии, — извиняться за качество продукта.

За два года работы с ПО, имеющим серьезные проблемы, я научилась делать три вещи: благодарить за терпение, рассказывать, что́ мы предпринимаем для улучшения продукта, и отправлять специалистов исправлять проблемы. Есть продукты, которые учат отвечающих за их продажи смирению, дипломатии, быстрой реакции и почти дзенскому спокойствию в эпицентре. Наверное, на пути каждого руководителя должен хотя бы раз в жизни встать такой монстр, чтобы одарить бесценным опытом. Правда, его продажа на японском рынке представляет следующий уровень испытаний: умение ритуально признавать свою вину, в течение часа, склонив голову, благодарить за терпение и ждать момента, когда, наконец, можно будет обсудить конструктивный выход из ситуации.

Наконец все закончилось. Мне не терпелось вернуться домой и перевести дух. Самолет вылетал из Нарита в 3 часа дня, посадка началась в 2:15. Землетрясение ударило в 2:45.

Нас поболтало вверх-вниз — очень похоже на то, как это бывает в воздухе, но только быстрее и ритмичнее. Стюардесса закричала, чтобы все сели кто где стоит — действительно, удержаться на ногах было сложно. Так как мы уже готовились взлететь и практически все пассажиры находились на борту, дверь закрыли. Мы еще не знали, что просидим в самолете на земле до полуночи.

Телефоны не работали, у меня не было никакой связи с внешним миром, за исключением объявлений летчика. Он выдавал нам информацию по капле: произошло сильное землетрясение в паре сотен миль от Токио. Через час — что прошло десятиметровое цунами. Еще через час — что нас решили оставить на борт. В аэропорту всех перемещали на первый, самый безопасный этаж, боясь новых толчков.

Соседи проявляли самурайское спокойствие: изредка проверяли молчавшие телефоны и смотрели очередную серию «Гарри Поттера». Часов через шесть нам принесли холодную еду и воду. Сообщили, что рейс отменен и, по всей видимости, нас скоро высадят, но есть надежда, что мы улетим в ближайшие дни. Уверенности в голосе пилота не было. В самолете стоял жуткий холод — то ли берегли топливо, то ли боялись включать лишние приборы.

Уже прилетев домой, я узнала, что в Токио не работали телефонные линии и были сбои в подаче электричества. Моя секретарша, муж, разные службы IBM, пытавшиеся меня разыскать, не могли связаться ни с авиалиниями, ни с местным офисом.

А потом пилот вдруг взбодрился: взлетная полоса оказалась неповрежденной, нашему рейсу присвоили новый номер и загрузили дополнительную еду. Прождав обычный по нынешним временам час в очереди на взлетную полосу, мы поднялись в воздух. Полет в Нью-Йорк занимает около 13 часов.

Включенный после таможни телефон разрывался от сообщений. Муж почти с порога отправил меня успокаивать друзей. Я исчезла с радаров, оставив в блоге веселый пост о первом землетрясении, и, как оказалось, за меня переживали тысячи людей — для этого тоже стоило написать книгу.

Следующие полгода были настолько будничными, насколько они могли быть при моем образе жизни, связанном с постоянными командировками. Я съездила в Москву и Петербург, где впервые увидела «Вверх!» на полке магазинов, лично познакомилась наконец со своим редактором и издателями, провела несколько выступлений и подписала десятки книг.

Некогда родной, но теперь незнакомый город встретил меня новым терминалом в «Шереметьево» и цитатой из Хичкока в рекламе: «Кино — это экран и пустые кресла, которые надо заполнить». Я и смотрела на Москву как зритель — глазами иностранца, понимающего язык, но не испытывающего сентиментальных чувств. Радовало, что мою детскую районную библиотеку не выжили с Комсомольского проспекта, где баснословно подорожала недвижимость; что на арке около школы по-прежнему висит маленькая вывеска «Металлоремонт», а старушки у метро продают вербу.

Моя книга и история вызвали интерес у журналистов. Русские Forbes, «Ведомости», Glamour, CEO и другие издания напечатали интервью и отзывы, пусть скорее к радости мамы и пресс-службы издательства, чем к повышению продаж. «Вверх!» успешно пару дней лидировала на «Озоне», провисела полгода в первой двадцатке деловой литературы на сайте «Москвы», вышла в электронном виде, была растиражирована пиратами, а потом, как водится, уступила место новым книгам.

Создание и успех «Вверх!» оставили ощущение бури в стакане воды. Усилия на написание, редактирование и продвижение книги одинаковы на любом рынке. Но объемы продаж русскоязычной деловой литературы в десятки раз ниже англоязычной. И не из-за пиратства, а из-за того, что книги о бизнесе не так популярны. Удовлетворив детскую мечту стать писателем, я стала сравнивать свои достижения с достижениями зарубежных авторов и задумываться, достаточно ли высоки мои цели.

От этой мысли нетрудно было перейти и к оценке рабочих достижений в целом. Бизнес, который нам удалось развить за два года, преодолевал главные трудности не на рынке, а внутри компании. Он задумывался как катализатор изменения модели продаж всего дивизиона аппаратных средств, его построение было задачей амбициозной и интересной для профессионального развития. Но со временем я поняла, что трачу бо́льшую часть времени и сил на переговоры внутри компании, на войны с матричной структурой и борьбу за ресурсы, далеко не всегда распределяемые в соответствии с намеченной стратегией. Если человеку со стороны или даже руководителю в той же компании трудно объяснить, чем так сложна твоя работа, то в конечном счете страдают и оценка достижений, и карьерные перспективы. Нарастало ощущение тесноты. Эти два года были прекрасной школой, но внутри зрело желание закончить ее, получить диплом и попробовать сделать нечто большее.

Жизнь никак нельзя было назвать ни спокойной, ни пустой, но впереди замаячило подсознательное ожидание нового большого проекта, хотя я не могла определиться, каким он должен быть. По существующим традициям IBM мне нужно было выбрать горизонтальный переход, возможно, на более трудную или престижную, но равную по уровню позицию. Для скачка вверх требовалось как минимум две работы на одной и той же должностной отметке. Но после огромных сложностей построения нового бизнеса ни одна из похожих позиций внутри компании не вызывала у меня энтузиазма.

Мироздание имеет странное свойство предлагать неожиданные решения в самый нужный момент. Недаром говорят, что стоит закрыть одну дверь, как открывается другая.

Теплым июльским утром, во время очередной командировки в Бостон, я получила письмо от рекрутерского бутика в Лондоне, занимавшегося подбором руководителей высшего звена. Описание вакансии выглядело необыкновенно заманчиво. Читая его, я как будто смотрелась в волшебное зеркало или разглядывала отретушированные для глянцевого журнала портреты: это была я, только выше и лучше. Они искали главу коммерческого отдела, подчиняющегося непосредственно CEO, руководящего более чем тысячной организацией, имеющего опыт в областях высокого роста продаж, решений и работы с крупными компаниями. Меня заверили, что это не конкуренты IBM, обещая подробности при встрече.

Рекрутер сказал, что меня порекомендовал один из моих заказчиков, и это все, что мне известно, — профессиональная этика до сих пор не позволяет ему раскрыть имя. Из трехсот с лишним человек, с которыми, как оказалось, рекрутеры успели побеседовать, были отобраны восемнадцать, и старший партнер летал по миру, встречаясь с нами лично.

Но когда после первого часа беседы хедхантер произнес название компании — оно мне ничего не сказало. Равно как и отрасль: 3pl. Third party logistics providers. Логистика.

Мое представление об управлении распределительными центрами, транспортировке и таможенном брокераже было весьма поверхностным. Предыдущие девятнадцать лет моей работы, можно сказать, сводились к подписанию контракта о продаже, а уж сервер сам материализовывался в нужном вычислительном центре.

Однако мой собеседник был абсолютно готов к такой реакции. Идея привлекать руководителей из других отраслей практиковалась в CEVA и до меня, причем очень успешно.

Логистика долго оставалась областью простых транзакций и малой прибыльности, не избалованной продвинутыми методами управления ресурсами, профессионального развития персонала или организации продаж. Именно такие методы и приносили с собой «трансплантаты» из других областей бизнеса, обогащая компанию и делая ее более успешной.

Правда, они, как правило, либо специализировались в более универсальных дисциплинах, таких как руководство кадрами или финансами, либо все-таки в той или иной степени в прошлой жизни занимались системой поставок, операциями или производством. Идея привести на должность руководителя продаж человека, совсем незнакомого с логистикой, была устрашающе амбициозна. А уж если прибавить к этому переход в другую компанию, работу в штаб-квартире в Амстердаме в семи часах лета от дома, скачок на более высокую по всем параметрам позицию, к тому же в отрасли, где женщин в руководстве еще меньше, чем в IT, — то получается, что «миссия невыполнима», как выразился по этому поводу один из будущих коллег.

В доме шел ремонт. В гостиной стелили полы, в прихожей пахло краской, а на улице уже которую неделю лил теплый летний дождь. Мы с мужем уходили подальше от шума, в гараж, открывали дверь на улицу, чтобы подышать свежим воздухом, и, морщась от стука молотков наверху, обсуждали детали.

Было очень трудно решить, чего именно я хочу. С одной стороны, у меня появилась возможность возглавить функцию продаж глобальной компании, лидера в своей отрасли, и перестроить ее под свои идеи и принципы. С другой стороны, я рисковала успешной быстро развивающейся карьерой в IBM и самоидентификацией, уходя в незнакомую и менее престижную отрасль с сомнительными шансами вернуться в случае неудачи. Я продолжала процесс интервью, чтобы не жалеть в будущем об упущенном шансе, но меня качало из стороны в сторону, как ту лампу над столом весенним токийским утром.

А через два дня в мою судьбу второй раз за этот год вмешались силы природы. Ураган «Ирэн» обрушился на нас прямо перед моим отлетом в Китай на паназиатскую конференцию IT-аналитиков. Рейсы отменяли один за другим. Я чудом оказалась на одном из последних самолетов, выпущенных из JFK в Токио. На пересадке, в ожидании рейса в Пекин, достав оставшиеся с марта иены, я отправилась бродить по магазинчикам аэропорта Нарита и неожиданно для себя купила даруму.

Эти яркие округлые куклы-неваляшки из папье-маше используются в Японии в ритуале загадывания желаний и символизируют Бодхидхарму, основателя буддийской школы дзен. По преданию, он девять лет медитировал, созерцая стену, отрезал себе веки, чтобы не отвлекаться на сон, и потерял атрофировавшиеся конечности. Поэтому у куклы нет рук и ног. Дарума всегда продается с пустыми белесыми глазами. Загадав желание, ее владелец рисует зрачок на одном глазу и после этого ставит неваляшку дома на видном месте. Если к следующему Новому году желание сбывается, даруме дорисовывают второй глаз. А если нет, то сжигают в храме и приобретают новую куклу, чтобы божество поняло: загадавший желание не отказался от своей цели, просто ищет другие пути.

Я купила даруму, думая о муже, который остался дома переживать ураган, — но к счастью, еще до посадки узнала, что «Ирэн» нас не затронула. Командировка выдалась напряженной, я не успела придумать другое желание. И вот уже дома мы с дарумой, выуженным со дна дорожной сумки, сидели и смотрели друг на друга.

Я успела узнать довольно много о компании, прочесть множество статей о логистике и заинтересоваться новой областью. Из шести выбранных рекрутерами кандидатов четверо уже были отсеяны. Мне нравился предложенный компенсационный пакет. Но я все еще колебалась. Одна из крупнейших компаний в своей индустрии, CEVA была в десять раз меньше организации, где я провела девятнадцать лет, ее имя было малоизвестно вне логистики, тогда как за много лет работы я привыкла гордо произносить имя IBM без дальнейших пояснений.

Но главное, меня мучили сомнения, смогу ли я справиться с отсутствием налаженных процессов, ввести те методы работы и установить привычный для меня профессиональный уровень в новой организации продаж, даже находясь во главе функции. Не вытолкнет ли меня сопротивлением среды? Хватит ли у меня опыта, чтобы вести за собой такой большой отдел, не полагаясь на советы старшего руководства? Когда подчиняешься напрямую СЕО компании, то все верные и неверные решения внутри твоей функции на твоей совести.

Тем временем в IBM начали набирать скорость несколько ранее запущенных проектов, жизнь явно предлагала мне новые возможности: предпочесть ли стабильность или пойти на риск? В конце концов я нарисовала даруме правый глаз и решила:

— Хочу работу, которую буду любить сильнее, чем предыдущую.

Когда не осталось сил взвешивать страхи и риски, я просто представила себе ощущение дела, ради которого хочется просыпаться утром. Под рукой оказался синий фломастер, так что у моего дарумы непривычно голубые глаза. Странно ждать помощи в столь серьезном решении от кусочка папье-маше — он лишь помог мне сфокусироваться и разобраться в себе. Но именно размышления о том, какое одно-единственное желание загадать, привели меня к конечному выбору.

Почему это было мне интересно (помимо собственного скачка «в другую лигу» — перехода в совет директоров и расширения области ответственности)?

Дело в том, что в последнее десятилетие системы обеспечения и поставок большинства глобальных компаний необыкновенно усложнились из-за глобализации, сокращения циклов разработок и финансового давления рецессии. Если раньше к ним подходили как к исключительно затратному центру, то сегодня все больше компаний обращается к их оптимизации как способу повышения гибкости и дифференциала на рынке. Анализ и улучшение сети перевозок, управления инвентарными запасами и движения товаров внутри складов и центров распределения помогают значительно повысить рентабельность. Обработка информации становится не менее важной, чем перемещение грузов.

Такой подход требует не только более тщательного анализа всей системы обеспечения, но и партнеров-логистов, отличающихся от традиционных компаний. CEVA была создана пять лет назад путем слияния двух крупных компаний именно в прицеле на эту эволюцию, обладала значительными инженерными ресурсами и оригинальными ноу-хау, вела бизнес с огромным числом глобальных компаний в пяти крупнейших отраслях промышленности. Мне предоставлялась уникальная возможность не только стать частью значительных изменений в индустрии, но и изучить систему обеспечения и поставок, так сказать, из первого ряда, работая с лидерами инновации в этой области среди наших инженеров и заказчиков. Более того, мой опыт в IT позволял обогатить этот процесс рядом идей и практик, принятых в иной индустрии, равно как и по-другому взглянуть на процесс информационного обеспечения.

Именно перед этой возможностью мне не удалось устоять.

Из окон моего углового кабинета в Амстердаме видно стоянку синих лайнеров KLM, на подоконнике стоит макет грузовика с треугольным лого CEVA на боку. Я провожу там около недели в месяц, хотя и продолжаю жить в Америке. Бо́льшую часть времени я езжу по различным странам, встречаясь с заказчиками и работая с нашими сотрудниками на местах, так что могу отправляться в путь и из нью-йоркского аэропорта.

Мой первый день был заранее спланирован с восьми утра до одиннадцати вечера, и следующий тоже, и третий, уже в Милане... К концу недели я обнаружила, что если и засыпаю над таблицами данных, то просыпаюсь с мыслью о том, что́ из рабочих событий успело произойти в Америке, пока я видела сны в Амстердаме, — и открываю почту, не успев сделать кофе. Работы по изучению нового бизнеса и одновременно внедрению всех изменений, которые я хотела провести, оказалось столько, что времени рефлексировать над собственными чувствами не было.

Потом пришли первые удачи: мы внедрили новую систему прогнозирования продаж, запустили первое дистанционное обучение, я осуществила первые серьезные кадровые изменения. С удачами появилась уверенность. Конечно, далеко не все получалось — не все идеи выдерживали проверку пилотными проектами, не все перемены удавалось провести с намеченной скоростью, — но это уже была моя реальность и моя жизнь. Если неизвестность вызывает страх, то неудачи лишь заставляют выучить урок, продумать следующие шаги и идти дальше.

Я долго не решалась признать свое желание сбывшимся, суеверно боясь, что эйфория новизны сменится разочарованием или что изменения окажутся успешными только в первые полгода. Но однажды, когда август приближался к концу, я достала синий фломастер и нарисовала даруме второй глаз.

А 2012 год стал рекордным в истории компании по объему продаж.

Часть I

Вы уверены, что хотите расти дальше?

Глава 1

Чем именно вас привлекает переход в высшее руководство?

У вас еще хватит времени выбрать другой путь*.
Записка в китайском печенье

Самый частый вопрос, который задают мне сотрудники паспортного контроля: не родственница ли я знаменитой теннисистке. Самый сложный «простой» вопрос, на который мне приходится отвечать: откуда вы? Я живу в Америке, мой офис находится в Амстердаме, мой акцент легко выдает русское происхождение. То, что при долгом разговоре помогает растопить лед, при быстром представлении напрягает излишеством.

А вот самый частый вопрос, который задают мне русскоязычные читатели (в основном высококвалифицированные и имеющие прилично оплачиваемую работу): зачем? Для чего нужно выходить из зоны комфорта, постоянно чему-то учиться, иметь ненормированную рабочую неделю и еженедельно менять часовые пояса, если денег хватает?

Тем, у кого этот вопрос возникает, определенно незачем.

Если бы я знала, как получать удовольствие от жизни без профессионального роста и интересной работы, так или

---

* There is yet time enough for you to take a different path.

иначе связанной с преодолением трудностей, я бы это делала. Именно это сказал мне как-то человек с отмороженными до ампутации пальцами: если бы я знал, как быть счастливым, не ходя в горы и не ставя рекорды преодоления нечеловеческих условий, я бы так и жил.

Разговор о продвижении на более высокие «этажи» корпоративной иерархии все-таки стоит начать именно с вопроса о постановке цели. Слишком тяжело дается рост — кто-то преодолевает неприятие внутренней политики, кто-то переживает по поводу необходимости принимать непопулярные решения, кого-то угнетают постоянные поездки и разлуки с семьей.

Так что лучше спросить себя заранее: *действительно ли я этого хочу?*

Нет ничего обиднее, чем потратить кучу времени и сил, переехать в страну своей мечты — и разочароваться, поняв, что туристическая поездка отличается от эмиграции. Или сдать все экзамены — и осознать, что работа по специальности имеет мало общего с учебой и совсем не приносит удовлетворения. Или получить давно желаемое повышение — и спросить себя: неужели я так стремился именно к этому? Радость от высокой зарплаты и просторного кабинета со временем проходит, остается лишь ежедневный рабочий процесс. Поэтому, прежде чем говорить о том, что нужно для карьерного роста, поговорим о том, что он приносит с собой помимо возможности влиять на судьбы людей, создавать прирост капитала, менять ход истории в своей отрасли или всегда иметь хороший ответ на вопрос бывших одноклассников «как жизнь?».

Вы хотите стать кем-то или сделать что-то?

В фильме «Железная леди» эпизодическая героиня рассказывает постаревшей Тэтчер, какое огромное впечатление произвела на нее речь Маргарет много лет назад.

— Надеюсь, вы понимаете, каким вдохновляющим примером вы были для таких женщин, как я, — с восхищением заканчивает гостья.

— Раньше все строилось на том, чтобы попытаться сделать нечто, — почти в пространство замечает усталая Тэтчер, — а теперь все сводится к тому, чтобы быть кем-то.

Когда люди рассказывают о своей работе — почему они решились за нее взяться и чем она продолжает их привлекать, — то в рассказе, как правило, присутствуют две темы.

Первая — статическая — кем быть: это могут быть звание, символическое значение новой позиции (первая женщина в совете или единственный иностранец в управленческой команде), размер бюджета и количество людей в подчинении, материальные радости, возможность оказаться за одним столом с нобелевским лауреатом или CEO стартапа, широко известным в индустрии.

Вторая — динамическая — что человек хочет сделать, чего достичь, какой опыт приобрести: например, создать уникальный бизнес, запустить необычный продукт, перестроить модель продаж или вывести компанию на IPO.

Оба компонента, несомненно, очень важны при выборе должности. Однако радость от первой испаряется очень быстро. Недаром говорят, что «к хорошему привыкаешь». Зато вторая продолжает постоянно поставлять новые поводы для радости и огорчений.

По моим наблюдениям, чем больше значения люди придают динамическому компоненту при выборе работы, тем дольше они счастливы на этом месте. И наоборот. Чем больше они стремятся к тому, чтобы «быть кем-то», тем скорее это надоедает, и начинаются жалобы на скуку корпоративной жизни, мечты о дауншифтинге и оплакивание лучших лет жизни. А в это время те, кто делает то, что им интересно — разрабатывает новые продукты, перестраивает команды, разбирается в выходе на IPO или изменении бизнес-модели, — продолжают с энтузиазмом рассказывать о своей работе, отвечая на вопрос «как дела?».

Далеко не всегда мы имеем возможность выбирать то, что вдохновляет. Мне тоже доводилось менять работу на ту, что в первую очередь позволяла решить определенные карьерные, а то и жизненные проблемы, например спонсорство грин-карты. Мне даже, как правило, удавалось добиваться поставленных целей, получать желаемое и успешно двигаться дальше. Хотя, конечно, заставлять себя делать это в отсутствие естественной мотивации гораздо тяжелее. Случается, что проскочить определенную ступеньку профессионального роста или получить необходимый для продвижения опыт — то есть, по сути, «кем-то стать» — невозможно, не взявшись на пару лет за нечто, вызывающее более чем сдержанный энтузиазм. Это сродни обязательной программе в институте: не все предметы обязательно интересны, но необходимо сдать экзамены даже по самым ненавистным из них, чтобы получить диплом.

Однако именно работа, которая вдохновляет прежде всего тем, чтобы «попытаться сделать нечто», создает куда меньше проблем с долгосрочной самомотивацией.

Люди жалуются на тоску и бесперспективность своего занятия независимо от уровня, профессии, страны и размера компенсации. Один из вопросов, который всегда возникает в таких случаях, — почему же ты не поменяешь работу? Случается, что причиной тому элементарная лень или стечение обстоятельств. Но нередко ответ свидетельствует о вполне продуманной стратегии: например, необходим трехлетний опыт работы под руководством сертифицированного специалиста, чтобы получить собственную лицензию. Главное вовремя задать себе еще один вопрос: а что ты хочешь делать на следующей стадии, когда удастся расправить крылья? А на следующей? А там, куда ты в конце концов хочешь прийти? Привлекают ли тебя ежедневные занятия именно этим делом или больше манят статус, компенсация и гордость за проделанный путь?

Если в конце концов окажется, что речь идет только о том, чтобы «быть кем-то», то радости от такого подъема будет немного. Вместо нее возникнут ощущение проходящей мимо жизни и попытки заменить радость действий радостями потребления, разочарование, когда надоест очередная игрушка, и затяжной кризис среднего возраста. Или, как альтернатива, дауншифтинг с целью залечить раны.

Вам нравится конечная цель или путешествие?

Еще один немаловажный нюанс: даже если вам нравится жизнь тех, кто добился позиции вашей мечты, стоит примерить на себя и ту, что придется вести на пути к ней. До Стокгольма и собственной кафедры будущие нобелевские лауреаты проводят немало лет, получая низкие зарплаты, проводя эксперименты под чужим руководством, скитаясь по университетам и сражаясь за гранты. Генералы и полковники начинают на том же плацу, что и их коллеги, не дошедшие до высокого ранга, отжимаясь под палящим солнцем и проливным дождем. Известный адвокат, выигрывающий многомиллионные дела, начинает с работы клерком у городского судьи.

Вот совет, который дает своим читателем известный американский автор, пишущий о карьере и предпринимательстве, Пенелопе Транк*:

«Посмотрите на людей вокруг и спросите себя, чьей жизнью вы хотели бы жить. Просто, не правда ли? Но теперь загляните глубже. Вы не можете сразу получить жизнь, которую они ведут сегодня. Вам придется вести жизнь, которую они вели, чтобы добраться туда, где они в результате оказались».

---

* http://blog.penelopetrunk.com/2012/10/01/how-to-pick-a-career-youll-like/ Здесь и далее примечания, кроме оговоренных особо, даны автором.

Чем-то эта цитата напоминает хрестоматийное замечание героини известного советского фильма: генеральшами становятся те, кто поездил по дальним гарнизонам с лейтенантом. Фильм, конечно же, был снят в той стране, где вершиной женской военной карьеры была «генеральша», а не «генерал». И в те времена, когда привычка время от времени производить замену жены на новую модель или хотя бы, не скрываясь от сослуживцев, заводить дополнительные связи, еще не стала приемлемой в российском обществе. Так что Пенелопе предлагает куда более практичный и современный подход к планированию вашего путешествия по жизни.

Как ни логичен такой подход, многие забывают его применять. Прекрасной иллюстрацией тому служит разочарование, которое нередко настигает выпускников бизнес-школ в первые годы работы. Они прошли серьезный отбор и уже в первый день в аудитории ощущали себя победителями. Потом начался процесс обучения, во многом моделирующий работу старшего руководящего состава: решения, которые приходится принимать ежедневно на основании бизнес-кейсов, интенсивный поток информации, общение с СЕО и членами советов директоров, выступающими на мероприятиях или просто посещающими университет. Два года жизни практически в роли «будущего СЕО» приучают и к определенной скорости жизни, и к высоким ожиданиям, и к интересным проектам.

А потом вдруг кто-то подводит черту — и вот уже обычный выпускник оказывается если не в самом низу иерархической лестницы, то во всяком случае на одном из ее нижних пролетов.

Выпускники бизнес-школ, особенно престижных, — ценный материал. Многие компании старательно прорабатывают программу их первого года-двух, чтобы максимально быстро научить их всему необходимому, ввести в курс дела, подобрать наилучшее место и провести через необходимый этап получения рабочего опыта. Но это именно материал, люди с хорошим потенциалом — и только. Им предстоит сформироваться и не раз показать свои качества в деле, прежде чем они станут руководителями.

Наступает день, когда бывший «СЕО в обучении» оказывается вне зоны повышенного внимания и перестает вращаться в кругах руководства, до которых ему еще предстоит расти десяток лет. Вместо бизнес-кейсов или судьбоносных планов стратегического развития на столе перед ним оказывается простая раскладка небольшой маркетинговой кампании на квартал. Или расчета стоимости покупки малого бизнеса. Или сравнения нескольких планов компенсации сотрудников. Мир теряет краски.

К сожалению, чтобы из «СЕО в обучении» стать настоящим СЕО, человеку приходится пройти через немало должностей, проектов, удач и ошибок — начиная с малых, прагматичных и реальных, но куда менее интересных, чем эпохальные бизнес-решения, описанные в брошюрках MBA. И вокруг не выпускники престижной программы с высоким IQ, а обычные коллеги, часто весьма посредственные и неамбициозные, не сумевшие подняться выше рядовых должностей или просто не стремящиеся к этому в силу иных приоритетов в жизни. Мало кто, оказавшись в такой ситуации, не приходит в какой-то момент в уныние и не спрашивает себя: и этого я добивался?

Мне не раз приходилось встречаться с теми, кто не смог выдержать «негламурность» первого этапа. В результате одни разочаровываются в выбранном месте, еще вчера казавшемся идеальным стартом, а другие — в самой идее корпоративной карьеры. Последние часто объясняют перемену устремлений сменой жизненной философии или бессмысленностью потогонно-бюрократической машины крупного бизнеса. Постоянная неудовлетворенность повседневностью заставляет задуматься о переоценке ценностей, а усталость, накопившаяся за годы учебы и первой работы, в сочетании с неоправдавшимися ожиданиями меняет ориентиры.

В результате таких метаний многие меняют компании и после пары перемен понимают, что легкого пути наверх все равно нет — кто-то умеряет в процессе высокие амбиции, а кто-то в конце концов со вздохом принимается за дело. Другие вступают в брак, заводят детей или новые хобби и в итоге несколько остывают к карьерной гонке. Третьи, решив, что лучший путь к вершине — строить пирамиду под собой, а не ползти вверх, открывают собственное дело.

Мне также встречались люди, решившие, что надо вернуться к тому этапу, когда все вокруг нравилось, — к учебе. Такие отправляются получать еще одну специальность. Например, несколько моих одноклассников переквалифицировались в юристов — провели еще несколько лет за партой, а потом отправились все по тому же пути. Оказалось, что жизнь молодого адвоката разворачивается вовсе не так стремительно и захватывающе, как в детективах и сериалах.

Но, разумеется, в конце концов многие проходят этот тяжелый этап. Они остаются в гонке, начинают понимать, как использовать изначальный потенциал, чтобы получать более высокие результаты и стать заметнее. Со временем к ним придут более интересные проекты и карьерный рост.

Тем, кто хочет «сделать что-то» — создать новую технологию или инвестиционный фонд, построить компанию нового типа или улучшить условия труда работающих в индустрии, — приходится легче, чем устремившимся к социальному статусу или доходу. Им несколько реже приходится спрашивать себя, стоит ли гонка пота и риска. Они взвешивают сложности относительно целей, в которые верят, а не просто материального благополучия в виде более дорогой машины или дома в более престижном районе. Их скорее увлекает сам процесс, а не только компенсационный пакет, который они получат в итоге.

В конце концов, на то она и пирамида, чтобы на каждом уровне происходил некоторый отбор и оставалось меньше людей, чем на предыдущем.

Глава 2

Неожиданное изменение содержания работы по мере роста

Человек, несущий кошку за хвост, постигает то, что невозможно постичь никаким иным путем[*]. *Марк Твен*

Другая западня карьерного роста кроется в разнице между повседневными занятиями на разных уровнях одной и той же профессиональной вертикали. Даже если вам нравится то, чем вы занимаетесь на нынешнем этапе, это еще не гарантия того, что при переходе в старшие слои управления даже внутри своей функции вы будете получать удовольствие от работы. Иногда при росте внутри одной и той же дисциплины род занятий меняется кардинально, переставая радовать, а то и просто приходя в явное противоречие с вашими пристрастиями, навыками и опытом.

Так сильный программист, оказавшийся во главе отдела разработок, пасует перед необходимостью заниматься политическими дискуссиями с отделами продаж и финансов, выбивать бюджет и объяснять гораздо менее компетентным в обсуждаемом вопросе людям преимущества определенных технологий. Он ненавидит это занятие всей душой, с точки

---

[*] A man who carries a cat by the tail learns something he can learn in no other way.

зрения начальства плохо справляется с работой, но продолжает мучиться ради материального и карьерного роста.

Проиллюстрируем эту разницу подробнее на примере работы в продажах. Бо́льшая часть людей в этой функции отвечает за прямую работу с заказчиками в странах и регионах на определенной территории — географической области или отрасли в регионе. Они регулярно контактируют непосредственно с клиентами, разбираются в стратегии их бизнеса и в том, какие продукты им могут пригодиться, обсуждают технические детали и спецификации, составляют предложения, подписывают контракты и вступают в переговоры в случае неполучения оплаты. У каждого отдела продаж в стране есть свой начальник, определяющий правила игры и расставляющий игроков по местам. В крупном бизнесе иерархия может идти вверх еще на несколько уровней, скажем, от города к области, от областей — к стране. На каждом следующем уровне руководитель принимает на себя все больше обязанностей тренера, то есть передает навыки, помогает вовремя заменить игроков, лучше их расставить, мотивировать и т. п. Эта ветвь организации продолжает быть «передним фронтом» — начальники более высокого уровня могут лично вести самых крупных клиентов или постоянно общаться с ними, регулярно участвовать в переговорах и процессе продаж. Большинство карьер в региональных, в частности российских, представительствах иностранных компаний идут именно по этой ветке — это традиционное начало пути для всех, кто работает в области сбыта.

При следующем повышении руководитель покидает малый географический регион и начинает отвечать за весь бизнес в крупном регионе (например, в Европе) или в мире. Его работа становится почти полностью «тренерской». Это своего рода качественный скачок: он уже физически не в состоянии поддерживать контакт со всеми своими заказчиками и часто не может даже знать поименно всех членов своей команды.

В бейсболе есть игроки, от которых требуется ряд физических умений, например быстро бегать и хорошо кидать мяч. Есть тренер, чья обязанность — привести имеющихся игроков в лучшую форму и выбрать правильную стратегию игры. И есть управляющий командой, чья роль охватывает деловые элементы процесса: выбор тренера и игроков, организацию тренировок и соревнований вплоть до наличия газировки в раздевалке.

Нередко бывает так, что сам игрок бегает быстро, но других учит плохо. Другими словами, прекрасно умеющий устанавливать отношения, слушать и понимать заказчика специалист не умеет руководить другими специалистами. Региональный руководитель полностью переходит в разряд играющего тренера, а порой и управляющего. Ему надо не только добиваться результатов через игроков в команде, но и создавать условия для их работы — определять систему комиссионных или договариваться о количестве ставок. На одном личном умении продавать далеко не уедешь, гораздо больше зависит от того, как ты подбираешь, учишь, мотивируешь и расставляешь по различным участкам работы сотрудников, как работаешь с другими функциями в штаб-квартире и разбираешься в стратегии бизнеса в целом.

Очень часто этот уровень оказывается для человека последним из-за недопонимания разницы в требованиях к работам разного уровня в пределах одной функции. Я не раз сталкивалась с такими руководителями, жаловавшимися, что им скучно в штаб-квартире и хочется на передовую, не понимающими, почему начальник-идиот ждет от них каких-то таблиц, и хватающимися за любую возможность заменить своих подчиненных непосредственно на переговорах. Иногда дело заканчивается разочарованием и поиском нового места, иногда — возвращением в свою страну.

Это лишь один конкретный пример, аналогичные можно найти во всех функциях компании. Далеко не все понимают, чем отличается работа на разных уровнях хорошо знакомой вертикали, а поняв, получают удовольствие от нового вида деятельности. И это еще один повод задуматься, всякий ли путь наверх принесет вам радость.

Глава 3
Стресс от большого количества решений

Психоаналитик пациенту:
— На что жалуетесь?
— Постоянный стресс на работе, не выдерживаю.
Каждую секунду приходится принимать
важные решения в ситуации постоянной
неопределенности и тут же воплощать их.
— А кем вы работаете?
— Сортировщиком апельсинов:
маленькие к маленьким,
большие к большим...

Анекдот

Очень давно более опытный коллега, когда мы поздно вечером усталые брели из офиса на парковку, в шутку сказал мне:

— Когда я буду вести переговоры по следующему контракту, то буду обсуждать не зарплату в долларах, а количество имейлов, на которые могу отреагировать в течение дня.

У всех бывает период в карьере, когда объем электронной почты становится одним из огромных раздражающих факторов. Потом приходит понимание, что далеко не все письма требуют прочтения, еще меньше — ответа, и еще меньше — реальной реакции. И что кликать на них надо один раз — а потом либо правильно перенаправлять, либо действовать и убирать в соответствующий файл, либо удалять. Я очень гордилась своим полупустым почтовым ящиком — разве что после отпуска или непрерывной командировки пара страниц набегает, да и то до первого ожидания рейса — пока не увидела практически пустой ящик своего начальника. Мне до такой эффективности было далеко. При этом он ни разу не пропустил ничего важного. Когда мне в пятницу вечером потребовалась помощь, чтобы разрешить проблему заказчика к понедельнику, то в субботу утром она уже была получена, хвала пятичасовой разнице во времени.

Научиться эффективности и минимизировать стресс от обилия электронной почты несложно. Гораздо более трудная фаза наступает позже, когда хочется ограничить число принимаемых за день решений. Именно количество решений в самых разных областях и необходимость перескакивать с одной темы на другую по многу раз за день — первое, что возрастает с каждым качественным скачком в карьере.

На новой работе я пригласила одну из своих менее опытных подчиненных побыть моей тенью — посмотреть вблизи на мою работу, присутствуя на встречах и слушая. Исключив строго конфиденциальные беседы и кадровые вопросы, мы насобирали около десятка телеконференций и встреч на два дня. На большинстве из них она бы никогда не оказалась, например на комиссии по распределению капитальных вложений. Хотя это и был первый опыт «тени» в компании, все вокруг отреагировали необычайно положительно — от CEO до глав функций, заходивших обсудить организационные вопросы. Все радостно кивали и просто забывали о ее присутствии.

Естественно, в конце второго дня мы устроили небольшой разбор полетов — что было полезно, что удивило или натолкнуло на мысль изменить что-либо в своей работе. Так вот, главной неожиданностью для «тени» оказалось количество и разброс вопросов, которые мне приходится обсуждать в течение дня. И особенной сложностью моей работы стало то, что я постоянно переключалась и каждые полчаса фокусировалась на новой теме — от разработки инженерного решения для доставки покупок через интернет до капитальных затрат, от кадровых вопросов до анализа данных по продажам. При этом мне тот день совсем не показался напряженным. Привычка переключаться и быстро принимать решения растет вместе с опытом.

Если одни люди просто устают от необходимости быстро переходить от вопроса к вопросу, то у других она может вызвать стресс, вплоть до нервного срыва. К сожалению, я знаю прекрасных специалистов, уходивших из-за этого в отпуск по состоянию здоровья через полгода после повышения. Наша пропускная способность индивидуальна — если одни способны жонглировать десятком направлений, то другие ощущают себя комфортно, работая лишь с двумя-тремя проектами.

К сожалению, на верхних этажах пирамиды, где сходятся ветви координирования и управления, количество решений, которые необходимо принимать в день, резко возрастает. Если у вас есть сомнения, хотите ли вы это делать, попробуйте попросить у кого-либо из старших руководителей разрешения провести день в качестве его тени. Возможно, это поможет вам представить реалии его работы и мысленно примерить их к себе.

Есть еще один немаловажный момент, который стоит иметь в виду. Вопросы, решаемые разными уровнями руководства, могут отличаться качественно. То, что человеку приходится выбирать на уровне руководителя отдела, например построение статистического опроса или алгоритм программного продукта, часто не имеет ничего общего с тем, что встанет перед ним, когда он дорастет до уровня старшего руководства, — там придется иметь дело с капиталовложениями, перефинансированием долга, забастовкой, повышением цен поставщиков, расторжением неприбыльного контракта, передачей дела неплательщика в арбитраж, открытием филиала или совместного предприятия. Редко человек одинаково хорошо разбирается во всех этих вопросах изначально или имеет достаточно времени их исследовать, а значит, приходится искать способы получить всю необходимую информацию очень быстро — задавать правильные вопросы, полагаться на экспертов и оценивать риски. Самое страшное заключается в том, что начиная с некоторого уровня возрастает и бремя ответственности — вы не просто рекомендуете решение «тем, кто наверху», но полностью отвечаете за последствия для компании, ее инвесторов и всех, кто в ней работает. И к этому тоже нужно быть готовым.

Глава 4

Уважение без любви и необходимость принимать непопулярные решения

> Достигнув цели, становишься мишенью.
> *Народная мудрость*

> Большинство необходимых зол куда необходимее зла*.
> *Ричард Брэнсон*

Впервые став начальником, многие из нас быстро сталкиваются с необходимостью принимать непопулярные решения и вести неприятные беседы. В последнее десятилетие рецессий и спада практически все столкнулись с отсутствием попутного ветра, а значит, и с необходимостью приносить плохие новости. Конечно, многое зависит от состояния экономики и дел в компании: когда бизнес на взлете, общий рост, как прилив, поднимает все корабли. Создаются новые рабочие места, необходимость экономить средства ослабевает, зарплаты и премии растут. Но руководящая должность рано или поздно вынуждает оказаться в роли гонца, приносящего дурные вести.

Несколько лет назад подчиненный моего коллеги умер в командировке в другую страну — прилег на кровать в номере

---

* Most necessary evils are far more necessary than evil.

отдохнуть перед дорогой и не проснулся. Именно начальнику пришлось выполнить нелегкий долг: сообщить вдове о смерти супруга. К счастью, столь экстремальные случаи редки. А вот сказать приятному человеку, что он работает вовсе не так хорошо, как ему кажется, и поговорить о необходимости улучшения рано или поздно приходится многим руководителям.

Особенно трудно приходится новым начальникам с теми сотрудниками, кто в силу устоявшихся отношений с их предшественниками пользовался поблажками или просто удачно попадал в стиль. А тут пришел новый руководитель с новыми методами и новыми требованиями — кто-то не умеет перестроиться, а кто-то просто и не желает. Даже если предшественник ушел потому, что не обеспечивал хорошие результаты, преемнику, не желающему растерять команду в первые же месяцы работы и заработать дурную славу, приходится несладко. А уж если предыдущий руководитель ушел на повышение или на другую позицию, то и совсем тяжело приходится. Реакция на неприятные новости бывает самая разная — от благодарности за совет до обиды, спора, саботажа и даже агрессии.

Но даже без введения крупных изменений на новом месте рано или поздно любому руководителю приходится делать одно и то же: отказывать в просьбе повысить зарплату. Иногда это бывает по причине состояния дел в организации, что служит самым легким объяснением отказа — всегда проще сослаться на объективные внешние условия, чем на собственное решение. То есть вместо того, чтобы вызвать огонь на себя, начальник скромно направляет гнев сотрудника в сторону отдела финансов, сокращающего расходы, или старшего руководства, или просто абстрактного мироздания. Но весьма часто реальная причина отказа совсем иная. Вы сами видите, что относительно других специалистов подчиненный вовсе не является такой звездой, какой видит себя сам, или уже получает компенсацию, существенно выходящую за пределы выбранных для позиции рамок. Такие разговоры редко доставляют удовольствие обеим сторонам, но мало кому удается их избежать. Тем не менее, если вы хотите строить карьеру в управлении, стоит принять и осознать тот факт, что придется выработать умение их проводить, желательно сохраняя при этом добрые отношения.

Как-то один из старших вице-президентов IBM сказал мне, что есть начальники, которых любят, и есть те, которых уважают. Одно необязательно совмещается с другим. Был у него в молодости начальник, который лично пек и приносил команде кексы на завтрак, душа-человек, вот только понятия не имел, чем занимаются его сотрудники. Плохо работавшие направления при нем совсем захирели, никто не занимался улучшением, к призывам делать что-то по-другому не особенно прислушивались. Долго он не продержался.

— Я, — сказал мой собеседник, — понял тогда, что предпочитаю быть начальником, которого уважают.

За долгое время ведения блога я с удивлением осознала особенность трактовки некоторых слов русскоязычной аудиторией, так что замечу сразу, что «уважают» — это совсем не означает «боятся». Трудно уважать человека (по крайней мере в условиях цивилизованных отношений на работе), который груб с подчиненными и коллегами, может навредить исподтишка или подставить в трудной ситуации. Грубость и крик — это в первую очередь признак слабости. Те, кто не может донести свое негативное мнение по-взрослому, порой прибегают к детской тактике — лечь на пол и побить ногами. От таких стараются держаться подальше, но уважением подобное отношение не назовешь.

Это понятие, скорее, применимо к тем, кто ставит сложные задачи и задает высокую планку качества, но может помочь советом в трудной ситуации. Уважают тех, чья похвала приятна, потому что ее реально надо заслужить, но при этом ты знаешь, что человек с тобой честен, не будет прикрываться подчиненными в сложном конфликте или нарушать договоренности.

В условиях монокультуры грубых и невыдержанных начальников порой терпят, но в большинстве глобальных компаний западного образца, как правило, просят либо изменить манеру поведения, либо уйти с руководящей должности.

Анастасия Лаутербах была самой высокопоставленной женщиной в Deutsche Telekom. В апреле 2010 года она стала директором по продуктам и инновациям, но не смогла сработаться со своим начальником и уже в августе, по сообщению Spiegel, была переведена на менее значимую должность в дочерней компании, а в феврале уволена. Анастасия выросла в России, окончила МГУ, диссертацию писала уже в Германии. По любым меркам ее карьера складывалась очень успешно, а потом неожиданно «сошла с рельсов». Русский Forbes* называет основной причиной проблем Анастасии ее стиль руководства: продавливание проектов, жесткое обращение с подчиненными, надменность и заносчивость. Особенно печален тот факт, что само ее повышение произошло на волне попыток Deutsche Telekom создать резерв женщин-руководителей, готовых к продвижению на старшие руководящие позиции к 2015 году, когда компания в одностороннем порядке решила ввести тридцатипроцентную квоту для высшего руководства женского пола.

Сразу признаюсь, что незнакома с участниками истории, в которой, несомненно, есть две стороны, и сужу о ней по тому, что изложил Forbes. Но я на практике сталкивалась с большим количеством случаев, дающих право утверждать, что слишком жесткий стиль руководства может стать фактором, «сводящим с рельсов» очень успешную карьеру.

---

* http://www.forbes.ru/forbes-woman/liderstvo/64191-deutsche-telekom-poterpela-neudachu-v-zhenskom-voprose

Я уверена, что в России есть немало начальников, уважающих своих подчиненных. Тем не менее я регулярно слышу истории, которые трудно представить себе в крупной западной компании. Например, буквально на днях услышала рассказ свидетельницы о том, как руководитель с армейским прошлым в высшем учебном заведении Москвы во время встречи закричал подчиненному: «Встать!». Это не значит, что в Америке нет руководителей, сформировавших свой стиль в среде, где нет понятия просьбы или предложения, а есть только приказы. Наоборот, их довольно много. Бывшие военные часто обладают качествами, делающими их очень успешными в корпоративном мире: умением сфокусироваться, самодисциплиной, четкостью в формулировке и осуществлении планов. Но сама среда сильно отличается — подчиненный может не только дать отпор, но и пожаловаться в отдел кадров. Умению добиться своего без резкости и грубости — или, что не менее важно, поведению, которое воспринимается подчиненными как твердость без намерения обидеть, — приходится учиться задолго до получения высокой должности, иначе велик риск эту должность потерять. Как показывает история, произошедшая в Германии, это верно не только для американского рынка. Так что речь идет именно о том, что начальнику приходится завоевывать уважение, не прибегая к устрашению и другим недопустимым методам, — и подчас использовать его для того, чтобы озвучить не самые приятные для подчиненных новости.

Если вы поднимаетесь еще выше по карьерной лестнице, то со временем возглавляете команду такого размера, что физически не можете непосредственно познакомиться со всеми, кто у вас работает. А это означает, что вам придется не просто принимать непопулярные решения, но и делать это в отношении людей, которые не знают вас лично. Тут уже не сгладишь неприятную беседу лишним звонком.

А поднявшись еще выше, уже не оправдаешь решение о сокращениях тем, что «наверху так решили». Решили вы. Если бизнес идет на спад во время рецессии и компания терпит убытки, то она не может позволить себе держать на зарплате больше людей, чем это оправдано текущими контрактами. Кто-то должен такое решение принять, и желательно до того, как бизнес войдет в «смертельную петлю»: компании разоряются не от недостатка прибыли, а от того, что у них заканчиваются деньги. Если вы пропустили момент, когда еще можно изменить стратегию и уменьшить количество сотрудников, не задев критических функций, то вам уже не удастся спасти бизнес, не привлекая дополнительных инвесторов — что далеко не всегда возможно, — а то и не прибегая к банкротству. Можно сколько угодно говорить об аморальности сокращения рабочих мест, психологической травме от потери работы и социальных обязательствах. Однако мало кто из адептов сохранения мест при неоправданных затратах согласится вкладывать собственные деньги в убыточное предприятие и наблюдать, как они тают. Вы возглавляете регион или направление работы? Значит, рано или поздно именно вы можете стать тем самым злодеем, из-за решения которого будут сливаться отделы или закрываться филиалы. Возможно, ошибки в стратегии или контроле за осуществлением работы были совершены еще до вашего прихода — все равно вся тяжесть ситуации ляжет на ваши плечи. Из-за вашего решения начальники будут вызывать людей по одному в кабинет и говорить, что их работа в этой компании закончена. И многие из руководителей пойдут по легкому пути:

— Я бы ни за что на такое не пошел, но там, наверху, решили…

«Там, наверху» — это вы. И у вас не будет возможности объяснить каждому, что это единственный способ спасти компанию. А любое ваше оправдание со сцены или в сети встретят недоверчиво: сам-то работу не теряет... Вы будете тем самым монстром, о котором вечером муж скажет жене на кухне: «Этот урод решил...» К счастью, далеко не всем приходится пройти через такое, но в наше время учащающихся рецессий вероятность избежать подобного опыта становится все меньше и меньше.

Если вы принимаете подобные решения легко, не думая о людях и о том, как травмируют увольнения и покинувших компанию, и оставшихся, — мне бы не хотелось ни делить с вами бизнес, ни помогать в карьере. Я не верю в успех лидеров, легко идущих по головам. Большинство хороших руководителей переживают за тех, за кого отвечают, и принимают тяжелые решения с болью и сомнениями. Пресса последних лет пестрит рассказами о случаях злоупотребления властью и последовавших наказаниях. Если речь идет о воровстве или намеренном искажении финансовой информации, доходит и до суда. Но чаще дело просто заканчивается смещением с высокой должности тех, кто не справился, не смог удержать компанию в состоянии прибыльности и чья самонадеянность стоила подчиненным и инвесторам больших потерь, вплоть до потери источника средств к существованию. К сожалению, как бы ни хотелось думать, что всякий получает по заслугам, куда больше случаев, когда люди, чьи ошибки стоят увольнения сотен, уходят с золотым парашютом на пенсию или на другую работу. В качестве небольшого утешения замечу, что репутация остается с ними и, как правило, не дает расти дальше. Кроме того, компании и команды, в которых мне нравилось работать, таких людей выживали сравнительно быстро.

Мы познакомились с М., когда я пришла учиться в его студию керамики. Он был счастливым человеком, нашедшим способ получать деньги, занимаясь своим главным хобби в качестве работы. Он почти каждый день мог отлучиться домой пообедать с дочками после школы, устраивал пикники с обжиганием изделий на открытом огне в японском стиле раку и часто приглашал друзей-художников провести мастер-класс. Студия начала приносить прибыль (пусть поначалу и небольшую) меньше чем за пару лет, хотя, конечно, доходы были несравнимы с зарплатой начальника отдела исследований в крупной телекоммуникационной компании. Именно им М. и был в прошлой жизни — успешный инженер, иммигрант из Израиля в первом поколении, офицер армии, знакомый с лидерством и ответственностью за людей не только в кабинетных условиях.

Когда дела у компании пошли плохо, он получил распоряжение уволить пятьдесят человек и, будучи с ним не согласен, добавил себя в список. М. решил не возвращаться в корпоративный мир, а вместо этого попробовать себя в частном бизнесе. В детстве он много времени проводил на улице гончаров, освоил круг и делал красивые изделия из глины. Но он быстро понял, что построить бизнес, обеспечивающий семью, исключительно на продуктах художественного промысла нелегко. А вот на обучении лепке и работе с гончарным кругом как хобби — вполне реально.

Студия была открыта и раскручена на деньги, вырученные им от продажи акций покинутого предприятия, — как правило, старшие руководители владеют пакетом, стоимость которого сопоставима с размером годовой зарплаты. Как оказалось, необыкновенно вовремя: сокращения не спасли покинутую им компанию, она обанкротилась, и уже через пару лет его ценных бумаг не хватило бы даже на упаковку глины.

Я все время вспоминала про М., когда мне впервые пришлось руководить процессом сокращения более чем ста человек в дивизионе на втором году работы директором. Споров о целесообразности не было. Штат маркетинга значительно превышал численность подобных отделов в других компаниях отрасли, а его организация шла вразрез с новой моделью бизнеса, требующей большей интеграции между продуктовыми группами. Изменения на рынке заставили нас пересмотреть расстановку ресурсов: мы переходили от наличия отдельных команд для каждой из продуктовых линий к консолидированному отделу, планирующему маркетинговые кампании. Новый подход позволял не только сделать работу меньшим количеством людей — он давал возможность лучше интегрировать между собой маркетинговые кампании для разных продуктов, значительно упростив процесс их проведения в регионах и увеличив процент одновременной продажи нескольких продуктов вместе. Это был классический пример оптимизации системы в целом за счет субоптимизации работы ее составляющих, в данном случае кампаний для отдельных продуктовых линеек.

Мне как руководителю и раньше приходилось сталкиваться с неприятным процессом сокращений, но до сих пор удавалось обойтись без тяжелых решений. То находились сотрудники, которым все равно надлежало покинуть бизнес по причине плохой работы, то желающие выйти на пенсию были рады сделать это на волне дополнительных выплат уходившим. А тут на меня возложили ответственность за проведение процесса в целом ряде отделов, часто возглавляемых людьми более высокого ранга. Более того, я не знала всех их подчиненных и единственное, что могла сделать, — это построить процесс так, чтобы отбор оказался максимально справедливым.

Так как размеры отделов и, главное, распределение по ним опытных специалистов были весьма неравномерными, то простая раздача процентных целей по сокращению могла стоить больших потерь в навыках. Мы договорились сначала провести оценку сотрудников по единому ряду достаточно объективных критериев. Особую проблему представляли начальники отделов: в новой организации предполагалось меньше руководящих позиций. А значит, часть руководителей была вынуждена либо согласиться на позицию, не связанную с управлением, либо уйти. Это был тяжелый выбор. До начальников первого уровня, как правило, повышали тех, кто лучше всех работал, — а значит, мы рисковали лишиться самых сильных игроков. Обсуждение их кандидатур вызвало самые бурные эмоции.

Среди них была С. из моего подразделения, совсем недавно ставшая руководителем, но уже демонстрирующая ярко выраженные качества будущей звезды. Формально у нее было меньше опыта и меньше возможностей проявить себя в деле, чем у остальных. Я честно оценила ее по тем критериям, о которых мы договорились. В частности, в случаях, когда надо было оценить, как часто С. демонстрировала то или иное качество, мне пришлось честно признать, что редко: она просто не успела это сделать на первой руководящей работе. К сожалению, это ставило ее в проигрышное положение по сравнению с людьми, руководившими отделами по десять лет, хотя так и не научившимися, например, развивать своих подчиненных или отпускать их на другие позиции, где они могли бы сильнее повлиять на результаты бизнеса. Тем не менее С. оказалась в нижней части списка — той, откуда люди должны были уйти на неначальственные позиции.

Я видела, что некоторые руководители откровенно завысили планку для своих подчиненных, чтобы избежать неприятных разговоров о понижении. Мне пришлось проводить долгое совещание с вице-президентами, увещевать, приводить примеры. Как сейчас помню, в те дни я оказалась в Москве, так что допоздна сидела в офисе на телеконференции с Америкой. А потом за ужином в одиночестве в закрывающемся ресторане над пересоленным холодцом я долго обдумывала, не стоит ли мне поступить, как М., если не удастся восстановить справедливость. И решила честно предложить своему начальнику добавить меня в список, потому что я не могла, руководя процессом сокращений, согласиться на понижение сотрудника в должности, считая его несправедливым.

К счастью, все закончилось хорошо, вице-президент, которому я подчинялась, помог — он пользовался большим

уважением, и его просьба к остальным о большей требовательности и реализма в оценках возымело действие. Он
также хорошо знал С., согласился со мной в вопросе ее потенциала и в конце концов, создав еще одну группу в новом
подразделении, оставил мою подопечную на руководящей
позиции. При этом он, конечно, не преминул преподать мне
урок «осторожного вождения»: честность в оценке — это
хорошо, но неплохо было бы проявить дальновидность,
предполагая, как развернутся события, и внести коррективы, учитывая человеческий фактор. Но я хорошо помню
этот почти экзистенциальный выбор между риском для
своей карьеры и шагом, с последствиями которого мне будет
неприятно жить дальше. Мне кажется, рано или поздно всем
поднимающимся по карьерной лестнице приходится принять
подобное решение в той или иной ситуации.

Особенно тяжело в выборе между «любовью» и «уважением» приходится женщинам-руководителям. В своей речи
на Всемирном экономическом форуме в Давосе в январе
2013 года COO* Facebook Шерил Сэндберг отметила интересную деталь**. Согласно исследованиям, чем успешнее мужчина, тем больше его любят, а вот для женщин, к сожалению,
верно обратное. Психологические причины этого явления
связаны с определенными общественными стереотипами.
Те качества руководителя, которые традиционно ценятся
в мужчине — твердость, принципиальность, готовность
к непопулярным действиям ради успеха дела, требовательность к себе и другим, — в приложении к женщинам приобретают совсем другую окраску. Общество много веков ждало
от матерей и жен совсем других качеств — мягкости, сострадания, понимания, нежности. Когда начальница требует

---

* Chief Operational Officer; в русской бизнес-терминологии аналог исполнительного директора компании. *Прим. ред.*

** http://www.guardian.co.uk/business/2013/jan/25/facebook-sheryl-sandberg-gender-
stereotypes

соблюдения сроков проекта или отстаивает интересы компании в переговорах, то подсознательно она воспринимается не как «принципиальный руководитель», а как «холодная», «сухая» и «бессердечная».

В своей речи Сэндберг особо отметила, что гендерные стереотипы часто мешают женщинам продвигаться по карьерной лестнице. Оценивая их работу, руководители подсознательно ориентируются на исторические социальные нормы и характеризуют их как «слишком агрессивных» или «отличных профессионалов, но недолюбливаемых коллегами».

— Они не задумываются о том, что это своего рода штрафы, наложенные на женщин именно из-за гендерных стереотипов, — сказала Сэндберг.

Лично мне не раз приходилось сталкиваться с этим феноменом. Когда я вступала в переговоры с мужчинами по эмоционально заряженным вопросам, на меня поступали жалобы, притом что мы употребляли одни и те же слова и выражения. Я старалась быть предельно вежливой, документировала беседу, мне удавалось уменьшить градус недовольства, но периодически все та же предательская проблема вылезала из кустов в самый неподходящий момент.

Замечу, что в мире есть руководители, знакомые с этим феноменом. Мне рассказали об интересном диалоге, возникшем при обсуждении годовых оценок, когда начальник смежного отдела пожаловался на мою агрессивность в спорах. Генеральный директор Р. потребовал примеры ситуаций и нашел их симметричными: в моих словах или позиции не было ничего отличного по стилю от языка и аргументации собеседника. Тогда он поинтересовался, привели ли мои действия к нежеланию работать со мной в будущем. Оказалось, что реальных оскорблений нанесено не было и никаких обид у «проигравшей» стороны не осталось, кроме самого факта «проигрыша».

— Бизнес — это контактный спорт, — сказал Р. — Если ее поведение не приводит к нежеланию людей с ней работать и не содержит ничего оскорбительного, то я не вижу причин не дать ей высокую оценку.

К сожалению, я встречала не много таких руководителей, как Р. Со временем я стала уделять особое внимание лоббированию своей позиции, выбору предметов спора, сглаживанию несогласий — равно как и принимать тот факт, что меня совсем не обязательно будут любить коллеги. Я научилась гораздо больше внимания уделять личным беседам и построению отношений с людьми, стала заворачивать любой негатив в красивую обертку в случаях, когда это имело значение, и почти перестала переживать, если мужчины-коллеги не делали этого в ответ. К счастью, по мере вашего продвижения вверх по карьерной лестнице от вас все меньше ждут мягкости, и несогласие между равными воспринимается спокойнее.

Главный вывод, который я сделала из долгой истории борьбы с гендерным стереотипированием, — это необходимость глубже вникать в ситуации женщин-подчиненных, что называется, «платить другому»*. Не раз мне приходилось разбирать жалобы и спрашивать: «Что именно было агрессивного в этой фразе? Вы уверены, что восприняли бы ее так же, если бы это сказал один из коллег-мужчин?» Несколько женщин с репутацией «нелюбимых равными», которых я приняла на работу, со временем показали замечательные результаты. Впрочем, пережив подобные ситуации сама, я также стараюсь по возможности советовать им, как максимально оградить себя от негативного восприятия.

Было бы наивно предполагать, что стереотипы изменятся быстро или что необходимость принимать непопулярные

---

* Имеется в виду известная концепция paying forward, предполагающая, что человек, которому сделали доброе дело, «в уплату» также окажет услугу, но уже кому-то другому. *Прим. ред.*

решения минует вас на высоком посту. А значит, тот самый выбор между любовью и уважением стоит принять в расчет со всей серьезностью, размышляя о привлекательности административной карьеры. Если вы ни за что не можете представить себя в роли инициатора «хирургического вмешательства» в бизнесе, то, возможно, это не ваш путь. Заодно попробуйте проникнуться несколько бо́льшим уважением к тем, кому приходится такие сложности преодолевать. Путь наверх ведет не только к просторному кабинету и высокой зарплате. Большинство из тех, кто его выбирает, надеются, что смогут пройти через такие события, проявляя максимальное уважение к людям, и что радость от создания нового, помощи в профессиональном росте или поощрения инноваций перевесит негативные моменты руководства.

Глава 5
Необходимость всегда быть на виду

Приятная сторона того, чтобы быть знаменитостью,
в том, что, если людям скучно вас слушать,
они винят в этом себя самих*.
Генри Киссинджер

В первые несколько часов после пресс-релиза CEVA Logistics о моем назначении на должность Chief Commercial Officer еще до начала рабочего дня в Америке мой профиль на LinkedIn просмотрели более ста сорока человек. Можно лишь предположить, сколько людей также посмотрели и прочитали имеющиеся в сети интервью со мной и мои выступления. Если судить по количеству незнакомых людей в разных странах, встречавших меня впоследствии словами «я узнал тебя по видеоролику», — тоже весьма немало. И это лишь руководитель продаж частной, хотя и достаточно крупной (свыше пятидесяти тысяч человек) компании в относительно небольшой отрасли. Представьте себе, сколько народу бросается искать информацию о новых CEO или других заметных фигурах в более известных корпорациях, особенно торгующихся на фондовых рынках.

Самый первый и очевидный вывод из этого эпизода — это необходимость поддерживать «гигиену» своего присутствия

---

* The nice thing about being a celebrity is that if you bore people they think it's their fault.

в сети. Все, от политических дебатов до сомнительных фотографий, окажется под лупой — вас будут обсуждать и судить. У меня «редкая» для Россия фамилия — Кузнецова. Как оказалось, у меня есть полная тезка, занимающаяся танцем живота и участвующая в международных конкурсах. Помню, я удивилась вопросу начальника во время первой недели работы, не занимаюсь ли я танцами. Он не вдавался в детали, только сказал, что кто-то видел в сети информацию о танцовщице с тем же именем. Впоследствии один из кадровиков признался, что во время окончательного обсуждения кандидатур кто-то запустил поиск в сети и поинтересовался: вы уверены, что хотите нанять человека со столь сомнительным хобби на должность, включающую в себя представительские функции? Они не были до конца уверены, что это не я, тем не менее страна была указана другая, и в итоге решили, что, наверное, это все-таки просто совпадение. И хотя моей первой реакцией была почти что ненависть к тезке, чуть было не испортившей мне имидж, замечу, что речь шла о вполне невинном занятии по сравнению с тем, что можно порой увидеть в интернете.

Можно считать европейские и американские компании консервативными и чопорными — но тут, как говорится, «вам шашечки или ехать?». Вне шоу-бизнеса выбор между имиджем и карьерными перспективами придется сделать довольно рано, задолго до того, как вы окажетесь в центре внимания, словно под лучами софитов. Для себя я определила это так: лучший способ избежать проблем в будущем — не публиковать в интернете ничего, что вы бы не хотели однажды увидеть на первых страницах газет с вашим именем и должностью в заголовке.

Некоторые блогеры любят всплеск как положительных, так и отрицательных эмоций в блогосфере, привлекающий к ним внимание, но большинство из нас находят в них мало приятного. При этом мне грех жаловаться — я известна относительно малому кругу людей по сравнению с действительно значительными фигурами в современном бизнесе. Достаточно посмотреть на то, сколько людей в американском интернете обсуждали Марису Майер — нового CEO Yahoo, занявшую пост в середине беременности, — чтобы понять, что любые мои переживания от повышенного внимания — это просто мелочи по сравнению с тем, что выпало на ее долю. А чего стоит многонедельное пережевывание в прессе и социальных медиа нежелания традиционно мужского гольф-клуба пригласить CEO IBM Джинни Рометти в свои ряды, несмотря на спонсорство. При этом сама она ни разу не прокомментировала эти обсуждения, ясно давая понять, что куда более занята управлением компанией, чем подобной суетой. Но это не помогло сдержать поток статей, авторы которых искали все новые способы хоть как-то подогреть интерес к теме — например, обсудить, знает ли вообще Джинни правила гольфа.

Старшие позиции часто приносят с собой дополнительное внимание — как желательное, так и нежелательное. Конечно, далеко не все сталкиваются с такой проблемой, но чем более необычны вы для своей должности в силу происхождения, пола или других демографических признаков, тем больше вероятность подобных ситуаций.

Другая неприятная сторона постоянного пребывания в лучах софитов — это необходимость о нем помнить. Например, элементарная вежливость требует не замыкаться в себе, а поддерживать беседу со встречающим вас в аэропорту коллегой, даже если вы устали от перелета. Но на более высоких позициях велика вероятность, что вас будут встречать, а вашу реакцию на рассказ о текущих делах по дороге в отель — подмечать, истолковывать и интерпретировать. Люди ожидают от своих лидеров определенных сигналов — положительных, когда речь идет о хорошо сделанной работе, отрицательных, если нарушаются определенные нормы. Эти сигналы во многом определяют, «что такое хорошо и что такое плохо» в компании. Что поощряется больше — фокусирование на решении проблемы заказчика или сбережение денег? Долгосрочное партнерство или немедленное разрешение ситуации неплатежа? Поддержка друг друга и слаженная работа группы или индивидуальная охота? Реакция лидера влияет на то, как складывается культура и нормы поведения в компании. А значит, лидер не имеет права быть усталым и раздраженным — сигналы должны быть последовательными.

И, наконец, третья проблема, связанная с высокой позицией, заключается в том, что вас начинают ассоциировать с вашей компанией. Часто это случается задолго до повышения. Так, моя подруга, работавшая в веб-группе Wal-Mart, рассказывала, что нередко сталкивается с направленными лично на нее эмоциональными выпадами против «компании, уничтожающей малый бизнес в Америке».

Во времена моей работы в IBM в русском интернете периодически встречались люди, незнакомые со мной лично, но не упускающие возможности сказать обо мне что-нибудь неприятное. При этом они всегда ссылались на мою работу, а не на конкретный пост в блоге или высказывание, которое лично их обидело. Я подозреваю, что они отождествляли меня с компанией, некогда не принявшей их на работу, или крупной корпорацией, не оценившей технологию, которой они восторгались. Мне было не менее неприятно от выливающегося на меня без повода потока злобы, часто доходящей до абсурда. Сначала я переживала, потом поняла, что, оставаясь «ненавистным образом», я все равно не изменю ни их отношения, ни прошлых травм, а вступив в диалог, лишь вызову у них еще бо́льшую озлобленность. И просто привыкла пожимать плечами и переходить к чтению чего-нибудь другого.

Вряд ли стоит отказываться от карьерных планов из опасения повышенного внимания к своей персоне. В конце

концов, множество СЕО и членов совета директоров прекрасно работают, попадая в прессу только в сугубо профессиональных публикациях по вопросам, связанным с деятельностью компании. Но и совсем в тени остаться тоже не
удастся, так что лучше просто подготовиться к этому заранее.

Прежде всего, приняв неизбежное, попробуем переклю-
читься с вопроса «как этого избежать» на то, «как минимизировать стресс».

— Полезно как можно раньше научиться хорошо выступать перед аудиторией, быть простым и искренним
в письменных коммуникациях, работать с прессой.
Для этого существует масса профессиональных тренингов, об этом написано немало книг. В следующих
главах мы дополнительно поговорим о некоторых
моментах выступлений. Это поможет как можно
лучше донести ваши взгляды, мотивы решений,
систему ценностей до тех людей, которые не знают
вас лично. Пусть реагируют на ваши слова и действия,
а не на их искажение в кривом зеркале.

— Никогда не повредит обратить внимание на то, что
публикуется под вашим именем в сети, появляется
в поиске — другими словами, присмотреться, какой
предстает перед незнакомыми с вами людьми ваша
«сетевая персона». В наши времена она приобретает
не меньшую важность, чем резюме. Лучше заранее
принять тот факт, что всегда найдутся люди, воспри-
нимающие вас как абстракцию, персонажа мультика,
собирательный образ ненавистных им начальников.
Часто они будут вымещать на этом «двумерном
образе» собственные переживания и обиды. Постарайтесь не принимать их близко к сердцу. Представьте, что эта злость направлена не на вас, а лишь
на бумажную куклу или виртуального героя, случайно

носящего то же имя, — тем более что в большинстве случаев так оно и есть.

Жизнь на виду совсем не означает полного расставания с личным пространством и тишиной. Она быстро приучает ценить собственное время и пространство — лишний час между встречами, когда можно уйти к себе в комнату, или пару часов в самолете. Она также вырабатывает привычку не относиться к себе слишком серьезно. И к ней может привыкнуть даже самый глубокий интроверт, хотя, конечно, периодически случаются неприятные сюрпризы.

Глава 6
Определение приоритетов и нехватка времени

Я не считаю, что работа — это работа,
а игра — это игра. Это все — жизнь*.
Ричард Брэнсон

Жарким воскресным летним утром в Северной Каролине мы сидим на кухне у общих друзей, к которым приехали на выходные покататься на лодке, погулять по старому Вильмингтону и песчаным дюнам, отдохнуть и пообщаться. Р. годится мне в отцы, мы погодки с его старшей дочерью, но именно он стал когда-то одним из наших первых друзей в новой стране. От него я узнала множество интересных вещей — и историю залива Чесапик, и множество видов устриц, которые служат его «почками», очищая воду от загрязнения. И про диких пони, живущих на острове Чинкотиг с тех пор, как там потерпел крушение испанский галеон, перевозивший их для работ в американских шахтах в XIX веке. И про современное масонское движение в Америке. Р. играет на двадцати с лишним инструментах, читает Библию на службах в своей мэрилендской, до сих пор сегрегированной церкви, воспитывает внуков, преподает биологию в школе для трудных подростков, водит их летом в походы искать ископаемых моллюсков в известняке

_____
* I don't think of work as work and play as play. It's all living.

и попутно развивает собственный бизнес. То есть мы оба привыкли занимать свое время множеством проектов из самых разных областей деятельности — потому, наверное, и подружились.

Тем не менее Р. удивляется, как это я нахожу время писать блог и поддерживать сообщество на фейсбуке. А я недоумеваю, как ему не жалко тратить время на кроссворды и чтение газет. Впрочем, из вежливости я не сообщаю об этом Р. — люди редко меняют свои привычки на шестом десятке, — зато он недоумевает вслух.

У каждого человека свой уровень комфорта от заполнения жизни событиями и действиями. Но независимо от того, насколько он низок или высок, мы по-разному определяем приоритеты. Для кого-то жизнь немыслима без регулярных походов в театр, зато он не особо переживает, если лыжный отпуск выпадает лишь раз в несколько лет. Другой не мыслит зимы без склонов, но ходит в оперу раз в год. При этом оба скажут вам, что любят и театр, и лыжи, и вряд ли они считают, что приносят одно в жертву другому.

Нехватка времени часто служит первой причиной оптимизации времени под наиболее важные или любимые занятия. Пойти в гости к дальним и не очень интересным знакомым? Неплохо, но, честно говоря, вечер разговоров все о той же перестройке дома лично мне не настолько важен, как возможность доделать презентацию или дописать главу книги, и не настолько приятен, как просмотр любимого сериала вдвоем с мужем после выполненной работы.

Периодически совершая выбор в сторону более приятного и полезного, я, без сомнения, веду менее активную социальную жизнь, но при этом совсем не ощущаю, что приношу жертву. Моя работа не лишает меня друзей. Почти каждые выходные, приехав домой, я нахожу время сходить с лучшей подругой на ланч, или вместе с мужем навестить общих друзей вечером, или поговорить с кем-нибудь по скайпу.

Но, несомненно, я провожу намного меньше времени с не очень близкими людьми или на малоинтересных мероприятиях, чем большинство из нас. По той же причине мы уже много лет как отписались от кабельного телевидения, предпочитая смотреть фильмы через интернет или в кино, а новости быстро просматривать по утрам через рассылку New York Times или Wall Street Journal.

В свое время мне пришлось отказаться от одного из хобби — гончарного дела, потому что я поступила на программу MBA. Я проводила каждую вторую субботу в Колумбийском университете в Нью-Йорке, много времени посвящала домашним заданиям и стала часто пропускать походы в студию керамики. В результате мои горшки пересыхали, не дождавшись, пока я вырежу им дно, — этот процесс проводится на уже подсохшем до состояния мягкой кожи изделии.

Когда моя дочь училась в школе, у меня было куда меньше необходимости ездить по миру. Она растет по мере карьерного продвижения. Но и я, и мой муж хотели уделять время работе и учебе, это было частью системы ценностей нашей семьи. У нас не было принято часами смотреть телевизор, мы всегда относились к ужину или к отпуску как к особому времени, чтобы пообщаться друг с другом. А потому всегда старались воспитывать в дочери самостоятельность и не очень переживали, если полвечера каждый занимался своим делом, а не сидел вместе со всеми в гостиной перед голубым экраном. Мы практически не посещали школьные мероприятия, проходившие днем, и дочь относилась к этому спокойно, понимая, что мы работаем. Зато вечером мы были готовы обсудить, как организовать шахматный турнир в городе или избирательную кампанию в совет тинейджеров городской библиотеки.

Несомненно, мне очень повезло с семьей. Нередко проблемы со здоровьем или конфликт между требованиями профессий супругов ставят их в ситуацию куда более жесткого выбора. Не менее важна оказалась, на мой взгляд, возможность гибкого графика. Я работала в компании, позволявшей вести телеконференции из дома и самостоятельно планировать свое время, измерявшей вклад людей результатами, а не временем, проведенным в офисе. И если нанимателя можно выбирать самому — а все больше и больше корпораций и общественных организаций практикуют гибкий график, — то далеко не все профессии это позволяют. Нельзя прервать на середине операцию на сердце или даже просто изменить режим работы в сервисе или консалтинге.

Меня очень радовало, что дочь всегда положительно относилась к такому выбору, нашла любимое дело, сама начала строить очень удачную карьеру и, главное, нам удалось достаточно легко со временем перейти ко взрослым отношениям. Более того, она убедилась на нашем примере, что свою работу можно любить и что профессиональный рост не только возможен независимо от пола и происхождения, но и способен доставлять радость. Это во многом повлияло на формирование ее собственных жизненных принципов. По опыту друзей знаю: куда сложнее убедить ребенка, что ему надо поступить в хороший университет, если вся твоя жизнь вертится вокруг дома и кухни. Дети быстро теряют доверие к подходу «делай не так, как я делаю, а так, как я говорю».

У меня часто спрашивают, приходится ли приносить семью в жертву карьере. Сама постановка вопроса кажется мне несколько странной — возможно, именно потому, что я не воспринимаю оптимизацию времени в пользу ряда рабочих дел как жертву, равно как и не считаю, что семья должна отнимать много времени: гораздо важнее то, как именно проводить время вместе. Можно нанять кого-то убирать дом и смириться с далеко не идеальным порядком между визитами уборщицы, если это менее важно, чем вкусный и веселый ужин всей семьей. Можно заказать еду на дом, если нет сил готовить. Конечно, это не относится к форс-мажорным обстоятельствам (например, болезни), но, за редким исключением, домашние дела — далеко не главные поглотители времени и энергии, особенно при возможности работать из дома. И, конечно, мы находили время на дополнительные занятия математикой или обсуждение вступительных экзаменов — именно потому, что считали это важным, а на важное время всегда находится.

В своем интервью журналу Forbes в 2012 году Кей Крилл, CEO компании Ann Taylor и мама близнецов, отвечая на вечный вопрос о сочетании семьи и работы, процитировала своего ментора Шелли Лазарус*. Шелли возглавляла крупнейшее рекламное агентство Ogilvy & Mathers, что не помешало ей воспитать четверых детей. Мне, кстати, приходилось встречаться с ней во времена работы в IBM, Ogilvy & Mathers было нашим главным рекламным агентством. Она не могла не восхищать сочетанием профессионализма с необыкновенной элегантностью и шармом.

«Нужно изгнать из своей жизни людей и вещи, не имеющие большого значения, — посоветовала Шелли, — и сфокусироваться на том, что имеет значение лично для вас».

«Я даже не могу передать, насколько освобождающе подействовал на меня этот совет», — говорит Кей в интервью.

Мне остается лишь подписаться под каждым словом.

Чтобы раз и навсегда развеять миф о принесении семьи в жертву, напомню, что вряд ли есть более занятые люди, чем CEO крупных компаний. Тем не менее, вопреки расхожим стереотипам, на конец 2011 года, когда была собрана эта статистика, 26 из 28 женщин-CEO компаний, торгующихся на публичной бирже, были замужем, а 18 имели детей**.

---

* http://www.forbes.com/sites/jennagoudreau/2012/12/05/ann-taylor-ceo-reveals-her-most-important-career-lesson/

** «A CEO's support system, aka husband», The New York Times, 4 ноября 2011 г. — http://www.nytimes.com/2011/11/05/business/a-ceos-support-system-a-k-a-husband.html?_r=2&pagewanted=1&

Например, Мег Уитмен — CEO HP, а в прошлом CEO eBay — замужем за известным нейрохирургом Гриффитом Харшем IV и имеет двух сыновей. Лора Сен, CEO BJ's Wholesale Club, была замужем за Майклом Иганом, возглавлявшим до своей смерти в 2009 году биотехническую компанию Transmolecular. Можно спорить о том, насколько процент CEO, заводящих детей, ниже, чем доля женщин-матерей с менее напряженной работой, и насколько велика роль созданной ими вокруг себя структуры поддержки. Но следует помнить, что большинство из них начинали работу как минимум четверть века назад, во времена, гораздо менее благоприятные для женщин в корпоративном мире, и что часть решений, ими принятых, во многом предопределялась социальной средой. А она сильно изменилась за последние годы.

В 2012 году к этому списку прибавилась Мариса Майер, которая стала первой женщиной, занявшей пост CEO, будучи беременной, и успешно родившей ребенка, не упуская из виду начатых в компании перемен. Несомненно, это был нелегкий шаг, но он демонстрирует и то, что при должном желании все больше событий нашей жизни можно совмещать с успешной карьерой, не принося жертв.

Двадцать девятой в списке стала Джинни Рометти, первая женщина-CEO IBM. Я очень люблю историю, рассказанную ею в интервью журналу New York Times. И периодически вспоминаю ее в похожих ситуациях, например решаясь на новую работу, к которой, по собственным ощущениям, еще не готова. Однажды Джинни предложили повышение в IBM, связанное с очень высокой ответственностью. Она ответила, что не готова, ей надо еще несколько лет набираться опыта и знаний, но согласилась подумать до завтра. И, конечно, за ужином изложила все это мужу. Он выслушал ее и задал только один вопрос:

— Ты можешь представить себе мужчину, который отреагировал бы так на предложение повышения? Соглашайся —

через полгода ты настолько освоишь эту работу, что она тебе наскучит...

И оказался прав.

Мне кажется, многим женщинам надо распечатать эту историю и повесить над столом, чтобы регулярно перечитывать, — к слову, мне в первую очередь. Потому что в моем случае подобные сомнения всегда разрешались известной пословицей: глаза боятся, а руки делают. Но главное — лишний раз вспомнить о том, что семья — это тыл, поддержка и партнерство, без которого куда сложнее строить любую карьеру как мужчине, так и женщине. Именно вера в нас наших близких, их знание наших привычек и страхов, умение иногда утешить, а иногда встряхнуть нередко становятся той соломинкой, уцепившись за которую можно выплыть из любого водоворота.

Значит ли это, что все свои мечты вне карьеры удается воплотить в жизнь? Конечно, нет — но ведь мечты развиваются вместе с нами, и многие чудесны именно тем, что их приходится отложить до достижения предыдущих. Например, я иногда мечтаю, что в одной из следующих глав этой жизни у меня будет дом на берегу пролива Интеркостал в Северной Каролине, в пятнадцати минутах на лодке от барьерных островов Аутер-Бенкс, защищающих от ураганов побережье. На них почти нельзя строить — слишком близко к поверхности почвы подступают грунтовые воды и слишком опасны штормы. Так что там только белые пески, редкая, высокая и жесткая трава да странные яркие цветы на дюнах. Там живут вымирающие морские черепахи и откладывают яйца в песок прямо на пляже. Добровольцы обносят их кладки загородкой, чтобы случайно не повредить. Иногда прилив выбрасывает желеобразных коричневых медуз, похожих на большие грибы, они шевелят щупальцами, потом долго качаются в прибое. И пеликаны летают небольшими стаями, как строй военных самолетов, низко проходят над волной, высматривая рыбу.

И еще у меня будет большая собака, прыгающая с лодки в воду и бегающая по мелководью. С ней можно будет плавать вечером вдоль пролива и останавливаться поесть махи-махи на гриле в ресторанчике у самой воды, привязав лодку к его причалу. И спина у меня не будет обгорать за ланчем на веранде, потому что я буду жить в этом раю постоянно, раз и навсегда загорев, а не появляться на недельку-другую в год, стремительно пытаясь наверстать упущенное.

Только все это будет совсем в другой жизни, несмотря на то что уже сейчас у меня есть необходимые средства, возможность не работать и даже умение водить моторку. Потому что одновременно с такой жизнью, скорее всего, не будет другой — аэропортов со странными именами, выигранных контрактов и выведенных из кризиса бизнесов. Это отдых или по крайней мере долгий перерыв в пути, не заменяющий собой путь. Это не то, что я хочу вспомнить, оглядываясь назад и думая про оставленный след и интересно прожитую жизнь, а лишь спокойствие, обещанное в будущем. Нирвана расслабляет. Я навещаю свою следующую жизнь пару раз в год и знаю, чем займусь, когда устану.

Мне кажется, подобная мечта есть у каждого человека, ведущего интенсивный образ жизни, связанный с успешной карьерой, и что она тоже является частью общего жизненного плана, а не жертвой.

Глава 7

Непонимание окружающих и негативное отношение к построению карьеры

Если чувствуете, что попали в ад, продолжайте двигаться[*].
Уинстон Черчилль

Однажды я спросила читателей своего блога, какие ассоциации у них вызывают слова «карьерный рост». Аудитория резко разделилась по возрасту и, как ни странно, стране проживания. Для более молодых читателей, живущих за рубежом или работающих в глобальных компаниях, а потому, так или иначе, привыкших к этому термину в его зарубежном варианте, карьерный рост — это естественный процесс профессионального развития и увеличения материального дохода. А для проработавших значительное время в традиционных российских организациях это понятие несет в себе явный негативный оттенок из за уверенности в его неотделимости от этических компромиссов. Многие выделяли карьеру как элемент работы в госорганизациях, ассоциировали ее со взяточничеством или подхалимством и даже противопоставляли ее деятельности в бизнесе, где успех определяется реальными результатами. Некоторые читатели предлагали переводить английское слово career

---

[*] If you're going through hell, keep going.

как «профессиональный рост», чтобы избежать негативной коннотации.

Особенно расстроила меня ранее незнакомая нотка, пробивающаяся в женских ответах из России и Украины: укоризна по отношению к карьере как антиподу хорошего материнства. Все больше мам, выходящих на работу и оставляющих детей с бабушками, нянями или в детских садах, жаловались на пренебрежительный оттенок слов «делает карьеру» в описании их жизни подругами и соседками. Для члена семьи, где пять поколений женщин, начиная с прабабушки — зубного врача, работали вне дома, такое развитие событий показалось возвратом в Средние века.

Мне довелось поработать в России, но моя профессиональная жизнь почти сразу началась в глобальной корпорации, известной своей историей развития персонала и славящейся тем, что предоставляет всем равные возможности. Мне необыкновенно повезло расти профессионально в условиях меритократии, отсутствия непотизма, внимания к этике, доступа к менторству и помощи в обучении. Возможно, именно поэтому мне куда ближе определение карьерного роста, данное одной из моих молодых американских читательниц: «это антоним к образу жизни пожилых, уже двадцать лет бесцельно перебирающих бумажки с девяти до пяти».

Оксфордский словарь* определяет карьеру как «занятие, выбранное на продолжительный период жизни человека, предоставляющее возможности прогрессирования». Иногда оно используется для обозначения занятия, требующего специального образования, например «карьера юриста», и в таком случае обозначает всю последовательность работ, через которую профессионал проходит в течение многих лет практики. В Вебстеровском словаре** можно найти определение слова career как «область последовательно прогрессирующих до-

_____

* http://oxforddictionaries.com/us/definition/american_english/career
** http://www.merriam-webster.com/dictionary/career

стижений, особенно в общественной, профессиональной или деловой жизни», а также «профессия, для которой человек учится и которую выбирает как постоянное призвание».

Этимологически* этот термин происходит от средневекового (датированного XVI веком) французского слова carrier, означающего «дорогу». Оно восходит корнями к более древнему латинскому cararia — колее или достаточно удобному пути для колес — и является производным от carrus — повозки.

В современном значении слово вошло в широкое употребление в постиндустриальном обществе середины XX века, когда развитие технологий, укрупнение и глобализация бизнеса потребовали большего количества уровней и разнообразия профессий образованных сотрудников. Отсюда появилась и тенденция самому выбирать последовательность работ, то есть брать под контроль планирование и построение своей карьеры.

Так откуда же взялось негативное толкование слова, фактически обозначающего просто жизненный путь, у жителей бывшего СССР? Дело в том, что собственно карьеры у советского человека не было. Партия и руководство выбирали, на какие стройки века, поднятие целины или региональные производства отправлять нужных специалистов. Человеческие таланты и способности преимущественно распределялись, как и другие ресурсы, Госпланом и другими государственными органами в соответствии с нуждами народного хозяйства и общественной пользой. Хотя отдельные попытки избежать навязанного места работы нередко увенчивались успехом, в целом проявление свободной воли в определении собственной судьбы было весьма нежелательным.

А потому в Советском Союзе не было карьеры в западном понимании этого слова, зато были карьеристы, летуны и прочие отрицательные персонажи, пытавшиеся

---

* http://www.etymonline.com/index.php?term=career

пробиваться самостоятельно и изменять навязанный ход событий. На помощь была призвана идеология, проводимая через произведения кинематографа и литературы, где такие персонажи традиционно представлялись как увлеченные идеей повышения в ущерб непосредственно делу. Эти беспринципные и наглые люди строили карьеру, им были безразличны их обязанности и результаты, главное — выслужиться. И конечно, в конце такие типажи неизменно проигрывали простоватому, но честному герою: настоящие профессионалы делали свое дело, не ожидая награды.

Нельзя сказать, чтобы интеллигентная часть общества боролась за право участвовать в управлении. Карьерное продвижение в большинстве областей было тесно связано с активной поддержкой советских идеалов, участием в пропаганде коммунистических взглядов и нередко — членством в партии или комсомоле. Более того, за исключением нескольких областей, требовавших меритократии (преимущественно техническо-инженерных профессий, точных академических наук и медицины), сам процесс выбора и повышения кандидатов редко определялся непосредственными достижениями. В отсутствие бизнес-конкуренции при плановой экономике везде, где возможности получения единого ответа — работает или не работает, больше делает или меньше — отсутствовали, выбор делался на основе отношений с начальством и идеологическим отделом. Как следствие, немалая часть критически настроенной интеллигенции, в том числе и творческой, не желая ханжествовать, выработала стойкое неприятие самого процесса построения карьеры. Отсюда и четкое предпочтение, вплоть до романтизации, точных наук, программирования и естественнонаучных исследований, а также подозрительное отношение ко всему связанному с управлением.

Времена изменились, но российская школа руководства по-прежнему во многом отстает от западной: отсутствуют традиции менторства, инвестиций в профессиональный рост сотрудников и планирования карьеры. Не случайно многие читатели замечали, что и в бизнесе «карьерный рост» у российского персонала означает исключительно рост личных доходов, без связи с большей степенью ответственности или сложностью задач. Профессиональный рост в такой ситуации теряет элементы самовыражения и самосовершенствования, возможности предпринимательства — в малом бизнесе или внутри крупных структур, — создания ценности и обучения преемников. Он сводится к повышению уровня потребления, что, в свою очередь, делает его еще более легким и справедливым объектом критики.

Западные компании держат в России преимущественно отделы продаж и их поддержки. Как следствие, возможности роста в них часто ограничены соответствующими дисциплинами, тогда как ключевые решения об инвестициях, продуктовой стратегии или слияниях компаний принимаются в штаб-квартирах. Более того, поколение старших руководителей российских филиалов, за редким исключением, имело очень ограниченную возможность изучать управление, годами работая с более опытными коллегами. Руководство людьми, в том числе их мотивация и создание условий для их развития, — это «цеховая» дисциплина, требующая менторов и тренеров, которых лишено было первое поколение, вставшее у руля компаний нового типа.

Российские же компании, в свою очередь, нередко продолжают традиции более авторитарного, а то и непотичного руководства, сложившегося еще в совстские времена.

Эта книга нс ставит своей задачей ни исследование причин негативного восприятия слова «карьера» в России, ни его полную реабилитацию. Но тем, кто выбирает путь профессионального роста в условиях традиционного русскоязычного окружения, стоит быть готовым к тому, что родственники и знакомые не поймут и не разделят их приоритеты. Все решают эту проблему по-разному. Кто-то продолжает объяснять свои действия, кто-то ограничивает круг общения, кто-то постоянно испытывает душевный дискомфорт.

Особенно тяжело приходится женщинам, попадающим — не только в России, но и в целом ряде других стран — под прицел обвинения в плохом материнстве. Более того, если растущий заработок мужчины неизменно является плюсом в глазах общества, жены, зарабатывающие больше мужей и проводящие больше времени на работе, нередко подвергаются осуждению и сталкиваются с проблемами поиска понимающего партнера. К сожалению, к этой проблеме нет универсального ключа, как нет единой, всеми разделяемой системы ценностей. Тем не менее растущий процент женщин, успешно совмещающих семью и высокие руководящие посты, указывает на то, что в индивидуальных случаях решение можно найти.

Глава 8

Возможность оставить свой след, посмотреть мир, вести интересную жизнь

Хорошей памяти мало для коллекции
хороших воспоминаний*.
Записка в китайском печенье

Есть люди, которые умеют и любят выращивать цветы или овощи. Они с удовольствием копаются в земле, удобряют почву, проводят безумное количество времени с грязными руками в неудобных позах, а потом искренне гордятся огромной розой или особо сладкими помидорами. Те из нас, кто патологически обделен страстью к земледелию, вежливо удивляются, намекают на возможность купить помидоры в магазине и ни за что на свете не выберутся на грядки в холод.

Есть люди, которые любят выращивать собак определенной породы. Есть учителя, которые не просто любят детей, но страстно озабочены новыми программами образования, продолжают преподавать в свободное время и развешивают в кабинете портреты добившихся упехов учеников. Страсть создавать то, что по-английски называется value и звучит куда менее бюрократично, чем «добавочный продукт», строить

---

* It takes more than good memory to have good memories.

организации, разворачивать компании от падения к росту, помогать профессиональному развитию других и перекраивать бизнес-процессы, имеет очень похожую природу. Это радость от возможности оставить после себя нечто лучшее, чем было до нас, и удовольствие наблюдать, как твои усилия дают результаты, а не просто наслаждаться потреблением благ. Большинство знакомых мне лично людей, прошедших нелегкий карьерный путь до старших руководителей, обладают именно этой чертой характера.

Как и садовники и учителя, руководители могут быть более или менее талантливыми, более или менее успешными в том, что они делают. Как в любую область, сюда тоже попадают случайные люди. Особенно много их оказывается там, где отсутствует конкуренция, заставляющая компанию следить за объективными индикаторами производительности, и, как следствие, не развилась меритократия. В таких местах люди довольно долго могут получать повышения, не имея реальных достижений, превалирует иной процесс отбора и воспитывается другой тип руководителя. Правда, с приходом более этичного руководства подобные «специалисты» очень быстро улетучиваются из компании. Их заменяют те, кто действительно умеет оставлять после себя хорошо отлаженный механизм работы и нормальный климат. И конечно, не любя процесс построения и развития компаний, заниматься им ради денег и славы можно столь же успешно, как и быть хорошим учителем, не любя детей: мучительно и до первого нервного срыва.

Интересную работу, как любое удовольствие, трудно бросить. Даже если она надоедает, то, отказавшись от нее, начинаешь ощущать пустоту. Неслучайно мне известны многочисленные примеры старших руководителей, выходивших на пенсию по три-четыре раза. Все они могли себе позволить не работать и жить весьма состоятельно, но скучали по постоянному делу, занятому расписанию и привычному ритму. Наверняка то же самое чувствуют врачи «от бога», хорошие учителя или профессиональные спортсмены. А особенно трудно бывает расстаться с работой, ставшей образом жизни.

Есть много причин строить карьеру, связанную с руководством и профессиональным ростом, но я повторю сказанное ранее: если вам не нравится то, чем вы занимаетесь — или хотя бы бо́льшая его часть, — то никакие деньги и статус не скомпенсируют постоянного отвращения к своей работе. А потому, если вы вынуждены заниматься корпоративной работой, но не нашли ту область деятельности, которая вас увлекает — будь то разработки, продажи, операции, производство, финансы или маркетинг, — лучше заменить чтение последующих глав составлением резюме, портфолио или бизнес-плана в надежде изменить свою жизнь к лучшему. Те, кто будет убеждать вас в привлекательности управленческой карьеры, лишь сослужат вам дурную службу.

Далеко не все нашедшие свою профессиональную область хотят совершенствоваться в ней, а тем более — двигаться по карьерной лестнице, рискуя выйти из области комфорта и сменить занятие. А так как я посвятила немало времени рассказу о тяготах этого пути, было бы несправедливо не сказать еще немного о его радостях.

Мы уже затронули удовольствие созидания — в данном случае value — и воспитания талантливой смены. Вот еще десять дополнительных и не всегда очень серьезных причин получать удовольствие от построения карьеры в крупной организации.

1. Вы сможете оставить след в обществе. У вас есть хороший шанс оставить после себя другую организационную структуру или продукты, в совершенство которых вы верите. Более того, в ряде случаев вы можете изменить ход истории всей вашей отрасли. Для последнего вовсе не обязательно быть Стивом Джобсом. Очень часто будущие стандарты технологии или появление новых лекарств определяются тем, которая из двух корпораций купит перспективный стартап или лидера в определенном сегменте. Занимая высокую позицию в крупной компании, вы реально принимаете решения, после которых жизнь в индустрии — не говоря уже о потребителях — никогда не будет прежней. И хотя немало новых разработок могут претендовать на ту же славу, именно крупные компании принимают подобные решения регулярно, каждый год, а не раз за всю историю бизнеса. Достаточно задуматься о том, как бы выглядела IT-индустрия, если бы IBM не поддержала в 1998 году Linux, a Sun не был бы куплен компанией Oracle в 2009-м.

2. Вы сможете оставить след в жизни отдельных людей. Я поддерживаю отношения со многими из своих прежних начальников, одни с тех пор стали друзьями, другие — менторами. И я очень благодарна всем, у кого я чему-то научилась, кто рискнул поставить на меня, когда мне недоставало опыта, и помог мне его обрести. Со временем я узнала, что не меньшую радость испытывает и наставник — когда кто-то из mentee добивается новых профессиональных успехов или бывшие подчиненные разыскивают его в социальных сетях, чтобы сказать «спасибо».

Недавно у меня выдался очень тяжелый день на работе — заседание совета директоров, связанное с принятием серьезных и неоднозначных решений, встреча с заказчиком, на которой мне пришлось объявить, что мы просим пересмотреть уже подписанный контракт, снижение прогноза продаж на квартал одним из регионов... Вечером я ехала в гостиницу и думала, как может быть, чтобы после такого дня у меня было хорошее настроение? А потом поняла, что обязана им всего одной встрече за день. Ко мне пришла женщина, чьим ментором я согласилась быть относительно недавно, и рассказала, как наша первая беседа помогла ей решиться выбрать новую работу. Она пришла с планами на будущее, вопросами и интересными идеями. Честно признаюсь, ее успех оказался той эмоциональной подпиткой, которая помогла мне закончить трудный день на прекрасной ноте.

3. Вы легко сможете сказать «у меня была интересная жизнь». И даже не потребуется говорить это в прошедшем времени: у вас всегда будет что написать на страничке фейсбука в настоящем. Правда, чем дальше, тем больше возникнет интереснейших событий, которыми нельзя поделиться.

Год назад мне очень хотелось разместить в блоге фотографии, сделанные в личной резиденции президента одной из стран. Но сам факт существования таких фотографий мог бы дать знать конкурентам о том, с кем и на каком уровне мы работаем, а значит, даже эта мелочь являлась конфиденциальной. Полгода спустя IBM подписала контракт, и информация стала общественно доступной. Но хотя я уже работала в другой компании, мне по-прежнему было неудобно размещать в публичном пространстве фотографии, связанные с периодом переговоров: существовал риск нарушить неприкосновенность частной жизни — privacy — представителей заказчика. Так что эти снимки, как и многие другие, ждут лучших времен и пенсионных мемуаров.

4. Вам будет чем похвастаться на встрече выпускников — если, конечно, останется время и желание на нее явиться. Не относитесь к этому аргументу слишком серьезно — трудно представить себе разумного человека, принимающего решения о собственной жизни по столь тщеславным ориентирам. Он добавлен в список исключительно в качестве пародии на списки подобных аргументов в популярных блогах.

5. Вы будете встречаться с интересными людьми — причем нередко возможности, которые открываются перед вами как старшим руководителем крупной компании, несравнимо больше, чем те, что имеются у частного лица. В моей жизни было немало интересных встреч, за которые я очень благодарна судьбе, — от Джеймса Уотсона, нобелевского лауреата и первооткрывателя ДНК, до глав государств, от специалистов по компьютерной защите до СЕО публичных компаний. Но не менее интересно бывает просто общаться со своими коллегами — большинство из них нетривиальные люди, со страстью к бизнесу и множеством историй, которыми они готовы поделиться за кружкой пива.

6. У вас будут прекрасные учителя. Крупные компании привлекают талантливых руководителей и просто профессионалов высокого уровня в самых разных областях. Более того, они чаще, чем мелкий бизнес, обращают внимание на программы развития кадров и нанимают людей для карьеры, а не единственной работы. Это, в частности, означает, что они предоставляют возможность выходить из зоны комфорта и осваивать новое, что, в свою очередь, подталкивает профессиональный рост.

7. Вы посмотрите мир. И если в вас горит огонь путешественника, то лучше по возможности удовлетворить жажду странствий на более ранних фазах карьеры. Чем выше вы продвигаетесь вверх в глобальной корпорации, тем чаще перемещаетесь по миру, но и тем меньше времени у вас остается на осмотр достопримечательностей. В один прекрасный день окажется, что каждая минута вашего дня посвящена заказчикам, инвесторам и сотрудникам компании — но также верно и то, что вы уже в который раз приезжаете в этот город и успели хотя бы частично удовлетворить свою страсть к «пылинкам дальних стран» в первые поездки.

8. Вы обретете практический опыт работы с представителями разных культур, что само по себе является интересной формой познания мира, в котором мы живем.

Во время очередной поездки в Амстердам я подружилась с X., голландским специалистом в особенностях культур разных народов. Он много лет проработал с высшим руководящим составом глобальных компаний из списка Fortune 100 и крупными политиками, помогая им разобраться

в непонятных культурологических нюансах международных команд и присутствия в незнакомых странах. Мы
обсуждали стили работы в разных культурах, и примеры,
им приведенные, оказались необыкновенно точны и совпа-
ли с моими личными наблюдениями. Речь, конечно, идет
именно об общих тенденциях, совершенно не обязательно
свойственных отдельным людям, скорее, о том, «как принято» в наиболее традиционных компаниях.

— В ряде культур, особенно немецкой, но во многом
  и американской, английской, голландской, принято,
  что если цели и вехи проекта утверждены, исполняющая сторона берет на себя полную ответственность
  за их реализацию, связываясь с заказчиком только
  в случаях вынужденного отклонения от расписания
  или возникновения проблем. Как говорится, «лучшая
  новость — это отсутствие новостей». В ряде других
  стран, в частности в Индии, исполняющая сторона
  может согласиться с целями, но внимание к качеству
  и срокам зависит от частоты проверки заказчиком
  как индикатора важности. Отсюда и ряд проблем
  с аутсорсингом. Подписавшие контракт заказчики
  радуются отсутствию новостей — а потом удивляются,
  что качество или время исполнения не соответствуют
  договору. Исполняющая же сторона удивляется гневу
  заказчиков, не проверявших исполнение регулярно
  и недовольных отсутствием результата. Собственно,
  мой собеседник сформулировал это после очередного
  проекта со штаб-квартирой крупной IT-компании,
  нанявшей его разобраться, почему так удачно начи-
  навшийся аутсорсинг так плохо закончился.

— В голландской культуре консенсус, согласие команды
  с общими правилами, традиционно имеет большее
  значение, чем в других европейских культурах.

Возможно, это следствие давней практики финансировать всей деревней корабль для перевозки грузов из колонии, а значит, и привычки жить в мире и согласии с соседями, завися от общей цели. А может, просто следствие высокой плотности населения — сродни японскому феномену. Важной чертой консенсуса является то, что с изменяющейся ситуацией он может нарушаться, а значит, периодически его нужно снова устанавливать, уже в других условиях. Так что лучшая тактика работы с голландскими командами — дать им возможность периодически пересматривать цели и план действий: давайте договоримся, что будем делать это так в течение квартала, а потом соберемся и, если надо, пересмотрим.

— Хотя стиль руководства всегда индивидуален и у опытного начальника сильно зависит от команды и обстоятельств, есть некоторые особенности восприятия руководства в разных культурах. Так, в России от «хорошего» начальника ожидается, что он позаботится о подчиненных не только в смысле премий, но и вообще в тяжелую минуту, будь то лишний отгул или помощь найти машину тещу в больницу отвезти. В Англии и Штатах начальник и подчиненный играют по правилам: первый ставит ряд условий и индивидуальных целей, второй их выполняет, в зависимости от качества выполнения происходит «раздача слонов». Личная забота не ожидается и особой роли не играет. В Голландии, где люди на всех уровнях сознания полагают остальных равными, босс имеет скорее совещательный голос. Он воспринимается как коллега, вносящий предложение, которое можно обдумать, модифицировать, согласовать с остальными и лишь потом ратифицировать, а вовсе не принимать пожелания начальника за установку к действию.

После перехода в новую компанию у меня только в непосредственном, прямом подчинении оказались люди из пяти разных стран, а если посчитать и следующий уровень подчинения — в три раза больше. Так что такого рода советы, примененные осмысленно, а не буквально, в ряде случаев помогли установить более продуктивные отношения. Например, в работе с голландцами замена формулировок и предложений на более совещательные вкупе с предложением пересмотреть план через пару месяцев позволили ускорить начавший было притормаживать проект.

9. Вы удовлетворите тягу к предпринимательству. Сравнивая карьеру частного предпринимателя с предпринимательством внутри компании — началом новых проектов, привлечением ресурсов, созданием команды, выводом новых продуктов на рынок, — можно найти у них много общих преимуществ. Тут и азарт, и возможность претворить свои идеи в жизнь, и созидание, и инновации, и сочетание высокого риска с потенциально высокой наградой. Но у них есть немало и общих моментов разочарования, например трудности с поиском финансирования. Существует миф, что в первом случае вы будете обладать большей независимостью, а во втором вам придется больше координировать свои действия (на языке скептиков «прогибаться») с вышестоящими людьми и коллегами. Но в действительности, если вы хотите оставить заметный след в отрасли индустрии, то со временем вам придется вырастить под собой крупную компанию или продать свой стартап солидной корпорации. Мегапродукты нуждаются в больших мощностях, когда дело доходит до сбыта и продвижения на рынок. А это, в свою очередь, потребует немалых усилий (в том числе психологических) по работе с инвесторами, поиску и удержанию сотрудников, гибкости в работе с неприятными клиентами или партнерами... то есть все тех же человеческих отношениях, без которых внутри экосистемы современного бизнеса не существует ни большая, ни малая организация. Плюс работы в компании заключается в том, что успешное предпринимательство внутри крупной структуры дает возможность сразу привлечь бо́льшие инвестиции, более высокопрофессиональные ресурсы в целом ряде областей — от разработчиков до юристов — и быстрее оказаться на слуху у заказчиков. Минусы заключаются в необходимости правильно выбрать структуру для такого роста и найти свое место в ней. Если технологические или биотехнические компании положительно относятся к внутренним инициативам, то существует немало консервативных организаций, не приветствующих идеи новых разработок и проектов «снизу». И, разумеется, на бытовом уровне начинающий мелкий бизнес пользуется большей свободой в выборе поставщиков, собственного расписания и стандартов ведения дел, чем это происходит в рамках уже существующей структуры. Однако, если стартап нацелен на увеличение продаж или, гораздо реже, на выход на IPO, эти рамки тоже становятся все более жесткими.

10. Вы будете зарабатывать больше, несмотря на прогрессивную шкалу налогов во многих странах и долетающие до вас брызги классовой ненависти. Продвижение вверх — это большой риск и большая награда. Не случайно в крупных компаниях старшие руководители не просто получают пакет компенсации, привязанный к успехам и основным индикаторам бизнеса, но и обязаны инвестировать в компанию и владеть пакетом ее акций, сопоставимым с годовым заработком. Для одних это означает лучший дом, для других — пожертвования на благотворительность, а для третьих — свободу в любой момент выйти на пенсию, но рост доходов все равно остается одним из мотивирующих факторов.

Часть II

Что нужно, чтобы стать руководителем высшего звена?

Глава 9

Критерии и их зависимость от культуры компании

Не будьте слишком амбициозны.
Делайте то, что считаете самым важным
совершить в этом году, и ваша карьера
сложится сама собой*.
Генри Киссинджер

Далеко не всем нравится руководить людьми, но многие отвергают такую возможность, даже не попробовав себя в этой роли, а другие сдаются после первого же неудачного опыта. Построение команды, управление, создание или перестройка организации, помощь другим в профессиональном развитии могут оказаться кошмаром, а могут — благодарной и интересной работой. Однако вернемся к обсуждению ассоциаций с термином «карьерный рост», которые возникают у людей, работающих в разных странах и компаниях. Мне не раз приходилось слышать, что это в глобальных корпорациях важны результаты, а для продвижения в российских компаниях куда важнее связи и подхалимаж. Так ли это? И что еще, помимо результатов, требуется для перехода в высшее руководство в тех местах, где царит меритократия, учитывая, что, начиная со среднего уровня в компании, все кандидаты

---

* Don't be too ambitious. Do the most important thing you can think of doing every year and then your career will take care of itself.

на новую должность, скорее всего, могут ими похвастаться? Эта глава во многом задумана как ключ к последующим главам второй части, где мы поговорим о качествах, необходимых для выхода на высший уровень руководства компанией.

Везде ли критерии отбора одинаковы?

Есть компании, в которых установилась меритократия, и непосредственные измеримые результаты вашего труда действительно важны для начальства, будь то объемы продаж, качество кода, глубина анализа или время доступности системы. В этом случае критерии, которые мы отнесем к группе «результативных», играют существенную, хотя и далеко не единственную роль.

Случается, однако, что дифференциация по результату не так сильна. Это может быть вызвано определенной субъективностью оценки или относительно равными навыками внутри группы. В первую очередь этим грешат:

— малые бизнесы, где нередко процветает непотизм и племянник владельца по определению умнее нобелевского лауреата;

— государственные организации, где количественные измерения качества труда работников отсутствуют или заменены не связанными с результатами индикаторами, например стажем;

— компании с малопрофессиональным менеджментом, например относительно новые и удаленные региональные офисы глобальных корпораций, где персонал часто не имеет бизнес-образования и опыта профессионального руководства, не всегда понимает привязку индикаторов к целям и стратегии компании или просто не умеет устанавливать разумные измеримые цели работы. Очень часто дело усугубляется историко-культурологическими особенностями страны проживания, например акцентом на личную лояльность.

Второй случай, когда результаты менее важны, — это необходимость встать во главе команды равных, где отличия в опыте и профессионализме между ее членами столь незначительны, что не играют основной роли при выборе. Например, от будущего руководителя не ожидают, что ему придется учить остальных или с ходу вводить новые методы работы. Скорее, ему отводится роль распределителя и консолидатора, администратора, главного контакта для коммуникаций между его группой и остальными субъектами компании. Для примера представьте себе отдел разработок, все участники которого были отобраны в течение нескольких предыдущих лет среди лучших сотрудников компании для работы над стратегическим продуктом. Среди них могут быть профессионалы мирового уровня, не желающие заниматься руководством или плохо умеющие общаться с другими людьми. От нового главы подразделения потребуется целый ряд качеств, но умение писать алгоритмы вряд ли займет среди них первое место, тем более что внутренний кандидат, по всей видимости, уже им обладает.

В таких случаях гораздо бо́льшую роль будут играть критерии, которые я бы определила как поведенческие. Их вес в принятии решения о назначении нового руководителя будет значителен в любом случае, но если дифференциация по результату отсутствует, то им будет отведена основная роль.

Результативные критерии

У большинства сотрудников крупных современных компаний есть измеримые годовые цели, выполнение которых определяет их оценку и премию, а в долгосрочном варианте — и карьерное продвижение. Это могут быть объемы и рост продаж, процент прибыли, соответствие операций установленным индикаторам, выход продуктов в срок, доступность IT-системы или точность прогнозов — и личных, и в целом для подчиняющейся вам структурной единицы. В случае когда привязать результаты труда к цифрам напрямую сложно — например, для работников юридического или контрактного отдела, — они могут определяться через качество поддержки внутренних клиентов, например количество договоров, обработанных в год, отсутствие жалоб на задержки или неточности, улучшение скорости и аккуратности работы.

При отборе кандидатов на повышение, даже на самый первый уровень руководства, результативные критерии часто учитываются, но скорее играют роль «цены входа»: хорошие результаты есть у всех претендующих на это место. Кроме того, даже в компаниях, где эти критерии являются важным индикатором, от кандидата требуется быть одним из лучших — но не обязательно *самым* лучшим. Чтобы попасть в шорт-лист, вам нужно занимать одну из первых строчек турнирной таблицы (конечно, за исключением случаев, когда вы регулярно оказываетесь единственным человеком в команде, выполняющим план). Например, чтобы вас рассматривали как кандидата на роль руководителя продаж, как правило, достаточно просто выполнять и периодически превышать план, но совсем не обязательно быть «продавцом года». От вас требуется уметь работать хорошо и уметь научить других — и несколько процентов, разделяющих вас и нынешнего рекордсмена, не окажут сильного влияния на разницу в руководстве отделом в будущем.

Другим, не менее важным результативным критерием является ваше *чувство ответственности* (подробнее мы поговорим о нем в главе 11). Успеваете ли вы сделать работу к обещанному времени? Можно ли доверять вам, когда вы утверждаете, что проверили поданный код или документ досконально? Выполняете ли вы различные требования, порой усложняющие жизнь — подаете отчеты, заполняете формы, проходите обучение, — или, напротив, служите постоянным источником головной боли для вашего начальника? Возможно, вы гений, отчеты в самом деле не слишком содержательны, а босс смирился с тем, что ради качественного кода стоит потратить немного времени на того, кто регулярно портит статистику во вторичных областях. Я не буду спрашивать, почему вы продолжаете работать в компании, которая тратит ваше время бессмысленным, с вашей точки зрения, образом, — тому может быть масса объяснений. Но в качестве руководителя вам придется отвечать за аккуратность выполнения всей этой работы вашими подчиненными. И неудивительно, что у начальства возникнут сомнения в том, можете ли вы нести за это ответственность.

Поведенческие критерии

К другой немаловажной группе критериев относятся умение ладить с людьми и наличие того, что по-английски называется *executive presence* и не имеет однозначного и устоявшегося перевода на русский язык (глава 15 посвящена именно этим способностям). От руководителя требуется профессионализм не только в аналитике или разработках, но и в общении с людьми: он отвечает и за подчиненных, и за совместную работу со смежными отделами. А это значит, что важно не только то, добились ли вы результата, но и то, как вы его добились: не оставили ли позади череду обиженных, будут ли люди работать с вами завтра. Вам будет трудно руководить и вести с подчиненными нелегкие разговоры о качестве их труда, если вы не будете пользоваться уважением среди собственных коллег. Ваше умение говорить весомо, слушать внимательно, уметь донести свою точку зрения до других и найти работающий компромисс в переговорах оказывается важным для эффективности работы отдела в целом.

Умение хорошо работать с равными — руководителями других отделов — по мере продвижения вверх приобретает все большее и большее значение (подробно мы рассмотрим его в главе 20). Возможно, ваша точка зрения абсолютно верна, но неумение создавать альянсы, находить общие интересы и лоббировать свое направление, отличать, когда стоит пойти на компромисс, а когда необходимо настоять на своем, оборачивается излишней конфликтностью. А это не только создает сбои в общей работе, но и усложняет жизнь вашего руководителя: он может потерять неплохих сотрудников, не захотевших работать с вами, будет отвлекаться на улаживание конфликтов, окажется в невыгодной ситуации, когда на вас начнут жаловаться его собственные коллеги. Это не означает, что вам не нужно вступать в бой по принципиальным вопросам, просто стоит планировать, когда именно это делать, и не пытаться выиграть битву, чтобы потом проиграть войну.

Другим поведенческим критерием являются *навыки устных и письменных коммуникаций*, о которых мы поговорим в главах 12–13. Вам придется отчитываться о работе вашего отдела, вести своего рода пиар его достижений, в ряде компаний и функций — выступать на общих собраниях. Более того, по роду работы вы станете чаще представлять свою группу на общих совещаниях и общаться с более высоким начальством, а значит, краткость, ясность и эффективность коммуникаций станут необходимым навыком.

Не менее важным поведенческим критерием является *позитивный настрой и умение реагировать на сложности конструктивно*, без жалоб, становясь частью решения проблемы, независимо от наличия вашей вины в ее возникновении, а не усиливать ее эффект внутри организации (этому посвящена глава 16). К сожалению, несчастья случаются в любой компании. Рынок меняется, региональные офисы подкидывают неожиданные сюрпризы, заказчики порой далеки от идеала, а действия одного отдела непредвиденным образом сказываются на другом. Возможно, вы два года налаживали отношения с клиентом, прежде чем, наконец, подписали первый контракт на несколько регионов, а отдел операций в одной из стран безбожно провалил его осуществление. И теперь вам приходится вести нелегкие переговоры по расторжению отношений. Жизнь несправедлива. Но если вы продолжаете работать в своей компании и тем более руководить другими, то прежде всего вы — ее представитель и часть команды. От вас ожидают не только действий, защищающих интересы своего бизнеса в данной ситуации (без нытья и жалоб), но и мотивации подчиненных. Если вы позволите собственному разочарованию взять верх — их настрой упадет еще ниже. Если вы, сделав хорошую мину при плохой игре, покажете пример надлежащего поведения, объясните причины произошедшего, расскажете о принятых мерах на будущее и о тех шагах, которые надлежит предпринять вашему отделу, — они последуют за вами.

Выбирая кандидатов на руководящую позицию, начальник смотрит на отношение к работе и отсутствие негативизма по двум причинам. Во-первых, у него нет времени работать личным психоаналитиком. Никому не удавалось повысить справедливость происходящих с нами событий, многие из них случайны, но люди взрослые находят способы жить с этим знанием, не загружая других. Во-вторых, теперь ваше поведение будет влиять на моральный климат в подчиняющемся вам отделе, на то, останутся люди там работать или начнут искать другое место.

И наконец, при выборе кандидатов всегда имеется в наличии такой фактор, как субъективное доверие и совместимость. В одной из глав «Вверх!» я приводила цитату своего одноклассника, летчика United, о выборе второго пилота: когда в конце выбора остаются два кандидата с одинаковым опытом и налетом часов, то выбирают того, с кем вы предпочтете провести восемь часов в тесной кабине. Как ни стараемся мы все сделать наш выбор максимально объективным, вряд ли кому-то удастся абсолютно абстрагироваться от собственных ощущений и интуиции.

Частью совместимости является личный уровень толерантности к дистанционному управлению. Например, я исторически привыкла к тому, что моя команда разбросана по городам и странам, и ни разу не выбирала кандидата лишь потому, что он сможет работать из того же офиса. Тем не менее я знаю людей, которые отдают стойкое предпочтение возможности постучаться в дверь. Так что, даже если описание вакансии называет несколько городов или работу из дома, иногда именно географическое положение может стать финальным решающим фактором.

Дополнительные критерии

Кандидат, о котором все вокруг знают, что он восходящая звезда, как правило, имеет преимущество. Как в магазине мы при прочих равных скорее купим товар известного бренда, так и ваш начальник скорее выберет того, о чьих достижениях хорошо знает. Так что не следует пренебрегать *разумным самопиаром* (о котором мы поговорим в главе 12). Не стоит утомлять окружающих и постоянно трубить в рупор о малейших свершениях, но и предполагать, что о серьезных достижениях все узнают автоматически, не стоит.

Кроме того, наличие *хорошей сети контактов* (которую мы обсудим в главе 17) внутри и вне собственной компании поможет не только узнать о новой вакансии и получить рекомендации. Это еще и залог того, что у вас будет к кому обратиться за советом, что вас знают, и вам будет проще интегрировать свою команду в работу компании в целом.

В структуре, основанной на меритократии, результативные критерии, как правило, играют первичную роль при выборе кандидата на повышение на ранних стадиях карьеры, а поведенческие скорее служат лакмусовой бумажкой. Если у человека не слишком ярко выражены признаки неумения ладить с другими, коммуницировать, выступать публично, то предполагается, что при должном обучении он сможет улучшить свои навыки в этой области. В то же время в более политизированной и немеритократичной организации поведенческие и дополнительные критерии играют основную роль.

Интересно, однако, что сила их влияния будет нарастать в любой компании при дальнейшем подъеме по карьерной лестнице. Когда речь зайдет о старших позициях, наличие стабильных результатов станет ценой входа, а вот умение мотивировать команду, строить сильные компании, поддерживать конструктивные горизонтальные связи, быть хорошим оратором, создавать широкую сеть контактов и уметь ею пользоваться сдвинется в область критических критериев отбора. К ним также прибавятся дополнительные, часто отсутствующие на нижних этажах иерархии, такие как умение принимать *расчетливый риск*, искать *неординарные пути решения проблемы* и принимать *твердую позицию по непопулярным вопросам* (подробнее об этом в главе 14). Поднимаясь вверх, вы попадаете в другую конкурентную среду — мест меньше, а ваши конкуренты на вакансию, прошедшие более жесткий отбор в процессе продвижения, гораздо сильнее (так же как и вы). То, что раньше выделяло вас из толпы, станет само собой разумеющимся и очевидным, не говоря уже о том, что сама работа и характер решений на более высоких ступенях организации отличаются, а потому требуют дополнительных навыков и качеств.

И напоследок упомяну еще один важный момент, о котором говорить не принято, потому что слишком велика вероятность быть истолкованным превратно и обвиненным в дискриминации.

Результаты и потенциал

Очень часто при продвижении внутренних кандидатов компании отбирают людей не только по их результатам и требованиям новой позиции, но и по их потенциалу. Любое повышение — это определенные вложения в нас и наше развитие. Речь идет не только о зарплате и доверии, но и о том, что в компании, нанимающей людей для карьеры, а не для пребывания в одной должности, новых начальников принято учить. А значит, ваш прямой начальник, ментор, их коллеги потратят время и усилия, чтобы помочь вам преодолеть ваши слабые стороны.

Например, многие становятся руководителями первого уровня потому, что являются прекрасными инженерами или бухгалтерами, однако они не умеют выступать публично. Тем не менее к тому времени, когда они дорастают до уровня, требующего регулярных презентаций перед аналитиками и заказчиками, большинство из них становятся прекрасными ораторами. В глобальных корпорациях принято инвестировать в кандидатов на последующее продвижение путем обучения, курсов, менторства, иногда даже оплаты внешнего образования, например MBA. От этого выигрывает и кандидат, и компания, которой удается вырастить будущего лидера, хорошо знающего ее бизнес.

К сожалению, в случае если вашим конкурентом на повышение оказывается человек с бо́льшим потенциалом, то при прочих равных руководитель с большой вероятностью выберет именно его. Если будущие возможности определяются лучшим соответствием описанным выше критериям, это не так обидно, но на сцену выходит еще один неприятный фактор: возраст. Если Донна к тридцати годам приобрела те же навыки и достигла тех же результатов, что и Мэри к пятидесяти, то при благоприятных условиях она успеет существенно вырасти в данной компании и принести ей гораздо больше пользы. И нанимающий руководитель может сделать соответствующий вывод о сравнительном потенциале Мэри и Донны. Конечно, в ряде культур имеет место прямо противоположный подход: стаж и старшинство получают приоритет. Тем не менее, понимая, что удержать молодых перспективных сотрудников и мотивировать их в такой ситуации будет трудно, даже японские компании создают свою систему особых программ ротации и карьерных лифтов для подобных ситуаций.

Этот критерий редко обсуждается публично. Интерпретация ситуации часто бывает субъективной, а судебные иски по дискриминации на основе возраста наносят большой материальный и моральный урон. Я не берусь судить о справедливости такого подхода в целом, каждая конкретная ситуация индивидуальна. Более того, я знаю людей, получавших повышение в самом разном возрасте, так что из любого статистического правила есть исключения. Тем не менее вывод, который стоит сделать для себя, таков: не тяните. Если вы хотите попробовать себя в административной карьере, рискните и дайте знать своему руководству об этом желании, потому что с какого-то момента время начнет работать против вас.

Я отчасти затронула еще один важный момент, но сейчас оговорю его явно: не ждите, что начальник догадается о вашем желании стать руководителем. Жизнь складывается по-разному, и случается, что такое предложение находит кандидата еще до того, как он задумался о дальнейших шагах. Тем не менее любой начальник знает, что люди, которые страстно хотят получить определенную позицию, *сохраняют мотивацию* лучше и делают на новом месте больше, чем те, кто попал туда, не испытывая эмоционального стремления (об этом мы поговорим в главе 22). Более того, энтузиазм — вещь заразительная, и руководитель, который гордится своей позицией, лучше мотивирует команду. А потому тот, кто действительно хочет ее получить, часто имеет больше шансов. Не дайте природной скромности и стеснительности встать на вашем пути.

За полтора десятка лет руководства я заметила интересную закономерность. Мужчины редко стесняются говорить на интервью о своих амбициях, тогда как женщины часто принижают тот уровень, которого хотят со временем достигнуть, извиняются за нескромность, говоря о своих намерениях. Далеко не все ситуации располагают к обсуждению ваших карьерных планов. Но иногда, например на интервью или в беседе с ментором, имеет смысл об этом сказать.

В компаниях, делающих ставку на воспитание лидеров, это может помочь вам получить дополнительную помощь — обучение, участие в менторской программе, проекты и ротации. Осознанные амбиции и желание работать над их осуществлением в сочетании с хорошими результатами работы немало говорят о потенциале кандидата. И рассказывать о своих планах надо спокойно, без стеснительных оговорок — никто не станет думать о вас хуже, даже если планы не совсем реальны.

Разумеется, не стоит изображать несуществующие амбиции. И не только потому, что обманывать неэтично. Вы попадете в западню неоправданных ожиданий, предложений дополнительных проектов, которые вас не интересуют, и повышенного, но не всегда желательного внимания руководства.

Глава 10
Процесс выбора кандидатов

— Скажите, пожалуйста, куда мне отсюда идти?
— Это во многом зависит от того,
куда ты хочешь прийти, — ответил Кот*.
Льюис Кэрролл. Алиса в Стране чудес

Когда дочка была в двенадцатом классе**, у нас появилась семейная примета: если мне зимой нужно в командировку, быть снегопаду. Можно заранее читать допоздна, предвкушая возможность поспать из-за snow day***. Моя начальница работала в Рочестере, в северном штате Миннесота, про погоду которого говорят, что там есть лишь две приятные недели сезона найма на работу и весь остальной год. И мне приходилось регулярно туда летать, нередко застревая на пересадке в Чикаго из-за непогоды. Но в январе 2005 года я почти обманула судьбу, отправившись не в привычный Рочестер, а в Орландо, где градусник уверенно показывал 29 градусов по Цельсию, за окном качались пальмы, а в холле отеля жил красный какаду по имени Мерло. Около его клетки висела медная табличка — «Не кормите и не гладьте — я кусаюсь». Мерло сидел грустный и нахохлившийся, за спиной у него ездил лифт. Иногда попугай вытаскивал

---

* *Перевод Бориса Заходера.*
** В американских школах двенадцатилетнее обучение. *Прим. ред.*
*** День, когда все школы города закрыты из-за снега.

клюв из перьев, поворачивался к лифту, издавал протяжный вопль, и снова зарывался в перья — спать.

Несмотря на южное направление, мне опять не повезло. На обратном пути, в одиннадцать ночи, в пяти минутах пути от ближайшего к дому аэропорта Уайт-Плейнс нам сообщили, что видимость стала нулевой. Самолет посадили в столице Нью-Йорка Олбани, в ста сорока милях к северу, и, продержав час на борту, выпустили в зал с обещанием улететь в шесть утра. В аэропорту стоял жуткий холод, на улице шел густой снег с дождем, стремительно замерзавший на асфальте, — так называемый «ледяной дождь», стихийное бедствие в наших краях.

Мне было очень нужно оказаться наутро в Нью-Йорке, утренний перелет разрушал все планы. Так что я взяла напрокат ярко-красный «понтиак» — закрывающаяся на ночь компания по сдаче машин внаем не предлагала особого выбора — и до четырех утра рулила по пустому шоссе. Когда становилось совсем тяжело, я открывала окно, и под обдававшей меня снаружи ледяной водой громогласно подпевала радио — «bye, bye, miss American pie». Больше всего мне хотелось стать попугаем, живущим в теплом Орландо под табличкой «Не кормите и не гладьте — я кусаюсь».

И дело было не столько в холоде, сколько в общей неудовлетворенности и неопределенности моей карьеры. За год до этого, устав ждать повышения, я совершила горизонтальный переход на равную по уровню работу внутри компании исключительно в надежде, что она станет трамплином к директорской позиции. В отличие от обычных позиций вакансии ранга executive не публиковались на внутренней доске объявлений. Каждый раз, когда я узнавала об освобождающейся позиции директора, оказывалось, что кандидаты на нее уже отобраны и идет финальная стадия утверждения. Два предыдущих непосредственных начальника знали о моем стремлении к повышению и полностью его поддерживали, по крайней мере на словах. Но в их отделах не освобождались места нужного уровня, они разводили руками. Переход был предложен мне с целью обеспечить «трамплин». Так я ушла с работы, которую очень любила, на другую — куда более заметную, требующую набрать массу новых навыков, но не очень радующую микроменеджментом и высоким градусом напряжения внутренней политики. Зато она требовала непосредственного контакта с большим количеством людей из старшего руководства, и мой предыдущий начальник предположил, что это поможет в поисках директорской позиции.

Однако за год в новом подразделении мы пережили три реорганизации и две смены вице-президента, а в моей собственной ситуации ничего не сдвинулось. Я серьезно подумывала о поисках работы на стороне. Останавливала необходимость выплачивать в случае ухода стоимость обучения на MBA и — куда больше — то, что мне нравилась моя компания, ее продукты, культура и традиции, а потому очень хотелось решить проблему, не меняя окружения.

Следует заметить, что моя ситуация была отнюдь не уникальной. Обсуждая идеи новой книги со множеством людей, делающих успешную карьеру в глобальных корпорациях, я неизменно слышала один и тот же вопрос: как перейти в ранг executive? Что нужно для продвижения в высшее руководство?

К сожалению, именно этот качественный переход редко решается путем работы с рекрутерами. Они обычно ищут человека, опыт которого максимально соответствует требованиям новой позиции. А значит, чаще всего это либо «то же, что ты делал раньше, но за немного бо́льшую зарплату», либо «в другом городе», либо «в компании меньшего размера». При переходе из глобальной корпорации в более маленькую компанию работа, не считавшаяся executive на предыдущем месте, часто дает звание директора или вице-президента, но не предполагает более высокого уровня сложности. А значит, не готовит ни навыки, ни резюме для следующего шага.

Более того, как правило, глобальные корпорации стараются использовать переход на первую позицию executive как метод отбора и поощрения внутренних кандидатов. Исключение составляют лишь компании, не имеющие значительного кадрового резерва. В некоторых из них это объясняется быстрым ростом. Но в целом отсутствие внутренних соискателей на руководящие вакансии, как правило, свидетельствует либо об отсутствии в компании планомерной программы профессионального развития кадров, либо о высокой текучке. И то и другое делает ее гораздо менее привлекательной для работы.

Несомненно, бывают исключения. Например, вы работаете в узкой и редкой области специализации, в которой людей всегда не хватает. Или быстрый рост компании, в которую вы стремились, создает проблемы с заполнением всех вакансий в нужные сроки, даже в старшем руководстве. Но, как говорится, исключения лишь подтверждают правила: планирующим карьеру в крупных корпорациях проблему перехода в ранг executive лучше решить внутри своей компании.

Мой ночной автопробег по ледяному шоссе из Олбани был вынужденным геройством: у меня имелись две причины попасть домой до утра. На следующий день было назначено первое занятие по кризисному управлению в Колумбийской бизнес-школе, где мы как раз должны были обсуждать посадившие меня в Олбани United Airlines, находившиеся на тот момент в состоянии реорганизации. А после него — личная встреча с карьерным консультантом. Программа MBA включала в себя не только чисто академические классы, но и помощь в планировании карьеры. В частности, школа спонсировала пару личных встреч с профессиональным тренером. В прошлом руководитель отделов кадров нескольких крупных финансовых компаний, он открыл успешную частную практику в Нью-Йорке и напрямую работал с клиентами, нуждавшимися в совете и помощи.

Профессиональный карьерный консультант отличается от ментора внутри компании. С одной стороны, он, как правило, незнаком с реалиями конкретной организации, где вы работаете, ее структурой, процессами, руководителями и внутренней политикой. С другой стороны, он имеет гораздо больший опыт помощи в планировании карьеры людям из различных компаний и отраслей. Далеко не всякий ментор успешен в этом вопросе. Он или она могут преуспеть в профессиональном развитии, но не уметь проанализировать, что именно стало ключевым моментом в их собственном продвижении. Часто они могут дать прекрасный совет в области разработок или маркетинга, но их собственное повышение происходило при других обстоятельствах и в другое время, нежели ваше. Компания и мир с тех пор несколько изменились. Далеко не все менторы задумывались на тему закономерностей роста, и не всегда они могут предложить нужную помощь. Хороший карьерный консультант не сможет заменить ментора в профессиональных вопросах и, как правило, не имеет в вашей компании знакомых, которым бы он мог вас представить. Но он и не ставит себе подобных целей. Его задача — помочь вам вычленить основные принципы карьерного продвижения в вашей области и составить план последующих действий.

Я ожидала, что тренер даст мне ответы, — вместо этого он поставил передо мной вопросы. Они казались простыми, но на деле оказалось, что я далеко не всегда была до конца уверена в ответах, индивидуальных для каждой компании. Как и подобает настоящему тренеру, консультант не просто показал мне следующий шаг, а помог разработать методику, общий подход для решения подобных вопросов в дальнейшем.

Он спросил следующее:

— Как устроена процедура подбора кандидатов на вакансии?

— Кто их рекомендует, кто участвует в процессе и кто принимает решение? Сколько людей из этого списка вы знаете — и с кем еще можете познакомиться и как?

— Знают ли они о вашем желании стать кандидатом?

— В каких областях деятельности компании вакансии директоров открываются чаще?

— Какие области бизнеса переживают наибольший рост? (Последние два ответа совершенно не обязательно совпадают. Во многих компаниях есть области работы, где вакансии открываются чаще в силу текучки, связанной с тяжелыми условиями, проблемами управления или компенсации. Но именно области с быстрым ростом часто наиболее привлекательны для карьерного роста в силу повышенного внимания к ним старшего руководства, перевода туда лучших людей компании, у которых стоит поучиться, и приоритетного доступа к ресурсам.)

— Какие качества, опыт и навыки ценятся при отборе?

— Какие из них есть в вашем резюме, а каких не хватает?

Кому-то эти вопросы покажутся простыми. Но стоит попытаться дать на них формальный ответ, не в уме, а вслух, а еще лучше — в письменном виде, и именно тогда становятся видны пробелы в знаниях и логике. И, скорее всего, окажется, что вы не до конца уверены во всех фактах. То есть необходимо провести исследование вопроса до получения полной ясности. Иначе вы будете питать несбыточные надежды, при этом пропуская возможность сделать несколько простых вещей, чтобы приблизить желаемое. Более того, именно с этого шага — достижения полной ясности в том, как именно происходит выбор, — начинается осуществление множества планов, от перехода на позицию более высокого ранга внутри компании до издания книг, проведения крупных сделок или вступления в совет директоров.

Прежде чем проложить дорогу к цели, нужно начертить карту местности. Когда станет ясно, что именно вызывает затруднение, можно озаботиться тем, как получить желаемую информацию.

— Нет уверенности в том, кто и как подбирает кандидатов на вакансии? Это прекрасный вопрос для беседы с ментором внутри компании. Он может не очень хорошо понимать, как именно вам лучше совершить карьерный прыжок, но наверняка знаком с фактами и процессами — или, в худшем случае, знает, с кем поговорить, чтобы их прояснить. Более того, с большой вероятностью ментор сможет представить вас людям, от чьих рекомендаций зависит решение, если, конечно, полностью разделяет вашу уверенность, что вы готовы к повышению и его заслуживаете.

— Какие области бизнеса растут? Почему в одном из отделов часто меняются директора, хотя прибыль медленно увеличивается год от года? Это очень хорошая тема для обсуждения с контактами из вашей сети. Возможно, кто-то из хороших офисных приятелей знает кого-то из этого отдела и располагает предварительной информацией? И, может быть, не откажется познакомить вас? Ваша цель состоит в том, чтобы побольше узнать о данной области бизнеса в целях профессионального развития, а заодно прощупать почву насчет причин частой смены руководства.

— Возможно, вы сами знаете, что именно из необходимого опыта отсутствует в вашем резюме, но никогда не лишне это проверить. Вы можете узнать о вещах, которые очевидны для вас лично, но не бросаются в глаза читателю, если их специально не оговорить. Например, вы полагаете, что работа в определенной области автоматически делает вас экспертом по ее ключевой технологии, но это неочевидно тем, кто меньше знаком с используемым вами инструментарием. Вы можете испытать разочарование, выяснив, что вам не хватает опыта в определенной области. Но в этом случае лучше потратить время на то, чтобы его получить, а не на пустые надежды или заведомо провальные интервью. Иногда ментор может дать дельный совет, но зачастую на это способен только руководитель внутри вашей функции или региона. Так что лучший способ оценить свое резюме — это попросить потенциальных интервьюеров уделить вам полчаса, глянуть на него и что-то посоветовать. Бывает, что это неудобно сделать напрямую, но о таком одолжении, опять-таки, может попросить ваш ментор или руководитель, если ему небезразличен ваш рост.

В большинстве глобальных компаний прием на руководящие должности, начиная с некоторого уровня, в определенной степени формализован. Как правило, он требует составления списка внутренних кандидатов (а поиск вне компании начинается только после определенного периода поиска внутри), нескольких интервью, часто — утверждения финального кандидата определенным советом или группой старших руководителей. Непосредственный начальник обладает преимуществом в принятии решения, но, как правило, серьезно принимает во внимание мнение коллег и особенно членов совета. Выбор руководителей старшего ранга оказывает большое влияние на самые разные аспекты деятельности компании, так что вклад нескольких человек в решение очень важен. Каждый видит будущего коллегу немного с другой стороны, может уникальным образом определить его или ее преимущества и недостатки, а значит, поможет сделать лучший выбор. К тому же поддержка кандидата старшими руководителями обещает большую помощь в профессиональном росте и упрощает совместную работу. Предпочтение чаще всего отдается тем, кто сможет и дальше расти внутри компании.

Поиск и выбор CEO осуществляется внешним советом директоров, представляющих интересы инвесторов или владельцев, и тоже является коллективным решением.

Понимание того, как ваша кандидатура может попасть в список кандидатов, какова ваша репутация в глазах принимающих решение и что может положительно или отрицательно повлиять на исход обсуждения, поможет приблизить желаемый результат.

Мне очень помог подобный анализ. Вместо того чтобы продолжать надеяться на то, что меня заметят люди, которые на самом деле очень редко принимали подобные решения, я выяснила, кто входит в совет, утверждавший список кандидатов. Оказалось, что моя новая руководительница второго уровня является его членом, так что все, что потребовалось, — это поговорить с ней напрямую о волновавшей меня проблеме. Мое резюме было готово — подправленное в ходе бесед с разными людьми в поисках ответов все на те же вопросы. Например, до этого я не вносила в него умение вести совместные проекты между несколькими отделами, не понимая, насколько оно важно для директора, вынужденного чаще представлять подразделение в кросс-дивизиональной работе.

Все получилось не сразу — у меня ушло около года на сбор информации, поиск нужных контактов и встречи. Правда, у меня практически не было свободного времени — на втором году MBA буквально каждая минута была поделена между работой и учебой. Но зато, пройдя этот путь единожды, я поняла принцип составления карты местности перед прокладыванием маршрута. Он не раз помог мне в дальнейшем, например получить следующее повышение в рекордные для компании сроки и — в области совсем отличной от карьеры — найти издателей для своей книги.

Вряд ли все, кто перешел в ранг executive, а то и двинулся дальше, осознанно строили планы подобным образом. Сколько людей, столько путей в жизни — у каждого было свое стечение обстоятельств, свои учителя и советчики, своя порция удач и невезений. Кто-то пришел в растущий бизнес и продвинулся быстрее, кто-то получил возможность повышения во время очередного бума, кому-то повезло с ментором. Более того, далеко не все ставят перед собой задачу роста до старшего руководства компании, во многом полагая это удачей. Помню, как во время обсуждения моего следующего повышения с одной из моих старших коллег, Ф., к которой я пришла попросить совета, она сказала:

— Ты ведь уже стала директором — и так рано! Со временем при твоих результатах ты можешь дорасти до вице-президента!

Она неоднократно поддерживала меня, была хорошим старшим другом и во многом учителем и, несомненно, желала мне только добра. Но сама Ф. никогда не ожидала, что станет вице-президентом, это превысило ее собственные ожидания, и ей не приходило в голову, что я смотрю на данную «высоту» как очередной этап карьеры, а не ее конечную цель. У меня, в отличие от нее, не было сомнений, что я могу, но было желание сделать это достаточно рано, когда еще не поздно будет планировать и дальнейшие этапы роста. Сама Ф. не собиралась и, как я понимаю теперь, вряд ли могла продвинуться выше: ей не хватало для этого целого ряда знаний и качеств. Ее карьера вышла на уровень плато, пусть и высокий. Профессиональный рост на любой стадии требует постоянной работы над собой — стремления учиться новому, освоения областей и функциональных составляющих работы, с которыми не приходилось сталкиваться раньше.

Другой немаловажный факт заключается в том, что никакое понимание механизма выбора и возможности оказаться в нужном месте в нужное время не избавит от необходимости быть лучшим кандидатом для следующей позиции. В случае перехода в ранг executive от вас потребуется — помимо чисто профессиональных знаний в вашей области, будь то финансы или операции — история хороших результатов и целый набор личностных качеств. Мне бы не хотелось, чтобы глава о понимании механизмов выбора создала ложное впечатление, будто знакомство с нужными людьми и формальный подбор проектов в резюме могут заменить индивидуальность, успехи в управлении, позитивное мышление, сильные коммуникативные навыки, приверженность этике, решительность, умение признавать свои ошибки и на них учиться, уважение коллег, продуктивное сотрудничество с другими руководителями того же уровня и готовность отстаивать верное, хоть и непопулярное решение.

Именно о качествах, которые сделают вас лучшим кандидатом для повышения, мы и поговорим во второй части книги.

Глава 11

Измеримые результаты, личная ответственность и ключевые посты

Пожилой толстяк-банкир пыхтит на тренажере
под руководством персонального тренера.
В зал входит стройная блондинка
и направляется к беговой дорожке.
— Джим, — спрашивает банкир тренера,
обводя взглядом тренажеры, —
каким из этих устройств
мне лучше воспользоваться,
чтобы поразить вот ту девушку?
— Я бы рекомендовал банкомат в холле, сэр.

Анекдот

Я всегда считала, что лучший подарок руководителю — это бизнес в плохом состоянии, требующий реорганизации. Потому что оттуда путь только вверх — процессы перестроить, перевести часть людей на более подходящие позиции или заменить, стратегию пересмотреть... Однако, получив подобный подарок несколько лет назад, я столкнулась с рядом сложностей в обучении персонала. Мои новые подчиненные пытались измерять результат своей работы не влиянием, которое она оказала на результаты продаж и долю рынка, а собственными действиями. Например, они отчитывались так:

— Эта маркетинговая кампания была необыкновенно успешной.

— Почему вы так считаете?

— Потому что, — отвечают, — мы шесть семинаров провели. Они не могли определить, насколько повысилась выручка или выросло количество заказчиков, а значит, понять, стоило ли вообще деньги на семинары тратить, не говоря уж о том, чтобы гордиться их количеством. Первые несколько недель у меня ушло на разъяснения: начальник, как блондинка в анекдоте, поражается не набором телодвижений, а их результатами в материальном выражении: тем положительным влиянием, которое они оказали на бизнес.

Казалось бы, факт необходимости измерять эффект вашей деятельности достаточно очевиден. Прибыль зависит от выручки, расходов, скорости капиталооборота — и ваши действия или их прямые последствия должны были повлиять на один из этих показателей. И об этом было бы неплохо помнить при составлении резюме, планов работы или годовых отчетов, потому что именно так старшее руководство оценивает результат вашего труда. Если вы стремитесь попасть в «высшую лигу», начните с того, чтобы взглянуть на свою работу именно с их точки зрения.

При этом по закону Парето 20% ваших усилий приносит 80% результатов. Периодически вспоминая о том, что же является главным, и соответствующим образом перебалансируя усилия, можно довольно быстро наращивать эффективность работы без увеличения времени и стресса. Вы просто отбрасываете или заменяете другими те мелкие проекты, затраты на которые непропорциональны их эффекту. Казалось бы, это очевидно, но мой опыт говорит, что делают это далеко не все. Ради интереса перечитайте свое резюме или персональный план на год и проверьте.

Хотя приведенный выше пример относился к области маркетинга, то же самое верно и для других функций в компании, просто у каждой из них свои индикаторы, влияющие на финансовые показатели. Маркетинговые кампании или продажи измеряются в выручке, прибыли, росте количества заказчиков — цели ясны. Когда речь идет об отделе кадров или IT, часто возникают сложности. Однако если расставить приоритеты правильно, то в каждой области корпоративной деятельности окажутся свои способы измерить прогресс по отношению к основным ее целям. Например, работа тестера может оцениваться по количеству написанных скриптов, а может — по уменьшению ошибок по сравнению с предыдущей версией. В первом случае внимание приковано к совершенным действиям, во втором — к их влиянию на успех бизнеса.

Помимо непосредственных результатов для повышения важны три момента, часто напрямую с ними связанные, о которых хочется сказать отдельно.

Смелость брать на себя ответственность. Одни люди, столкнувшись с необходимостью выполнить неприятную часть работы, говорят «я сделаю», и их начальник может расслабиться, пока не услышит просьбу о помощи или совете. Как говорится в таких случаях, «отсутствие новостей — это хорошая новость». Редко какой сложный проект развивается без форс-мажора или подводных камней в технологиях, законодательстве и других, не всегда предсказуемых вначале областях. Взявшись за проект, люди, обладающие чувством личной ответственности, сначала пытаются преодолеть их сами. При необходимости они обращаются к руководству за конкретной помощью действием или советом. Однако ответственность за исход работы продолжает лежать на них.

Другие либо стараются уклониться от трудного дела, либо, пообещав сделать его, тихо сдаются при первом же непредвиденном препятствии. А иногда полагаются на то, что все идет по плану, не проверяя результаты своих подчиненных, пока в конце концов не столкнутся с неприятными сюрпризами. Таких легко узнать по фразам «это не моя работа» или «кто же знал, что контрактор задержит сроки — мне никто за три месяца не позвонил». Личная ответственность включает умение предвидеть непредвиденное, регулярно проверять исполнение, в случае надобности вступать в переговоры.

Руководитель, выбирая кандидата на повышение, практически всегда предпочтет того, на кого можно положиться. Умение взять на себя ответственность и двигать дело вперед, несмотря на препятствия, — не просто черта лидера. Это еще и важное качество, позволяющее увеличить стабильность работы и уменьшить временны́е затраты самого начальника. Так что стоит ли его винить, если он ценит тех, кто сам поднимает руку, берется за проект и перекладывает часть нагрузки на свои плечи?

Широкий набор навыков. Есть лучшие в мире специалисты по разделке туши дракона. Одна беда — в связи с постепенным исчезновением реликтовых тварей они не знают, чем себя занять, потому что всю жизнь совершенствовались только в одном искусстве. А есть куда более прозаичные мясники, пусть не такие виртуозные и элегантные, но способные справиться с любым зверем.

Те, чьи навыки применимы в большем количестве ситуаций, как правило, имеют больше шансов на повышение, чем обладатели глубоких, но узкоспециализированных знаний. С одной стороны, более широко образованные кандидаты лучше подготовлены к кругу нередко непредсказуемых проблем, которые им придется решать. Оказавшись в новом, более высоком статусе, независимо от того, к какой функции они относятся внутри компании, они могут быть втянуты в огромное количество обсуждений и решений — от кадровых и юридических вопросов до инвестиций или реорганизации операций. Более обширный опыт лучше подготовит их к работе старшего руководителя, сильно отличающейся по охвату ситуаций, с которыми приходится иметь дело, — от начальника первого-второго уровня, управляющего преимущественно в пределах одной дисциплины (продажи, разработки, финансы и т. п.).

С другой стороны, лучше понимая, с чем сталкиваются смежные отделы, специалисты более широкого профиля эффективнее выстраивают процессы кооперации со своими коллегами и их подразделениями. С третьей, в случае необходимости на них можно рассчитывать, если потребуется временно заменить другого старшего руководителя в ситуации, требующей определенного уровня в компании. Кроме того, как правило, люди такого сорта обладают более обширной системой связей и контактов внутри компании, что способствует и продвижению, и дальнейшей работе.

Причин много, но в целом широкие знания вне основной специализации часто дают преимущество при повышении, если, конечно, эрудиция не приводит к недостатку знаний и результатов в основной области работы.

Работа над ключевыми проектами. Ключевые направления, приносящие компании наибольшее количество денег или славы, всегда на виду. То же самое можно сказать и об основных функциях внутри каждого отдела, наиболее важных для его миссии в общей структуре компании. Экспериментальные или меньшие по значению области не привлекают того же внимания. Как правило, именно сотрудникам, стабильно добивающимся лучших результатов и подающим большие надежды, поручают ключевые проекты и основные функции. Одно из первых правил управления гласит, что лучших людей надо ставить на наиболее важные направления. Хорошие результаты, полученные на таких постах, более заметны и нередко способствуют гораздо более быстрому повышению.

Ежегодное обсуждение результатов

Результаты ложатся в основу нашей репутации, оценки производительности и премии. А потому, говоря о них, нельзя не затронуть другую немаловажную тему: их ежегодное обсуждение с начальником. Если вы работаете в крупной американской или глобальной корпорации, то с большой вероятностью вам периодически приходится обсуждать со своим руководителем, при личной встрече или по телефону, оценку вашей работы за год. Эта ежегодная беседа столь же неизбежна, как поход к стоматологу. И так же, как и визит к врачу, она может принести немало пользы, а пройти через нее можно с минимальным ущербом.

Необходимость подставлять свои зубы под сверло обосновать сравнительно легко. Зачем делать то же самое с куда более чувствительным местом — нашим эго, понять и принять сложнее. А между тем для желающих продвинуться в карьере это очень важно. У каждого из нас есть свои сильные и слабые стороны: одни проявляются сразу, другие — со временем и лишь под определенным внешним воздействием. Если вы не знаете свои слабости и не пытаетесь их изжить, то рискуете очень быстро застрять на первом уровне некомпетентности в соответствии с известным принципом Питера: «в иерархической системе любой работник поднимается до уровня своей некомпетентности». Одни полагают его шуткой. Другие приводят к месту и не к месту в доказательство полной несостоятельности любой крупной организации, где каждый работник, находившийся вначале внизу пирамиды, постепенно растет в карьере.

Принцип Питера предполагает, что до тех пор, пока человек является более компетентным, чем его коллеги, его продолжают повышать, и рано или поздно он достигает уровня, где это неверно. Однако любители апеллировать к этой конструкции забывают о том, что в ее основе лежит предположение о необучаемости работника, а значит, наличия у него постоянной границы компетенции. Если же он постоянно приобретает знания и навыки, то постепенно перерастает любой уровень. А значит, карьерное плато ему не грозит.

Для того чтобы продолжать двигаться, придется учиться новому — и не только в предметной области, но и в области управления, организации собственной и чужой работы, построения деловых процессов и взаимоотношений. И для правильного определения следующего рубежа обучения нередко стоит провести несколько неприятных минут и выслушать мнение человека, которому ваши пробелы видны лучше многих, — вашего начальника.

Вы можете забыть об этом разговоре как о неприятном сне, но тогда вы пострадали зря. А можете подумать, проанализировать его и понять, что, как бы ни был неприятен ваш начальник, как бы коряво он ни выражал свое мнение, — дыма без огня не бывает, даже если его представление о вас мало совпадает с действительностью. Возможно, вы сделаете самый простой вывод: надо научиться доносить до начальника полную картину того, что и как вы делаете. Его мнение о вас как о сотруднике важно для вашей карьеры, так что не стоит оставлять его в неведении относительно своих успехов. Чтобы метко стрелять, надо знать, куда целиться. Точно так же, чтобы развиваться как лидер и профессионал в своей области, неплохо поставить себе цель, определив, над чем стоит поработать дальше в собственном развитии.

Не секрет, что далеко не все начальники умеют провести ежегодную беседу так, чтобы сотруднику хотелось самосовершенствоваться, а не подать заявление об уходе. Но даже если ваш руководитель не слишком тактичен и ряд неприятных моментов в его компании вам все равно придется пережить, то почему бы не получить от них пользу? Скорее, это повод стать лучшим начальником, чем он, когда в будущем вы займете его место.

Жизненный принцип бойскаута — be prepared* — помогает во многих жизненных ситуациях, и ежегодная оценка не исключение. И первое, что стоит сделать в качестве подготовки, — это правильно настроить собственное отношение

---

* Будь готов (англ.).

к происходящему. Как при походе к зубному мы ожидаем, что будет несколько неприятно, так и перед оценкой не стоит предвкушать только лишь похвалу. В этом случае, за редким исключением, лучше насторожиться и предположить, что начальник не до конца честен. У большинства людей есть слабости. Настроившись же на обсуждение дальнейших направлений работы над собой, вы убережете свое эго от неприятных ощущений во время этой беседы.

Чтобы построить диалог наиболее продуктивно, подумайте заранее, каковы были три ваших основных достижения в прошедшем году и в каких областях вы могли бы что-то сделать лучше. Это не только позволит поупражняться в рефлексии и анализе собственной работы, что само по себе ценно, но и увидеть свою работу в контексте достижений коллег. Дело в том, что в большинстве компаний принят метод относительной оценки. Результаты сравниваются между собой, и определенный процент сотрудников, оказавшихся лучшими в списке, получают более высокую оценку и премии.

Если год был тяжелый и вы через него стойко прошли, выполнив план, то, кажется, результат уже неплох. Возможно — но ведь трудные условия затронули всю компанию или отдел. Годовая оценка всегда относительна. Так, спортсмен, занявший последнее место в олимпийском забеге, мог быть чемпионом своей страны. Все определяется не только вашими абсолютными результатами, но и их сопоставлением с результатами в группе.

Кроме того, выбирая тех, кто войдет в лучшие десять-пятнадцать процентов команды, начальник в первую очередь оценивает влияние ваших результатов на успех бизнеса. Сложности их получения оцениваются куда меньше. Отсюда возникает интересный парадокс. Некий результат, которого было очень трудно добиться из-за внутренней политики или нехватки ресурсов, в глазах начальства имеет меньшую ценность, чем усилия вашего коллеги по выводу на рынок ключевого нового продукта, даже если он дался ему на порядок легче.

Возможно, вам и не имело смысла тратить столько времени и сил на борьбу с соседним отделом за общую отчетность. Ее вклад в годовые результаты отдела не так уж высок — а усилий и политического капитала потрачено изрядно. А у вашего коллеги всего неделя ушла на пересмотр программы-конфигуратора серверов и добавление в нее автоматического включения нового продукта в заказ, если только клиент не откажется. Но эта простая мера дала пятипроцентный прирост выручки в первый же квартал. Кто затратил больше усилий? Кто оказал большее положительное влияние на успехи в бизнесе?

Невеселые размышления на эту тему помогут вам также определить, в чем именно была главная ценность вашей работы для организации в целом. Пусть это не изменит ваш рейтинг за год, но существенно поможет в дальнейшем с постановкой целей и приоритезацией идей и проектов.

Как-то, работая в отделе слияния и поглощения компаний, я завершила год, не осуществив ни единой покупки. Мы работали очень напряженно, мне случалось приезжать в штаб-квартиру на встречи в семь утра и задерживаться до десяти вечера. Часто — из-за параллельной работы в бизнесе Linux и связанных с ним поездок — мне приходилось звонить на телеконференции в два часа ночи или в пять утра. Из-за малого размера команд, работающих в области слияний и поглощений, и высокого уровня секретности там гораздо меньше возможности что-либо делегировать и некого попросить заменить тебя на неделю командировки.

При планировании покупки компании и интеграции ее в корпорацию новые активы должны принести больше прибыли владельцам, чем отдельно стоящий бизнес — иначе вложения не имеют смысла. Бизнес-кейс прорабатывают детально, включая планы интеграции, чтобы заранее отмести варианты с низким возвратом на инвестиции.

Мы придумывали новые модели бизнеса и ломали голову, как выжать больше из приобретенных прав и продуктов; кооперировались с другими подразделениями с целью добавить новые возможности и расширить сбыт после слияния; узнавали очень много нового про другие дисциплины, от производства до кадровых вопросов и экологии, потому что все они сильно влияли на стоимость интеграционного процесса... Это был во всех отношениях тяжелый год.

К сожалению, сравнительно немногие рассмотренные компании в итоге приобретаются — есть множество причин отмести кандидатов на ранних стадиях. Это защищает корпорацию от плохого вложения средств, хотя мало разнообразит резюме участников процесса. Отсутствие покупок имело положительную сторону: мы уберегли компанию от неудачного размещения капитала. На первый взгляд вариант мог быть очень привлекательным, но, «заглянув под капот», мы находили его рискованным. Именно это я и включила в свой список достижений за год. Тем не менее, представив, как мои результаты выглядят в сравнении с запуском нового продукта, принесшего высокую прибыль, я поняла, что вряд ли окажусь наверху таблицы, — и успокоилась. Неожиданно вполне достойный, хотя и не самый-самый высокий рейтинг, полученный на годовой оценке, не стал разочарованием. Могла ли я что-то сделать лучше? Несомненно — в любой работе есть что изменить в положительную сторону. Например, обладай я бо́льшим опытом, я бы раньше задействовала юристов по копирайту в одном кейсе и обратилась бы к помощи иного дивизиона в другом. Возможно, мы отмели бы обоих потенциальных кандидатов на покупку раньше, а значит, освободили бы время, за которое можно было проанализировать новую «мишень».

Одни идут ставить пломбу спокойно, относясь к этому как к не очень приятной, но короткой и необходимой части жизни. Другие обещают себе награду после. Третьи утешаются мыслями о том, насколько лучше им будет после посещения врача, когда не надо будет беспокоиться о дырке в зубе. Примените тот же подход, морально готовясь к ежегодному собеседованию.

А заодно вас, возможно, успокоит мысль о том, что и ваш руководитель тоже проходит его каждый год.

Как лучше всего проходить годовую оценку?

Выслушав мнение руководителя, прежде всего стоит сказать «спасибо». Начальники тоже люди — опытные и нет, компетентные и не очень, вызывающие доверие, ненависть или целую гамму иных чувств. Некоторые умеют подать отзыв так, что воодушевленный сотрудник готов покорять новые вершины и работать над собой. Другие — так, что почувствовавший себя неоцененным человек с трудом сдерживается, чтобы не уволиться на месте. Одни посвятят время разбору деталей, другие просто обобщат. А третьи признаются: «Было бы странно, если бы в первый год работы ты получил высокий рейтинг, ты ведь только осваиваешь эту область — а другие в ней уже давно». Хорошее, доверительное отношение к начальнику поможет легко принять его слова. Но в общении с человеком, не вызывающим доверия, эти слова запросто станут причиной глубокого разочарования и, возможно, поиска нового места.

Ваш первый ответ на отзыв о работе и годовой рейтинг не должны зависеть ни от каких нюансов: поблагодарите руководителя за его мнение. Даже если завтра вы подадите заявление об уходе, потребуете начать внутреннее расследование или обратитесь в суд. Но это завтра — остыв, обдумав, проанализировав, посоветовавшись с ментором, женой или адвокатом. А сегодня вы начнете с того, что скажете «спасибо». Вы можете добавить, что разочарованы оценкой или, наоборот, не ожидали, что она будет такой высокой, — но лучше всего начать с благодарности, и тому есть несколько причин.

Во-первых, поверьте, ни один руководитель не получает удовольствия от высказывания негативного мнения. Вашей начальнице этот разговор, возможно, дается тяжелее, чем вам. Особенно если она действительно хочет помочь вам вырасти, верит в ваш потенциал и жаждет увидеть улучшения. Так что поблагодарите своего руководителя просто для того, чтобы отдать должное этому факту.

Во-вторых, если критика показалась вам несправедливой, вы находитесь в состоянии аффекта. А значит, можете позже пожалеть о том, что сказали в момент прилива адреналина. Следующий ход за вами — возможно, подумав, вы признаете, что в словах начальницы было разумное зерно. А возможно, наоборот, решите, что это была последняя капля, и начнете искать новую работу. Но и это лучше делать, не разругавшись с предыдущим руководителем, чтобы время было на вашей стороне. Любые действия лучше совершать без осложняющих обстоятельств, прагматично, с холодным расчетом, на который вы можете в данный момент быть неспособны. Так вы сохраните для себя возможность действовать тогда, когда адреналин схлынет.

В-третьих, в разговоре, как и в шахматах, несколько секунд размышления над следующим ходом могут изменить исход партии. Воспользуйтесь домашней заготовкой универсального ответа — выражением благодарности, — чтобы обдумать следующий шаг.

Уточните, что именно хотел вам сказать начальник. Уверены ли вы, что поняли его правильно? Иногда имеет смысл попросить привести примеры конкретных действий, на основании которых он составил свое мнение, — может быть, вы и не думали, что они именно так воспринимаются со стороны. Однако если вы действительно хотите уточнить, очень важно сформулировать вопрос таким образом, чтобы он не звучал как начало спора.

Вот простой пример из реальной жизни:

— Иногда вы неуважительно относитесь к своим коллегам.

— Мне очень жаль, если мои действия воспринимаются таким образом. Но вы не могли бы привести конкретные примеры, чтобы мне было понятнее?

— Каждый раз, когда я собираю совет на встречу, вы приходите с ноутбуком и отвечаете на почту. При этом вы печатаете очень быстро, громко стуча по клавишам. Это отвлекает и меня и других. Если я нахожу час, чтобы послушать ваш отчет о текущих делах, мне обидно, что вы считаете, что я вашего времени недостоин.

Человек, получивший этот отзыв, меньше всего хотел обидеть начальника и коллег. Не стоит и говорить, что следующие встречи пройдут без ноутбука. На самом деле начальник оказал критикуемому услугу, предотвратив не одну подобную ситуацию, когда тот своими действиями вновь неосознанно вызовет негативную реакцию. Честности ради признаюсь, что по клавишам стучала я и что, как ни обидно мне было слышать обвинение в неуважении, я действительно была благодарна за полученный урок.

В этой же части разговора может быть уместно попросить совет. Как лучше сделать то, о чем говорит начальник? Как этому научиться, если есть необходимость в новых навыках, а не просто в изменении поведения? На что обратить внимание? Это не только покажет, что вы серьезно отнеслись к критике — а это первый признак человека взрослого и всерьез настроенного работать над собственным ростом, — но и даст вам хороший материал для планирования дальнейших действий.

Стоит ли спорить с руководителем во время ежегодной оценки? Я бы ограничила ситуации, когда это стоит делать, двумя условиями: наличием твердых аргументов и высокой степенью влияния на ваш ежегодный рейтинг. Если критика кажется вам вопиюще несправедливой, постарайтесь путем уточнения свести ее к реальным фактам. А потом прикинуть, есть ли у вас в запасе опровергающие данные и насколько велика разница между ними и данными начальника. Вполне может оказаться, что ваш руководитель действительно забыл или перепутал цифры, принципиально влияющие на ваш рейтинг. Например, если вы ставили своей целью заключить 100 контрактов с новыми партнерами и ваш руководитель считает, что эта часть работы была завалена, поинтересуйтесь деталями. Если он скажет: «Ты подписал меньше половины», а по вашим данным заключено 90 соглашений, то это стоит уточнить в уважительной форме, позволяющей руководителю «сохранить лицо»:

— Билл, возможно, ты посмотрел ноябрьские данные, но на конец года у нас было заключено 90 контрактов. Я согласен, что мы не выполнили задачу целиком, но все же отставание совсем не так велико.

Тем не менее, к сожалению, сам факт спора отразится на ваших отношениях плохо. Он прежде всего станет для вашего начальника признаком того, что вы не хотите совершенствоваться, а вместо этого оспариваете его слова. Так что спросите себя, повлияют ли факты на результат. Возможно, вы подписали 53 контракта — больше половины, — но стоит ли указывать начальнику на его ошибку? Рейтинг ваш от этого не изменится, а вот впечатление от разговора ухудшится. Куда перспективнее будет спросить у Билла совета, что бы он сделал по-другому, чтобы заключить больше договоров, и что вам следует предпринять, чтобы улучшить результат. Возможно, начальник привел вам три-четыре примера одного и того же недочета — даже если один из них не совсем справедлив, рейтинг от этого не изменится. А если речь идет о том, выполнили вы сорок или шестьдесят процентов плана и этот процент напрямую влияет на размеры бонуса, — тут лишние факты и небольшие исправления могут быть вполне конструктивны.

И последнее, самое важное. После разговора стоит сделать выводы и подумать о дальнейших действиях. Даже если, встав наутро, вы твердо решили подать заявление об уходе, спросите себя, можно ли сделать что-то по-другому, чтобы не столкнуться с теми же проблемами на новом месте. Мне очень помогает привычка записывать выводы, советы и действия в день разговора, когда еще свежи в памяти все детали. К сожалению, уже на следующий день они несколько стираются, уступая место эмоциональной реакции на беседу.

Как показали комментарии в блоге, те из моих читателей, кто уже добился руководящей позиции, согласились с приведенными советами относительно ежегодной оценки и считают регулярные отзывы руководителя необходимым элементом дальнейшего развития. Это подтверждает, что определенные принципы построения карьеры практически универсальны для разных областей деятельности. И что люди, умеющие конструктивно воспринимать критику и искать возможности улучшения, а не уклоняться от беседы, — это в большинстве своем те же люди, что добиваются успеха.

Другая тема, довольно часто звучавшая в обсуждениях в блоге, была связана с «плохим начальником». Что делать, если ваш руководитель некомпетентен, не придает значения развитию подчиненных, не имеет опыта или не умеет высказывать свои пожелания в мотивирующей форме? Главное — помнить, что его недостатки могут тормозить его рост, но никак не ваш. Вы все равно можете получить пользу от рекомендации по улучшению своего стиля или навыков. Конечно, можно просто отмести все, что он скажет, — будь то отсутствие инициативы или неумение эффективно распоряжаться своим временем. Лучше, правда, все же не спорить и поблагодарить, чтобы сохранить хорошие отношения: все-таки ваша премия, рекомендации и повышения по-прежнему зависят от этого «идиота». А можно задуматься над тем, что нет дыма без огня, — и попробовать что-то улучшить. Все-таки не случайно он обратил внимание именно на эти качества, а не на какие-то другие. Что касается его управленческого стиля и компетенции, у вас есть шанс со временем стать лучшим начальником, чем он.

И это подводит нас к разговору о ежегодном обсуждении результата *с точки зрения руководителя*.

Как лучше давать годовую оценку?

Начнем с того же, что и в первой части: для чего нужны ежегодные беседы, на сей раз — вам как начальнику.

Многочисленные исследования показывают, что люди быстрее меняют свое поведение, если получают оценку своих действий — как положительную, так и отрицательную — сразу после их совершения. Не стоит ждать год, чтобы похвалить за хорошо спланированную встречу или посоветовать не спорить с коллегой на глазах у заказчика. Лучше сказать об этом сразу, как только появилась возможность остаться наедине, или по крайней мере достаточно скоро, если вы не хотите усугублять стресс, выражая недовольство большим количеством недочетов единовременно. Лучше сосредоточиться на одной-двух главных проблемах, а мелочь оставить на потом, чтобы не демотивировать человека придирками.

Если вы не ленились делать это в течение года, то на ежегодном собеседовании ваш подчиненный не должен услышать ничего нового. Если он или она сталкивается с неприятными неожиданностями, это подрывает доверие: как ни старайся, все равно вам не угодишь. А потому, если накануне возникло что-то новое, не обсуждавшееся раньше, то лучше не включать это в основную беседу, а отложить на пару дней.

Тем не менее годовая беседа — это важное подведение итогов и расстановка акцентов.

Во-первых, это **возможность похвалить** за то, за что не успели похвалить раньше, особенно если это пролонгированное, а не разовое действие. Например, за то, как быстро сотрудник освоил новую для него область, или какой он чудесный начальник, быстро завоевавший доверие новых подчиненных. Говорить о том, что удалось, надо обязательно. Ваш подчиненный мог и не знать, что вы заметили и оценили его старания, и заслуживает подтверждения этого. Кроме того, положительная часть вашего отзыва уравновесит негативную, сделав отзыв в целом гораздо более справедливым, а его слушателя — более восприимчивым.

Во-вторых, не все моменты, вызывавшие отрицательные эмоции в течение года, одинаково важны. Возможно, у подчиненной есть пять-шесть проблем, о которых вы в разное время говорили, и что-то она исправила, что-то улучшила, но не до конца, кое-что продолжает требовать внимания. Однако ни один человек не может работать над всем сразу — надо выделить **два-три основных направления улучшения** на ближайший год. И именно ежегодная беседа станет таким моментом сортировки.

В-третьих, если уж дело совсем плохо и вы подумываете о том, чтобы расстаться с человеком, годовая беседа — это не просто время расставить все точки и дать последний шанс, но и повод **формально зафиксировать и задокументировать** факт плохой работы. И это особенно важно, если у вас в компании существует понятие относительного распределения премий и сопоставления результатов. Иногда понимание того, что сотрудник после сравнения итогов за год оказался внизу списка, встряхивает его и помогает выправиться. В других случаях такая беседа послужит базой для формального документа о долгосрочных проблемах, который пригодится в случае увольнения.

В-четвертых, иногда надо проводить черту, начиная с которой старые грехи не принимаются в расчет. Иначе трудно уследить за улучшениями — человеческая память смешивает давние события. Годовая цикличность автоматически позволяет начать новую жизнь с нового года, дать сотруднику возможность проявить себя с лучшей стороны, без воспоминаний о старых прегрешениях. А вам она позволит по-новому взглянуть на подчиненного. Возможно, вы продолжаете считать его недостойным доверия, а он с начала года не пропустил ни единой даты сдачи проекта!

Готовясь к беседе, полезно зафиксировать основные тезисы. Я стараюсь заранее подумать о нескольких положительных сторонах, за которые хочется похвалить, и тех двух-трех вещах, которые стоит акцентировать как основные направления для развития. Это помогает заранее выбрать самые важные моменты и сфокусировать на них беседу.

Говоря о вещах негативных, важно выбрать тон и форму, мотивирующие человека работать над собой, а не пробуждающие ненависть к собеседнику.

Во-первых, нужно начать с чего-то хорошего, чтобы у подчиненного не возникло сразу ощущение очередной головомойки, да и волнения поубавилось и беседа перешла в спокойное русло.

Во-вторых, критикуя, нельзя переходить на личности и употреблять максимизирующие конструкции, вроде «вечно вы это делаете» или «вы всегда так поступаете». Иначе человек интуитивно начинает концентрироваться на опровержении слова «всегда»: не всегда, может, пару раз только, и вот на той встрече я хорошо все сделал, кто же виноват, что вы на ней не присутствовали... Это вам же в первую очередь помешает донести до сотрудника простую мысль о необходимости изменить нечто в своем поведении. По сути, «всегда» действительно несправедливо — ведь, скорее всего, вы не можете бывать на всех его встречах. Слова «часто» или «периодически» будут куда более корректными и не вызовут подобной реакции.

У меня был начальник, который, выражая недовольство по поводу любой неувязки, говорил «вечно ты...». Я хорошо помню свою реакцию: вначале желание доказать, что это был единичный случай, вместо того чтобы задуматься, как предотвратить подобное в будущем, а после этого — апатию и обиду.

В-третьих, законы психологии таковы, что мы гораздо больше воодушевляемся возможностью сделать нечто, за что нас похвалят, чем не делать то, за что отругают. В этом люди мало отличаются от животных. Как известно, собак обучают, поощряя выполнение команды лакомством, а не наказывая за ее невыполнение. Одну и ту же мысль (например, о том, что не стоит оставлять руины и битое стекло после спора с коллегами, чтобы после дебатов люди хотели бы и дальше с вами работать) можно донести по-разному.

Сравните два варианта, пытаясь воспринять их с точки зрения слушателя.

Первый вариант. «Вы добились своего в споре, но в процессе обидели Джона и Джейн, они теперь вряд ли выберут вас для следующего проекта. Вы наносите вред репутации отдела! Нам теперь придется прикладывать больше сил, чтобы что-то от них получить. Полгода выстраивания отношений насмарку».

Второй вариант. «Вы добились своего в споре, но в процессе обидели Джона и Джейн, они вряд ли выберут вас для следующего проекта. Подумайте, насколько сильнее вы будете в компании, если после первого разговора у собеседников будет оставаться желание продолжать сотрудничество. Ваши идеи очень хороши — и они будут приняты гораздо лучше, если вас самих не будут встречать в штыки».

Есть разница? Для кого-то, возможно, и нет, но я бы гораздо сильнее захотела наладить отношения с Джоном и Джейн после второго, более мягкого и мотивирующего варианта.

Отдельно следует поговорить об обоснованиях оценки, особенно если вы в течение года только хвалили человека, а при сравнении результатов между отделами оказалось, что не так уж он и блещет на фоне коллег. Одной из самых распространенных ошибок неопытных или слабых начальников является попытка свалить вину на более высокое руководство. Психологически легче не рисковать доверием, а просто принести плохую новость и руками развести, мол, «ты же знаешь, как у нас», «я хотел, но босс велел».

Возможно, вы и сохранили лицо во время единичной беседы, но при этом, выиграв битву, проиграли войну. Регулярно выбирая такой путь, руководитель лишает себя авторитета: становится понятно, что он, может, и не злой, но, к сожалению, серьезные решения от него не зависят. А значит, считаться с ним не так важно, главное — найти общий язык с более старшим руководством.

Более того, он сам укрепляет в подчиненном уверенность, что его собственное начальство не очень разбирается в кадровых вопросах: всегда проще винить тех, кто далеко. А это не повышает ни лояльность компании, ни желание быть ее частью, ни веру в стратегию, которую ее руководство выбирает. Тем, кто сам демотивирует подчиненных, не стоит потом жаловаться на отсутствие у них желания разделить приоритеты или на текучку кадров в отделе. Если вы хотите, чтобы вас воспринимали как руководителя, прежде всего «повысьте» себя сами в собственных глазах, примите ответственность за свои решения и перестаньте перекладывать ее на вышестоящих.

Это совсем не значит, что не следует донести до подчиненного, что думают о нем более высокий начальник или другие коллеги вашего ранга — наоборот, тогда он сможет увидеть определенную ситуацию с разных сторон. Если вы используете эту информацию как подтверждение вашего тезиса о необходимости над чем-то поработать, это лишь усилит ощущение объективности. Но если вы при этом даете понять, что защищаете подчиненного от старшего руководства, это губит желание сотрудничать с остальными и плохо влияет на организационный климат.

Один из наиболее распространенных комплексов недавно получивших повышение, особенно быстро растущих в карьере, — это тайное ощущение, что они на самом деле не на своем месте. Хотя такое чувство и проходит с опытом, но оно вполне реально и, насколько можно судить по литературе и беседам с коллегами, невероятно типично. По всей видимости, существует некая определенная скорость привыкания к новому статусу, подсознательного перевода себя на следующую ступеньку. Для каждого она своя. Тем не менее, разговаривая с подчиненным, не нужно извиняться за свое мнение или еще каким-то образом показывать, что вам неудобно излагать негативную часть отзыва. Вряд ли кто-то хочет работать на неуверенного в себе лидера, чувствующего себя не на своем месте. Обсуждение результатов — часть вашей работы. Сотрудник вряд ли почувствует себя лучше от того, что негативный отзыв о нем будет приправлен изъяснением неудобства. Наоборот, он скорее встретит критику в штыки: если ты сам понимаешь, что недостоин меня ругать, или сомневаешься в своих словах, то почему я должен серьезно к этому отнестись?

И последнее: помните, что лучше всего запоминаются начало и конец беседы. А потому стоит закончить разговор на позитивной ноте, например высказать уверенность, что в этом году человек сможет добиться большего. Каждому важно знать, что в него верят. Как ни подслащивай пилюлю, все равно человек получит порцию не самых приятных эмоций, размышляя над негативной частью отзыва, так что необходимо проявить к нему уважение и поддержать баланс плюсов и минусов. В конце концов, вы же не просто так взяли его в свою команду или продолжаете частью этой команды считать. Скорее всего, вы действительно верите, что он способен на многое, — почему бы не сказать об этом вслух?

Ежегодное обсуждение результатов приучает к определенной дисциплине. Оно заставляет регулярно оценивать сделанное, собирать необходимые данные, например о том, насколько продажи в каждом из сегментов превысили поставленные цели, и обдумывать расстановку приоритетов на следующий год. Эти же данные удобно использовать для обновления резюме — даже если вы не собираетесь менять работу в ближайший год, его полезно держать актуальным. Никогда не знаешь, когда оно понадобится, а детали ваших достижений могут забыться со временем. Но кроме всего прочего, этот процесс позволит вам выделить те проекты и результаты, о которых стоит рассказать другим, будь это интервью, очередная беседа с ментором или выступление на внутренней встрече. К сожалению, трудно ожидать удачи в карьерном продвижении, если о ваших успехах никто не знает.

Однако тут часто возникает другая проблема: где проходит грань между самовосхвалением и созданием имиджа, как рассказать о достижениях, не скатываясь в хвастовство? Именно об этом мы поговорим в следующей главе.

Глава 12

Умение стать заметным без навязчивости

> Родители в зале знают, что завести котенка проще, чем избавиться от него. Так и с проектами...
>
> *Из лекции проф. Брюса Гринвальда*
> *в Колумбийском университете*

Люди, чей успех во многом зависит от их известности и популярности — актеры, политики, — нанимают специалистов по связям с прессой. Узнаваемость имени — залог их благополучия и предмет финансовых вложений, лучше всего описанный в профессиональном анекдоте работников PR:

> Моисей с еврейским народом спасается от египетской армии. Впереди море, армия в двух часах позади. Военный говорит: «Дай мне три дня, и мы построим укрепления». Архитектор говорит: «Дай мне один день, и я построю понтонный мост через море». Но у Моисея нет ни трех, ни даже одного дня. Расстроенный, он зовет пресс-секретаря. Тот советует: «Собирай народ на берегу, бей посохом по песку и громко читай молитву. Море расступится, вы перейдете по дну, и воды сойдутся над головой ваших преследователей». — «Ты думаешь, получится?» — «Не уверен, но пару упоминаний в Ветхом Завете гарантирую».

Ваш имидж и известность в профессиональной среде и внутри своей организации также играют важную роль в карьерном продвижении. А потому вам предстоит еще более сложная задача: стать собственным агентом пиар, сохраняя при этом чувство меры и ненавязчивости.

Вы оказывались в ситуации, когда коллега, околачивавший груши, пока вы в поте лица распахивали проект, послал начальству — от души, длинным списком — электронное письмо о совместных достижениях, забывая упомянуть о разнице во вкладе в общее дело? А руководитель руководителя ответил «спасибо за прекрасную работу», а то и лично поблагодарил отправителя — дескать, молодец, Вася, — не имея ни малейшего представления о том, кто реально возделывал целину? Те, кто не разрывался в такой ситуации между мыслями о поиске новой работы и желанием уйти в леса от лизоблюдов и начальствующих придурков, не знающих своих героев, либо не пробовали корпоративной жизни, либо ожидают письма из Ватикана о причислении к лику святых.

Негативный эффект от таких случаев не исчерпывается личной демотивацией. Он выражается в том, что, как говорил в известной интермедии Геннадий Хазанов, «тигру в зоопарке недокладывают мяса». Если ваша система оплаты предполагает нефиксированные элементы компенсации, то вполне возможно, что вы получаете меньшую премию, чем должны были бы, знай высшее руководство о вашей роли в проекте. А между тем виноваты в происшедшем не хвастун Вася и не начальник, физически не имеющий возможности уследить за тем, кто из сотен сотрудников какой из десятков проектов ведет, а вы и ваш непосредственный руководитель, пренебрегающие навыками использования системы коммуникаций.

У вас всегда есть право потребовать альтернативную реальность, где высший руководитель вездесущ и всемогущ, равно как и уйти в пике́ демотивации и денежных потерь. Однако размер полученной премии или хотя бы признания заслуг для вас актуален, имеет смысл понять, как работает система личного пиара в корпоративном мире. А уже дальше — применяйте или игнорируйте на свой страх и риск.

Почему личный пиар важен?

Мне вряд ли удастся выразить эту мысль более точно, чем это сделал Скотт Эблин* в своей книге советов новому руководителю: «Работа не говорит о себе — вы говорите о работе. Начальник не успевает следить за всеми проектами, ему надо регулярно рассказывать о результатах. Но при этом вы представляете работу команды: ничто так не отвращает, как хвастун, приписывающий все заслуги себе».

Как руководитель, физически не имеющий возможности лично знать всех работающих в подчиняющейся мне организации, признаюсь, что нередко оказываюсь в подобной ситуации с другой стороны баррикад. Когда я дважды в год собираю своих прямых подчиненных обсудить, как работают их сотрудники, с целью откалибровать годовые оценки работы между отделами (и, как следствие, премии, которые получают сотрудники, работающие в разных группах и секторах), почти всегда сталкиваюсь с сюрпризами. Оказывается, есть звезды локального масштаба, известные своей линии подчинения и получающие высшие баллы по всем критериям оценки, но абсолютно неизвестные ни другим директорам и вице-президентам (то есть начальникам второго уровня смежных подразделений), ни мне. Как сравнить их между собой, чтобы премия в конце года была выдана справедливо?

Собственно, потому я устраиваю такие совещания дважды: чтобы была возможность в середине года такие случаи выявить, и чтобы осталось время поставить лучших людей из их отделов на более заметные проекты или просто организовать встречи и беседы, позволяющие другим руководителям увидеть их «в действии» до конца года, когда мы соберемся снова. А также для того, чтобы у меня была возможность присмотреться к их работе, например пригласить поучаство-

---

* Scott Eblin. The Next Level: What Insiders Know About Executive Success. Nicholas Brealey Publishing, 2011.

вать в рабочей группе или побеседовать о карьере, помочь найти ментора или просто предложить более выигрышный проект. Я считаю, что очень важная часть моей роли в компании заключается в выявлении лучших сотрудников и помощи в их профессиональном развитии. И в этом я мало отличаюсь от тысяч старших руководителей прогрессивных компаний, неравнодушных к идее обучения и продвижения кадров, найма людей для карьеры, а не разовой работы, обеспечения хорошо продуманной карьерной лестницы и ресурсов.

Если подчиненных своих прямых подчиненных еще знаешь достаточно хорошо, то следующий уровень за ними, к сожалению, видишь далеко не всегда. Как ни печально, при наличии большого количества направлений работы департамента зона ответственности одного человека может «свернуться» в ряд цифр в одном из квартальных отчетов. И если эти цифры не сильно отклоняются от плана в бо́льшую или меньшую сторону, то и внимание к ним будет относительно невелико. Исключения составляют те, кто попал на ключевые направления, и те, кто старается держать меня в курсе основных личных достижений — самостоятельно или при помощи непосредственного начальника.

Теперь добавьте тот факт, что мне повезло работать в компаниях, с большим вниманием относящихся к воспитанию будущих лидеров и профессиональному развитию. Я прекрасно знаю, что такая практика есть далеко не везде, а значит, держать прямого или более высокого руководителя в курсе своих достижений становится еще более важно. Как бы нам ни хотелось верить, что «главный там наверху» всегда обо всем знает, это довольно быстро становится физически невозможно для главного. Сравните его с водителем автобуса, которому приходится и за ситуацией в салоне следить, и за дорогой, и за маршрутом. Если путь прост, а шоссе пустое, то легко и в общей песне поучаствовать. Но стоит переключить внимание на внешние объекты, и уследить за тем, кто какую мелодию выводит, кто слабо подпевает, а кто хорошо музыку чувствует, становится невозможно.

Подобный эффект куда меньше заметен в маленькой команде, из-за чего, в частности, немало людей предпочитают работать в стартапах. Однако если вы решили построить карьеру в глобальной корпорации, то на каком-то этапе непременно окажетесь «в автобусе». Ищущим идеальную реальность я могу лишь пожелать успеха, а мои записки предназначены для желающих преуспеть в реальности существующей. Деда Мороза нет, поэтому о желаемом подарке надо сообщить родителям громко и внятно.

При подъеме вверх по карьерной лестнице возрастает значение обмена информацией не только с начальством, но и с коллегами вашего же горизонтального уровня. Это не только обусловлено требованиями работы, но и способствует личному продвижению в карьере. Чем выше вы по иерархии, тем больше вопросов решается горизонтально, с людьми, занимающими равное с вами положение, а не с вышестоящим руководством. Чем более самостоятелен руководитель в разрешении конфликтных ситуаций, поиске рабочих альянсов и привлечении других подразделений к запуску общих проектов, тем быстрее растет область его ответственности. А значит, ваши коллеги должны знать о том, что вы делаете, что получается, где нужна помощь, какие новые инициативы начинаете, какие методы работы можно позаимствовать и где было бы полезно объединить усилия.

Кроме того, руководители смежных подразделений узнаю́т от вас не только от вашего прямого начальника или от вас лично. Они регулярно слышат от собственных подчиненных, с кем им тяжело, а с кем легко работать, кто сделал нечто, что неплохо бы внедрить самим, а кто блокирует важные инициативы. Так что, когда зайдет речь между начальниками одного уровня о работе подчиненных, ваше имя не раз всплывет в разговоре. И контекст, в котором о нем узнают главы смежных отделов, никогда не видевшие вас в деле лично, окажет влияние на их мнение о вас.

Мне хочется сделать отдельное замечание для читателей, выросших в бывшем СССР. Почему-то каждый раз, когда в моем блоге заходит разговор о необходимости внимания к форме чего-либо, в русскоязычной аудитории неизменно возникают люди, считающие, что речь идет о замене формой содержания. Например, они понимают рассказ о необходимости кратких и четких писем как замену глубины и аргументированности их тезисов. Предложение обратить внимание на манеру оратора держаться и жестикулировать интерпретируется ими как отсутствие внимания к содержанию речи. Мне приходилось получать гневные комментарии о том, что важен не красивый фантик, а то, что находится внутри. При этом люди забывают, что непривлекательную обертку не развернут вовсе и ее чудесного наполнения могут просто не оценить. Возможно, они видят качество работы как некоторую константу, улучшая один из компонентов которой они непременно ухудшают другой.

Специально для таких людей подчеркну, что речь вовсе не о том, что «коммуникационный щит» работы важнее самой работы или может заменить экспертизу непосредственно в профессиональной области. Однако он значительно улучшает восприятие и имидж любой деятельности. Разумеется, далеко на одном пиаре не уедешь. В организации, где приняты награды за достижения, рано или поздно, на одном участке карьеры или на другом, отсутствие результатов сыграет свою роль. Если вам не повезло и в вашей компании грамотный пиар перевешивает результат, то, наверное, вам стоит задуматься либо о смене работы — и это был бы мой основной совет, как и в случае непотизма и любого другого признака отсутствия меритократии, — либо о хорошем пиаре. Куда более обидно, когда хорошая работа остается незаметной только потому, что является, как говорят американцы, «хорошо охраняемым секретом». В этом случае умение строить личный пиар лишь поможет вывести корабль на достойную его орбиту.

Если к этому моменту мне не удалось убедить вас в важности коммуникаций, то, по всей видимости, на этом можно остановиться. А с продолжающими читать мне бы хотелось обсудить, чем именно нужно делиться, как часто и каким образом это лучше делать.

Внутреннее «воздушное пространство»

Начнем с информационного обмена внутри компании: обновления статуса текущей работы, объявления о новых проектах или победах и достижениях. Возможно, вы воспринимаете последнее как пиар, а остальное — как обычную рабочую отчетность. Тем не менее, учитывая ее влияние на вашу репутацию, имеет смысл рассмотреть ее заодно и с точки зрения эффективности коммуникаций.

Регулярные отчеты о том, как идут дела, мало кто воспринимает как личный пиар, а между тем они влияют и на ваш имидж (что именно о вас знают), и на известность (кто о вас знает), и на запоминаемость (как часто ваше имя на слуху). Очень часто форма, частота и адресаты таких отчетов не закреплены формально. И еще чаще в список рассылки попадают далеко не все, кто может быть заинтересован в получении подобной информации. В зависимости от сложности работы регулярный отчет может принимать разные формы — от краткого имейла до большой презентации с таблицами и «отчетной карточкой» проекта, показывающей текущий статус его составляющих. Как правило, он обозначен цветами светофора — красным, желтым и зеленым — для легкости восприятия, в дополнение к цифрам и комментариям.

Баланс важен во всем, и коммуникации не исключение. Если отчет подается слишком часто, то вряд ли в нем содержится много нового, и люди занятые постепенно начнут пропускать его в электронной почте за недостатком времени. Если слишком редко, то о проекте и о том, что случилось раньше, и о вас могут забыть. Определяя оптимальную периодичность, неплохо учесть положение и занятость его адресатов. Чем выше человек в компании, тем, как правило, больше отчетов он получает и одновременно меньше времени остается их читать. Любители точных предписаний скажут, что это слишком общий совет — да и мне ничего не стоит сказать «по умолчанию отчитывайтесь раз в квартал». Но я прекрасно понимаю, что для ряда проектов это может оказаться слишком редко, так что все-таки просто предлагаю подумать, вместо того чтобы воспользоваться готовым рецептом.

А раз уж мы об этом задумались, то и время для отчета стоит выбрать правильное. Например, получив как-то раз новый отдел и изучая отчетность нового для меня бизнеса, я обратила внимание, что квартальный отчет содержит цифры почти полугодовой давности. Оказалось, что финансовый отдел не мог предоставить отчетность раньше второго месяца квартала. Она требовала моделирования на основе данных, отправляемых в SEC* через две-три недели после начала нового квартала. Прибавьте время на анализ модели — и оказывается, что отчет задерживается на полтора месяца. При этом регулярный квартальный отчет приходился на первый месяц. Новые данные были еще недоступны и откладывались до следующего отчета, зато можно было показать те, которых не было в предыдущий раз. То есть в третьем квартале отчитывались за данные по первому, вот только вряд ли они кого-то уже интересовали.

___

* Securities and Exchange Commission, Комиссия по ценным бумагам и биржам — агентство правительства США, осуществляющее надзор за американским рынком ценных бумаг и его регулированием. *Прим. ред.*

Выход был очевиден. Мы перенесли отчет на второй месяц, чтобы он содержал недавние данные, и он стал вызывать больший интерес.

Если ваш отчет не зависит от столь большого количества условий и участников — вам повезло, и ваша задача, скорее всего, куда проще. Но все равно стоит проанализировать предпочтения аудитории. Например, имеют ли ее представители привычку просматривать почту в выходные, или все полученное в пятницу откладывается до лучших времен?

Основные правила успешных коммуникаций в плане имиджа — это честность и объективность, соответствие целей стратегии в целом и анализ проблемных зон. Конечно, немало зависит и от культуры компании или отдела. Есть начальники, не желающие видеть проблем, а есть те, кто ценит контроль и объективность не меньше, чем достижения и победы.

Хороший пример последнего я встречала в рассказе про одного из старших руководителей GE. Он спрашивал подчиненного, значительно перевыполнившего план продаж, почему тот настолько плохо контролировал свой бизнес, что не мог поставить реальные, а не заниженные цели. И действительно, очень важен именно контроль, а не просто подход «чем больше, тем лучше». Например, если при длинном цикле производства плохо запланировать количество компонентов на несколько месяцев вперед, то превышение запланированных продаж приведет к тому, что продукцию не удастся вовремя произвести и отгрузить, а это чревато ухудшением отношений с заказчиками. Важно и умение первым принять меры на проблемных участках. Конечно, если проблемы не решаются, несмотря на эти меры, то никакой коммуникационный щит такую работу не прикроет. Контроль подразумевает, выражаясь словами летного инструктора, «посадку, а не прибытие»: самолет должен точно подойти к терминалу, а не просто плюхнуться на землю посреди поля.

Говоря о честности, я имею в виду не вопросы деловой этики — тем, у кого есть мысли о возможности искажения информации в отчетах, никакие книги о карьере не помогут, — а честность перед самим собой. Например, всегда есть соблазн занизить цели, чтобы точно их выполнить, но заниженные цели одного отдела или проекта часто плохо влияют на бизнес в целом. Мне не раз доводилось наблюдать ситуацию, когда генеральный директор получает от одного из своих подчиненных несколько «отчетных карточек», сплошь цвета июньского газона, и в конце концов раздраженно спрашивает:

— Почему по всем вашим проектам зеленый цвет, а мой план в целом не выполнен?

Как правило, ответ лежит в одной из двух плоскостей: либо выбранные для контроля индикаторы заданы некорректно, либо они не отражают того, что важно для стратегии подразделения.

Бывает, что в «карточку» оказываются включены легкие для достижения или измерения критерии, часто связанные с действиями, а не результатами, в то время как более сложные, но реально влияющие на бизнес не упоминаются. Например, отдел маркетинга планирует провести десять семинаров и «ставит галочку» по самому факту заказа зала и появления докладчика на сцене, но совершенно не обязательно результат этих семинаров повлияет на квартальные продажи. Стоит задать вопрос, каково предполагаемое количество участников, процент конвертации их в покупателей и как оно соотносится с общей целью по выручке.

Случается, что цели просто занижены по сравнению с тем уровнем, где они должны быть, чтобы существенно повлиять на результаты. Предположим, вы объявляете своей целью увеличить долю рынка в сегменте, измеряемом десятком миллиардов, и не настолько фрагментированном, чтобы доля процента давала существенные изменения. Если реальное увеличение выручки от вашей кампании — пара сотен тысяч, то вряд ли она эту долю изменит. Возможно, она имеет смысл из-за паблисити или приобретения дополнительных клиентов, но в таком случае стоит определять ее цели внутри компании реалистично и без излишней шумихи.

Нередко барабанный бой о выполнении целей, не оказывающих существенного влияния на состояние дел в целом, оборачивался против «барабанщика». Мне несколько раз доводилось получать подобные отделы с целью реорганизации и обнаруживать, что один из самых сложных факторов — это изменение культуры группы людей, привыкших подгонять работу под хеппи-энд, вместо того чтобы ставить серьезные цели.

Отчеты «всех цветов листопада», с агрессивными целями, анализом неудач и объяснением, какие действия будут предприняты для улучшения, вызывают гораздо больше доверия. Они создают имидж объективного руководителя, не допускающего личное эго в обсуждение реального положения дел и понимающего стратегию бизнеса. Это не значит, что нужно искусственно занижать результаты — если вы достигли цели по всем показателям, замечательно. Но если бизнес в целом систематически не выполняет план, а одна из его составляющих вечно «вся в зеленом», это тревожный знак. А у ваших коллег по бизнесу это прежде всего вызовет подозрение, что вы пытаетесь приукрасить свои показатели, а не поддержать работу всей команды.

Это также хорошая новость для тех, кто внутренне отождествляет коммуникации и личный пиар с хвастовством: продемонстрируйте объективность к собственным результатам, не приукрашивая реальность.

Все сказанное справедливо, если речь идет о компании, в которой принята объективная оценка работы, и о начальниках, которые ценят результат, а не красивые отчеты. Впрочем, срок жизни иных, как правило, относительно невелик: бизнес начнет терпеть убытки. Однако если вы оказались в областях, лишенных меритократии и численных измерений результатов, то вам нужен иной подход к пиару. Ценность научной статьи, особенно в гуманитарных областях, или произведения искусства часто определяется не численными показателями, а субъективным мнением мэтров. Следовательно, гораздо большее значение имеют именно предпочтения тех, кто «заказывает музыку». Если вы работаете в такой среде, я могу лишь посочувствовать и посоветовать либо пересмотреть карьерные планы, либо привести свой стиль коммуникаций в соответствие с предпочтениями законодателей мод.

Вышеописанные принципы самопиара также могут оказаться неприменимы в компаниях с местечковым менталитетом, живущих по принципу «моя хата с краю», где людей повышают благодаря личным отношениям с руководителем. Как правило, вопрос карьеры в таких местах либо не стоит, либо зависит все от тех же отношений с главным, а не от объективных показателей и известности. Так что я бы ограничила область применимости компаниями, где решения о повышениях и премиях больше зависят от коллективного признания заслуг. Впрочем, я сомневаюсь в возможности успешной карьеры далее определенного уровня в иной корпоративной культуре, а потому не думаю, что людям, ее выбирающим, в принципе нужны мои советы.

Ваш личный пресс-релиз

Вторая область коммуникаций, о которой хочется поговорить особо, — это объявление о начале новых инициатив или проектов, своего рода ваш личный пресс-релиз. Две темы всегда привлекают внимание: начало чего-то нового и достижение объективно впечатляющих рубежей. Неслучайно именно эти — и практически только эти — истории интересуют также и деловую прессу. Вы когда-нибудь видели статью о том, что такая-то фирма продолжает успешно продавать такой-то продукт? Сомневаюсь. Как правило, заголовок либо гласит, что фирма выпустила новый продукт на рынок или приобрела новых крупных заказчиков, либо что ее продажи превысили значительную цифру. Еще неизвестно, насколько новый продукт заинтересует покупателей, тем не менее наша психология устроена так, что все новое вызывает интерес. Пресса в данном случае лишь отмечает то, что привлечет читателей.

В корпоративном мире действуют те же законы. Стоит вам, как Моисею, выйти на берег, ударить посохом и провозгласить, что лично вы или ваш отдел начинаете нечто новое, внимание коллег и начальства вам гарантировано. А это означает, что ваше начинание запомнится — события, захватившие читателя, остаются в памяти куда дольше, чем текущий прогноз погоды. Лучше всего люди помнят инициативы со звучными именами. А их авторы имеют больше шансов получить следующий интересный проект — память сама услужливо подскажет руководителю имя кандидата.

Те, кого новость затронет непосредственно, окажут вашему проекту повышенное внимание. А значит, стоит предварительно пролоббировать начало нового дела, обсудить и учесть в объявлении интересы смежных проектов, привлечь больше игроков. Широкий круг участников не только сделает новость значительнее, но и поможет обеспечить поддержку развития проекта. Одной из самых искусных форм объявления таких инициатив являются инициативы совместные — с коллегой, со смежным отделом или с партнером. Это, во-первых, дает понять, что к проекту есть интерес вне вашего собственного направления или группы — а значит, он привлечет больше внимания. Во-вторых, вы продемонстрируете лидерские качества, в частности умение создавать альянсы, сплачивать людей в организации вокруг общих целей и работать с коллегами. А в-третьих — и это уже относится непосредственно к области коммуникаций, — совместный проект (статью, инициативу или движение) куда сложнее воспринять как дело одного выскочки. То, что вы с партнером-союзником контролируете друг друга во всем, включая форму объявления и отчетности, позволяет меньше фокусировать внимание на персоналиях, больше — на пользе для общего дела.

Интерес к объявлению проекта положит начало регулярным отчетам, о которых мы говорили выше, то есть создаст предпосылки к тому, чтобы оставаться на виду. Однако у любой медали есть обратная сторона. Конечно, некоторые из объявленных проектов не смогут вырасти и развиваться, как ожидалось. Тем не менее теперь вам придется регулярно сообщать о том, как идет работа и как вы продвигаетесь к намеченным целям.

Представьте себе, как смотрел бы народ на Моисея, если бы море не расступилось... Вы хотите почувствовать на себе подобный взгляд? Так что вряд ли следует стучать посохом слишком часто. Вспомните о фразе из эпиграфа: если «котят» окажется слишком много и большинство их так и останутся беспомощными, то ваши сообщения просто начнут раздражать. Лучше быть уверенным, что по крайней мере один котенок вырастет в тигра или хотя бы большого и всеми любимого кота — иначе говоря, будет оказывать достаточно существенное влияние на бизнес, чтобы привлекать интерес хотя бы в течение года-двух.

Я сознательно не буду давать советы, какие именно проекты стоит объявлять громко, так как это очень сильно зависит от вашей области и корпоративной культуры. Наверное, самое простое правило   прикинуть, заинтересовало бы вас такое объявление или первой реакцией было бы: «Стоило и объявлять! Мы такое каждую неделю начинаем». Впрочем, если вы в компании недавно или не принимаете активного участия в коммуникациях, хотя и желаете стать более заметным, тогда примените второе, не менее очевидное правило: спросите совета у своего начальника или ментора. При этом

можно не просто задать вопрос, предполагающий одно-
сложный ответ, «стоит или не стоит бить посохом по песку»,
но и посоветоваться, кого лучше привлечь, чья помощь может
понадобиться. Может так случиться, что и сам начальник, не
задумывавшийся до этого о необходимости объявить о начале
проекта, захочет это сделать, причем от своего имени, назвав
вас ответственным за проект. Это избавит стеснительного
человека от мучительных сомнений, не оказался ли он вы-
скочкой, и заодно покажет, какие инициативы стоят того,
чтобы о них раструбить.

Объявление проекта будет особенно эффективным, если
оно поможет привлечь дополнительные ресурсы. В таких
случаях я заранее договариваюсь с парой коллег о помощи.
А потом вставляю в имейл фразу о том, что Мэри и Джон уже
назначили ответственных в своих командах, — и предлагаю
остальным адресатам поучаствовать в проекте силами своих
сотрудников. Никто не хочет пропустить нечто становя-
щееся популярным: раз другие сочли это важным, видимо,
стоит по крайней мере наблюдателя послать… А дальше уже
ваша забота проследить, чтобы наблюдатель без задания
не ушел.

При объявлении о достижениях бывает трудно почувствовать грань между уместной известностью и спамом. Человек,
впервые в жизни пообщавшийся с прессой и увидевший
свое имя на странице популярного издания, считает это
успехом. В то же время у тех, чье имя регулярно появляется
в пресс-релизах, счет идет на сотни упоминаний, так что если
они и похвастаются, то лишь особо удачными статьями или
попаданием в престижные издания вроде Wall Street Journal
или Forbes. Как найти грань и не вызвать раздражение коллег?

Наверное, в каждой профессиональной области есть свои
стандарты и критерии новости, достойной саморекламы.
Более того, как правило, посоветовавшись на эту тему
с ментором или просто с коллегой, которому доверяешь,

можно получить объективный совет о том, какими событиями принято делиться публично и чем стоит гордиться. Но если решение принять трудно, то вот несколько простых критериев:

— Как часто такие события случаются? Если не чаще пары раз в год, то ими имеет смысл поделиться широко. Если чаще, то, возможно, лучше ограничить круг получателей теми, кому об этом нужно знать по долгу службы.

— Как много ваших коллег могут похвастаться подобными достижениями? Вряд ли стоит обнародовать нечто, чего добились как минимум половина сотрудников.

И наконец, главное. Объявление всегда выглядит более скромным, если новость сообщается от третьего лица. Не «посмотрите на мое интервью в WSJ», а «Васю процитировали в WSJ». Самый простой путь к такому объявлению — послать новость непосредственному начальнику в надежде, что тот разошлет ее по списку, но далеко не все начальники любят это делать. Стоит посмотреть вокруг и подумать: а кто был бы заинтересован разослать другим подобный материал, для кого он служит косвенным доказательством успеха в своей области? Например, начальник отдела связи с прессой, скорее всего, будет рад показать другим хороший отчет аналитика или ваше интервью в престижном издании. CMO будет по праву гордиться хорошим результатом маркетинговой кампании в вашей области, даже если вы не подчиняетесь ему лично, а глава отдела продаж — заключением нового контракта.

Другой, более скромный, а потому часто более комфортный способ похвастаться достижениями — это отправить информацию приватно только тем немногим людям, мнением которых вы дорожите. Вы даже можете поиронизировать над собой и честно признаться, что хотите похвастаться. Вашему ментору, бывшему руководителю или постоянному контакту в индустрии может быть приятно получить более персонализированное письмо, в частности, содержащее информацию о вашей последней победе. Это совершенно не гарантирует, что кто-то из них отправит информацию дальше. Но тем не менее, донеся новость до трех-четырех важных для вас адресатов, вы уже положительно повлияли на свой имидж, не говоря о том, что новость, вероятно, рано или поздно всплывет в их беседах с другими.

Люди всегда воспринимают сообщения о достижениях положительно, если вы находите возможность поблагодарить их за помощь. Когда я окончила MBA, то отправила свою выпускную фотографию в мантии и шапочке с кисточкой нескольким своим начальникам, ментору и паре коллег из других отделов с благодарностью за их поддержку во время обучения, а также терпение к задержкам и отсутствию в офисе по пятницам. Мне было приятно получить в ответ поздравления — и не менее приятно, что многие из них пересылали эту новость другим. Для начальника успех подчиненного — это во многом и его достижение. Это успех в привлечении талантливых специалистов, создании условий для их продвижения, то есть именно успех руководителя. И особенно приятно, если эта помощь не осталась незамеченной, за нее поблагодарили. Таким и поделиться приятно. Так что если ваш имейл написан так, что вашему руководителю захочется переслать его коллегам, то он, скорее, это сделает.

Если вы, в свою очередь, являетесь начальником, то помните, что достижения ваших подчиненных положительно сказываются на образе вашего отдела. Не стесняйтесь делиться хорошими новостями и поздравлять своих сотрудников — это не только сильный мотивационный фактор для них, но и вклад в ваш собственный имидж.

Конечно, время положительных событий трудно создать искусственно — они случаются тогда, когда случаются. Но если у вас есть возможность выбрать день отправки новой информации, то стоит задуматься о решениях, на которые она может повлиять, особенно на периодическую оценку вашей работы. Как правило, в крупных компаниях проводится регулярное обсуждение результатов (например, годовое в конце финансового года, промежуточное — в середине), и вам, конечно, хочется, чтобы у обсуждающих было самое лучшее впечатление о вас. Не меньшее значение могут иметь продление контракта, переход с испытательного срока в штат или спланированное вами обсуждение зарплаты: важно, чтобы хорошие новости были получены уполномоченным лицом до, а не после принятия решения.

Известно, что человеческой памяти свойственно преувеличивать значение недавних событий и уменьшать — давно прошедших. Неслучайно каждый раз, когда очередной журнал проводит опрос о «великих людях столетия», в список попадают недавние президенты — хотя двадцать лет спустя их не будет не только в финальном списке, но и в заявках. Когда издательства проводят опрос о лучших книгах года, большое количество голосов всегда получают новинки, вышедшие в последние пару месяцев, так как они у всех на слуху. Опрос зрителей по фильмам десятилетия не обходится без только что появившихся на экранах картин. Это не значит, что достойные, но подзабытые в список не окажутся — тем не менее хорошо раскрученные новинки часто получают больше голосов, чем они же получили бы какое-то время спустя. Так и в обсуждении оценок персонала: руководители лучше вспомнят недавние положительные новости и придадут им большее значение, а потому, если есть возможность выбирать не только список, но и время рассылки, этим стоит воспользоваться.

Внешнее пространство

Репутация и известность внутри компании — это начало, следующий этап — создание имени в индустрии. Хорошая известность за пределами своей компании полезна во многих отношениях. Во-первых, имидж эксперта открывает вам путь к новым контактам, а следовательно, к расширению бизнеса, потенциальным партнерствам, престижным выступлениям, участию в проектах и альянсах. Во-вторых, известность может пригодиться при потенциальной смене работы в будущем, чтобы привлечь рекрутеров или просто расширить сеть знакомств. Более того, она делает вас более ценным сотрудником, позволяя влиять на мнение о тенденциях на рынке, продуктах и стратегии компании.

В прошлом единственным способом донести свой успех до масс были пресса и отчеты аналитиков. Они не теряют своей актуальности и сегодня, разве что все больше переходят в электронный формат. Но главное, доступ к коммуникациям стал куда демократичнее: любой может добиться известности без помощи пиар-агентства — в мире социальных медиа каждый сам себе и звезда, и журналист. Одним из лучших способов создания и поддержания репутации, в том числе рассказа о достижениях, являются социальные сети — блоги, Twitter, LinkedIn, Facebook (конечно, для тех, кто использует их для общения с более широкой группой контактов, чем близкие друзья). С одной стороны, естественно использовать блог или страницу для того, что сообщить вашим контактам в индустрии об успехах и достижениях. С другой стороны, вряд ли он привлечет много читателей, если не будет содержать никакой другой информации: люди читают блоги, которые им интересны.

Существуют разные мнения о том, следует ли делать блог сугубо профессиональным или можно включать в него личные записи, например рассказы об отпуске или отзывы о фильмах. Я придерживаюсь той точки зрения, что менее

формальный личный блог позволяет, во-первых, не дубли-
ровать записи в различных местах, а во-вторых, получать
удовольствие от более полного общения: вы предстаете
живым человеком, а не безликим экспертом. Сколько раз
во время приемов или конференций аналитики или коллеги
по цеху расспрашивали меня о недавней поездке или другом
событии, описанном в фейсбуке. И это лишь способствовало
тому, чтобы «растопить лед», начать разговор, прежде чем
углубиться в более профессиональные темы.

Сегодня в большинстве крупных компаний введены правила участия сотрудников в социальных медиа. Например,
правила IBM требуют, чтобы они не скрывали своего реального имени, не прикидывались кем-то иным, не ввязывались
в излишне горячие дискуссии, само участие в которых может
неблагоприятно отразиться на имидже компании. Требуется
также вести себя вежливо, четко определять свое мнение
как личное, а не представляющее точку зрения корпорации,
особенно по вопросам вне ее области деятельности, и придерживаться правил сохранения коммерческой тайны. При
соблюдении такого простого кодекса компания лишь получает
пользу от того, что ее сотрудники ведут блоги. Заказчикам
или инвесторам всегда приятно иметь дело с экспертами,
да и просто живыми разносторонними людьми, со своими
интересами и хобби.

Как правило, у людей, знакомых с азами деловой культуры
и этики, хватает ума не приписывать компании точку зрения,
высказанную в личном блоге ее сотрудника, ясно помеченном
как личный, даже если он или она занимает высокую позицию
в компании и влияет на ее стратегию. Тем не менее в русских
новостях и форумах я порой встречала ссылку на свое мнение
об очередной серии «Гарри Поттера», высказанное в «Живом
журнале», но обозначенное как «точка зрения вице-президента IBM», как будто мое место работы влияло на восприятие
кинофильма. Мне приходилось оставлять разъясняющий
комментарий на эту тему — сам того не желая, автор поста

ставил меня в неудобное положение. Подобное происходит от недостатка деловой культуры общения и, будем надеяться, быстро исчезнет по мере интеграции россиян в мировое сообщество.

Однако блог на сайте компании всегда выражает ее позицию по тем или иным вопросам. Есть прекрасные примеры того, как CEO ведут интересные блоги, привлекая внимание к ведущим проектам своей компании, и, конечно, они придерживаются довольно ограниченного круга тем. Если вы ведете блог на сайте компании, вряд ли стоит писать о вещах, не относящихся непосредственно к ее сфере деятельности или индустрии, другими словами — выходящих за рамки профессиональной дискуссии.

Говоря о положительных аспектах саморекламы, нельзя не упомянуть о базовых «принципах гигиены». На сегодняшний день уже так много написано о необходимости внимания к своей репутации в сети, что я не буду повторять советы поддерживать актуальным профиль в LinkedIn и очистить электронное пространство от компрометирующих фотографий. В двадцать лет трудно представить себе, что через десятилетие подобное фото может отрицательно повлиять на решение рекрутера рекомендовать вас на позицию. Сегодня проверки имиджа будущих сотрудников по сети становятся рутиной и реальностью — и некоторым приходится пожалеть о прежней неряшливости. Так что любителям выставлять обнаженные части тела в известном блоге следует подумать о том, стоят ли пять минут сомнительной славы того, чтобы закрыть себе некоторые двери в будущем.

Помимо электронных средств информирования о своих достижениях есть средства традиционные: статьи в профессиональной прессе, книги, выступления. Если для научной среды это более чем привычные формы, среди финансистов или маркетологов они менее распространены. Во многом это объясняется конфиденциальностью используемых данных или нежеланием делиться «ноу-хау» с конкурентами. Однако и в этом случае можно найти способы создать себе репутацию профессионала в определенной области, например через участие в клубах и «круглых столах» вашего университета. Так, одна моя знакомая по Колумбийскому университету, CMO* небольшой организации, задавшись вопросом поиска новой работы, начала с того, что стала сопредседателем одного из маркетинговых клубов выпускников. Это и позиционировало ее как эксперта в своей области, и позволило сильно расширить круг профессиональных контактов, что со временем привело ее к желаемой вакансии.

Я довольно схематично описываю последнюю часть, потому что широкая известность и репутация профессионала вне предела узкого круга полезна, но совсем не является необходимой составляющей успешной карьеры. Масса высокопоставленных руководителей никогда не заводили блогов, не писали книг, не слишком любят общаться с прессой или выступать чаще, чем необходимо им по должности. Использование различных средств коммуникации для создания своей репутации и имиджа — лишь инструментарий. Одни осваивают его виртуозно, и он помогает им в карьерном продвижении, другие ограничиваются минимумом, опираясь на иные средства. Скорее всего, как и в боевиках, каждый герой должен выбрать оружие, которое ему подходит, — и в совершенстве им овладеть.

Честность и аутентичность

Отдельное место в вопросе коммуникаций занимают способности к ясной и краткой корпоративной переписке, а также необходимое для более высоких руководящих постов умение выступать перед большой аудиторией. И о том и о другом написано немало книг, существуют специальные тренинги.

---

* Chief Marketing Officer, глава маркетинга компании. *Прим. ред.*

Поскольку о них следует поговорить отдельно, мы посвятим им по главе. Но есть один очень важный момент, на котором мне бы хотелось остановиться, говоря о коммуникациях в связи с переходом в старшее руководство: умение быть честным и аутентичным, не скрывать проблем и не стесняться просить совета.

Такого рода «прозрачность» важна на всех этапах карьеры. Вряд ли ваш начальник обрадуется, если какие-либо происшествия или отставания от плана окажутся для него неожиданным сюрпризом. При переходе на более высокий уровень — где и ответственность, и профессионализм, и занятость коллег выше — аутентичность и честность становятся еще важнее.

Марк Темплтон, возглавляющий Citrix, на момент написания книги находится на своем посту дольше всех CEO публично торгуемых компаний — с 1999 года. Однако в 2000 году, спустя всего шесть кварталов после назначения, он был на год смещен с должности.

— Я не держал совет в курсе происходящего и тех трудностей, которые мы испытывали, — рассказал он об этом в интервью New York Times в сентябре 2012 года*. — Я старался разобраться с этими проблемами самостоятельно, как многие новички. После того как мы значительно отстали от плана, совет решил начать открытый поиск моей замены...

Благодаря отчасти удаче — найденный кандидат в конечном счете не устроил совет, и поиск начали заново, — отчасти результатам собственной работы за это время Темплтон снова возглавил компанию. Среди полученных уроков он прежде всего называет умение поддерживать эффективный диалог с внешним советом директоров:

— Я усвоил несколько важных вещей. Во-первых, помни, что ты член команды и что команды берутся за решение

---

* http://www.nytimes.com/2012/09/23/business/mark-templeton-of-citrix-on-the-big-career-choice.html?pagewanted=all&_r=0

больших проблем сообща. Не нужно решать их в одиночку. Более того, будучи CEO, ты член сразу двух команд: внешнего совета директоров и непосредственного руководства компании. Во-вторых, коммуникации с советом действительно критичны для твоего успеха, потому что именно через них ты получаешь необходимые рекомендации о том, как управлять компанией в тяжелые времена.

Лидерам, имеющим историю успеха и побед, нелегко бывает признать, что им необходима помощь, что финансовые результаты компании оставляют желать лучшего, а меры, предпринятые руководством, не принесли ожидаемых результатов. Тем не менее именно честность и прозрачность в коммуникациях с советом является залогом вывода бизнеса из кризиса, дает возможность получить рекомендацию, финансовую помощь или выход на другие структуры и организации. То же самое верно и на более ранних стадиях карьеры. Если вы не можете решиться признать совершенные ошибки или неудачи в диалоге с руководством, с высокой вероятностью проблемы всплывут до того, как вы сумеете с ними справиться, и окажутся неприятным сюрпризом. А значит, вы утратите кредит доверия, который будет очень сложно восстановить. Успешные коммуникации, столь необходимые для роста в корпоративном мире, — это не только умение вовремя растиражировать информацию о победах, но и мужество признаться в поражениях и попросить о помощи, чтобы спасти бизнес и избежать больших проблем.

Глава 13

Эффективность в деловой переписке

Гениальность — это умение отобразить то, что у вас на уме.
*Фрэнсис Скотт Фицджеральд**

У нас есть четыре секунды, чтобы произвести первое впечатление на человека, и оно во многом определяет атмосферу встречи в течение последующего часа. Если мы посылаем вместо себя на встречу цепочку букв, правило остается в силе. Да и выставить такого посланца за дверь слишком просто: кликом мышки. Именно поэтому мы иногда оказываемся первыми и последними читателями своего имейла, письма к потенциальным заказчикам или резюме с сопроводительным письмом. А все потому, что предназначены они занятым адресатам, давно утратившим любовь к литературным длиннотам, по крайней мере в деловой переписке.

Количество информации в сетях и базах удваивается каждые пару лет, а сутки никак не растянутся более чем на двадцать четыре часа — всего не прочитаешь. За невозможностью переезда на Венеру, оборачивающуюся вокруг своей оси целых 243 земных дня, люди вырабатывают защитную реакцию: читают только то, что легко воспринять, а остальное удаляют, делегируют или откладывают на никогда не наступающее «потом». Кроме того, активное использование

* Genius is the ability to put into effect what is on your mind.

фейсбука, твиттера и SMS приучает к тому, что все стоящее внимания можно сказать кратко.

Особенно это характерно для руководителей, привычно просматривающих электронную почту в перерывах между встречами или в поездке. Общее правило эффективной коммуникации расстроит многих: чем выше начальник, тем больше он получает почты и тем меньше у него свободного времени. Зато есть возможность не разбираться в присланном самостоятельно, а поручить это другому. Значит, чем выше адресат, тем короче и яснее должно быть ваше письмо. Объясняя это подчиненным, я обычно предлагаю представить меня и всех остальных руководителей больными синдромом дефицита внимания (ADD) в прогрессирующей стадии. Чем выше положение получателя, тем легче для понимания при «сканирующем» чтении должен быть текст. Это не относится к финансовым таблицам или планам продаж в приложениях, но важно для описательных имейлов.

Соответственно, чем выше ваши карьерные амбиции, тем важнее для вас научиться доносить свои мысли четко и кратко. Если вы хотите, чтобы в вас видели будущего руководителя высокого уровня, то должны создавать своими текстами надлежащий образ.

Многие книжки об эффективной переписке написаны либо давно, либо людьми, никогда не работавшими на уровне старшего руководства. А потому гораздо больше внимания в них уделяется проблемам коммуникаций на нижних «этажах» организации: подбору правильной лексики, протоколу и структуре и куда меньше — краткости.

Размер имеет значение

Имеет, имеет — и, в отличие от многих других областей деятельности, обратно пропорционален производимому эффекту. С тем, что краткость — сестра таланта, согласятся все, вот только само понятие краткости у всех различно.

Исключения лишь подтверждают правила, но в принципе хороший образец офисной переписки не должен превышать полстраницы: читающие с ноутбука (а тем более со смартфона) не любят прокручивать текст вниз.

Конечно, бывают и исключения — например, если нужно донести детали состояния проектов, обсуждавшихся на встрече. Однако такими случаями не следует злоупотреблять, и неплохо признать их нестандартность, извинившись в начале письма за длинный текст. Если же характер документа требует сопутствующих таблиц или деталей, их лучше убрать в приложение или предложить прислать по запросу. На худой конец, можно предварить основной документ коротким изложением главного — например, цель письма, ключевые мысли и цифры, желаемые действия, — а уже после излагать материал детально.

Краткость — это умение избегать лишнего. Не надо тратить абзац во вступлении на объяснение главе отдела, почему его бизнес важен. Переходите к делу. В английском языке есть хорошее выражение «проповедовать хору». Подразумевается, что поющие в церковном хоре, скорее всего, убеждения проповедника целиком и полностью разделяют, взывать к ним — только время терять. Так что, если нужно сослаться на быстрый рост или прибыльность направления в письме к человеку, явно с вами согласному, не стоит писать эссе, проще сразу перейти к сути.

Периодически все руководители продаж продуктовых линий или сегментов рынка рассылают сотрудникам массовые имейлы о новых предложениях, стратегии или обучении. Каждый раз на новом месте, получая черновик такого текста от отдела коммуникаций, я прошу их уменьшить текст на четверть и убрать первые два-три предложения. За год работы с одним и тем же отделом мы обычно доходим до необходимости убрать десять процентов. Самое интересное, что практически в любом тексте находятся куски, которые можно сократить без потери смысла. Лишнего времени читать такие объявления ни у кого нет: надо либо сразу переходить к делу, либо заранее смириться с низким процентом прочитавших.

Отдельное слово о краткости для русскоязычных читателей, пишущих на английском языке: любовь к многострочным предложениям особенно характерна для выросших на романах Толстого. В золотой век русской классики растянутое на страницу предложение было признаком классического образования и возможностью неограниченно восхищаться искусством прозы. В современной деловой переписке на английском *предложение длиной более полутора строк считается затянутым.*

Длинные абзацы тоже лучше оставить литературным романам: текст, разделенный пустыми строками, воспринимать легче, чем сплошной поток. Мне это объяснил мой первый американский начальник. Тогда я взяла себе за правило перечитывать текст и дробить все, что вылезало за пределы «прокрустова ложа». Поначалу мне приходилось не только разбивать каждое предложение на два, но и каждое полученное дробить на два новых. Зато через год я стала получать комплименты от коллег по поводу умения четко излагать свои мысли.

Проводя анализ причин или намечая основные цели, не увлекайтесь. Люди редко запоминают больше трех-пяти пунктов. Вряд ли они одинаково важны и стратегичны. Так что, если мы по-прежнему обсуждаем дсловую записку, а не обзор биологических видов Средиземноморья, лучше выделить самые главные пункты — и ими ограничиться. В конце концов, если ваша команда добьется трех основных целей, так ли важны следующие? Скорее всего, они могут подождать до тех времен, когда их хотя бы смогут запомнить. Лучшие ораторы, лидеры и консультанты, с которыми мне приходилось сталкиваться, ограничиваются тремя пунктами.

Краткость не означает отсутствие вежливости, совсем не стоит впадать в телеграфный стиль. Негативизм или рубленые фразы, звучащие как приказ, отталкивают читателя, в них нет никакой необходимости. Благодарность за заданный вопрос или краткий комментарий об удачном интервью адресата в начале текста лишь улучшат его: вряд ли они заставят читателя отложить письмо раньше времени. Даже в кратком тексте можно использовать обороты, передающие конструктивный подход к делу, а не командно-приказной тон. Сравните два текста:

> «Спасибо за ваше письмо. Я согласна, что проблемы с качеством негативно влияют на продажи.
> Мы приняли следующие меры: 1), 2), 3).
> Пожалуйста, поставьте своих заказчиков в известность. Давайте созвонимся после вашей встречи и поговорим о следующих шагах».

Или:

> «О проблемах мы знаем. Меры уже приняты: 1), 2), 3).
> Передайте заказчику и сообщите о его реакции».

Согласитесь, первое вызовет более положительную реакцию, при том что оно несколько длиннее.

Замок строят с фундамента

Начинать возведение здания с готических башенок непрактично. Те, кто приступил к фундаменту, потом к первому этажу, потом ко второму, имеют шансы скорее получить место для ночлега. То же самое верно и для текста. *Начав с основной идеи,* а потом уже переходя к деталям, вы увеличиваете свои шансы донести до читателя или слушателя нечто важное.

Лучше всех мне это объяснил тренер, обучающий партнеров крупной консалтинговой компании искусству презентаций: «Если вы изложили основную мысль на первой странице и слушатели согласились с вами абсолютно и безоговорочно, нужны ли следующие двадцать страниц деталей?»

Далее, если за основным тезисом следует разбор нескольких случаев (разделов, продуктов, ситуаций), то неплохо обозначить переход к разбору однородных объектов, а затем можно описывать каждый из них по отдельности. Это поможет легче ориентироваться в документе, даже если он представляет собой короткое письмо.

Есть люди, уделяющие большее внимание деталям, есть те, кто прежде всего видит картину в целом. Без такой картины трудно принимать важные для бизнеса решения. Так что даже те, кто по натуре своей концентрируется на мелочах, по мере продвижения к более высоким позициям привыкают вначале смотреть на главное, а уже потом углубляться в детали.

«Основное» является достойным фундаментом сообщения, если оно может заинтересовать читателя. Вряд ли разработчик баз данных увлечется документом, начинающимся со слов «Я хочу предупредить вас об изменениях в налоговом кодексе для фармацевтических компаний и предложить свои услуги...». А значит, следует помнить, кто ваш читатель, и подумать, что именно для него важнее всего. Очевидно? Совсем нет. Достаточно заметить, что немалое количество писем потенциальным работодателям начинаются с описания биографии длиной в добрую страницу, без объяснения, что именно человек может сделать для их компании.

Призыв к действию

На какие действия вы хотите меня подвигнуть, посылая страницу текста? Как ни прост этот вопрос, огромное количество людей начинают, как Чебурашка, издалека (например, с трехстраничного описания технологии своего стартапа), не сказав, для чего именно они послали письмо: предложить сотрудничество в конкретной области или просто вызвать немое восхищение полетом человеческой мысли.

Иногда сотрудники полагают, что начальник сам догадается, чего от него хотят, посылая, например, жалобу на отсутствие внимания соседнего отдела к проекту. Если ваша цель — выпустить пар, то, несомненно, такой имейл окажет временный терапевтический эффект. Более конструктивный подход заключается в том, чтобы *сопроводить описание проблемы предложением действия, которое вы бы на месте начальника совершили.* Например: «Предлагаю, чтобы вы назначили общую встречу, на которой и мы, и они отчитались бы о полученных результатах — сразу будет видно, где проект пробуксовывает». Или, если все перепробовали и идей нет, то *попросить совета, как поступить.*

Возможно, цель письма — просто держать руководителя в курсе дела на случай возможных проблем или будущих обращений за помощью? Тогда хорошо бы обозначить это в самом начале — человек не будет гадать, требуется ли от него что-нибудь и не подозреваете ли вы, что у него припрятана волшебная палочка для решения всех проблем.

Если вы просите о действиях — правило трех пунктов по-прежнему остается в силе, более того, *действия должны быть достаточно конкретными.* Например, не стоит просить сотрудников отдела продаж в одном письме, чтобы они проводили презентации нового продукта, прошли курс обучения, продавали больше, выделяли потенциальных референтных заказчиков, согласившихся подтвердить качество продуктов или сервиса другим, хорошо работали с отделом продаж другого продукта, приглашали заказчиков на семинары, сообщали в штаб-квартиру о проблемах... Стоп, что там было про презентации? Три действия максимум — можно меньше — и как можно более конкретных, с указанием времени совершения, если оно важно. Например: «Просим каждого из вас пригласить не менее трех заказчиков на семинар» или «Пожалуйста, назначьте встречу с представителем соседнего отдела в вашей стране в ближайшие две недели, чтобы договориться о плане совместной работы».

Об эффективных презентациях и искусстве делового письма написаны тома. К сожалению, не все их интересно и легко читать — но если вы дочитали этот текст до конца, то, видимо, некоторая часть описанных в нем приемов работает.

Глава 14

Расчетливый риск и собственная точка зрения

> Те, кто жертвует основными свободами
> ради временной безопасности, не заслуживают
> ни свободы, ни безопасности*.
> *Бенджамин Франклин*

> Не следуйте за толпой, пусть она следует за вами**.
> *Маргарет Тэтчер*

Однажды владельцы овчарки рассказали мне, как одна собака, бегая по кругу, удерживает вместе целую отару овец. Оказывается, в случае опасности у овцы срабатывает инстинкт: забиться как можно глубже в центр стада. В результате отара утрамбовывается все плотнее: толпа начинает контролировать и охранять сама себя. А потому одной овчарки, носящейся вокруг с громким лаем, хватает, чтобы овцы не разбежались. Происхождение инстинкта понятно — при нападении волков у овцы нет никаких средств защиты, кроме как подставить соседа, в отличие, например, от быков, выставляющих рога навстречу хищникам.

Что вы делаете, когда наступают тяжелые времена? Предлагаете неожиданные подходы и непопулярные решения?

---

* They who can give up essential liberty to obtain a little temporary safety, deserve neither liberty nor safety.

** Don't follow the crowd, let the crowd follow you.

Спорите, если потребуется, с руководителем — пусть и при закрытых дверях — о верном подходе? Рискуете, предприняв неожиданные шаги? Или стараетесь не раскачивать лодку и не выделяться из толпы, а то и подставить соседа?

Именно в этом нередко и состоит разница между начальником первого-второго уровня и лидером, выбивающимся в высшее руководство компании. От первого требуется наличие дисциплины и контроля в своем отделе, четкое выполнение стратегии, по возможности — оптимизация ресурсов на ее внедрение, планомерное повышение производительности труда. От второго — личная ответственность за стратегию, способность к расчетливому риску и шагам, определяющим судьбу компании. Первый управляет, второй ведет. От первого требуется уважение к процессам и процедурам, послушное внедрение принятых изменений и контроля. От второго — умение определить, куда идти, а это, в свою очередь, часто означает поиск своей, особенной дороги или бизнес-модели. В критические моменты на передний план выходит не послушание, а оригинальное мышление, не уважение к сложившимся авторитетам и обычаям, а умение ставить их под сомнение.

Игра вне правил

Вспомните своих одноклассников-отличников, имевших постоянную «пятерку» по поведению. Многие ли из них заняли высокие руководящие позиции в бизнесе или стали выдающимися учеными, несмотря на хорошие академические знания и трудолюбие? А теперь подумайте о тех школьных знакомых, которые добились большого успеха... Были среди них прилежные тихони? Скорее всего, нет. Обучение и успех в предпринимательстве — будь то создание собственного бизнеса или любая другая ответственность за крупную структуру — требуют разных качеств.

На всякий случай сделаю пару оговорок. Прежде всего поиск собственного пути вне существующих правил и моделей не означает криминального поведения. Нарушение законодательных норм, независимо от прибыли, в век Sarbanes-Oxley и UK Bribery Act* быстро закончит вашу корпоративную карьеру. Успех в бизнесе требует риска, но нарушение регулятивов SEC или законов страны заканчивается крупными потерями. Привыкшим работать в странах с высокой степенью коррупции это может показаться странным и даже наивным. Но могу вас заверить, что американские и европейские компании с каждым годом придерживаются все более и более серьезных правил, а уволенным за их нарушение все сложнее найти работу в век социальных сетей и легкого доступа к информации о прошлых «подвигах».

Кроме того, практически все мы получили школьный аттестат и почти любой старший руководитель был начальником младшего звена. А это значит, что яркая индивидуальность, умение принимать расчетливый риск, любознательность и самостоятельность мышления в большинстве случаев сочетаются в них с умением играть вторую скрипку и внедрять стратегию, принятую вышестоящими. Те, кто обладает лишь качествами из первого списка, плохо уживаются в корпоративной среде. Именно с этого уровня — вроде бы уже руководитель, но при этом осознающий ограниченность своего влияния на ключевые решения — предприниматели и бунтари часто уходят открывать собственный бизнес.

Другой стороной той же медали является факт, что именно необходимость пройти этот уровень — а в крупных компаниях это затягивается надолго — служит одним из факторов естественного отбора.

---

* Закон Сарбейнза–Оксли подписан президентом Бушем в 2002 году после нескольких громких корпоративных скандалов. Содержит ряд требований для акционерных обществ открытого типа относительно финансового контроля, раскрытия информации и проч. Закон Великобритании о взяточничестве, вступивший в силу в 2011 году, призван противодействовать коррупции как на государственном уровне, так и на уровне частных компаний. *Прим. ред.*

Последнее замечание отчасти затрагивает проблему женщин, делающих карьеру в крупных организациях. Статистически они менее склонны не соглашаться с вышестоящими и предлагать свой собственный путь решения, чем их коллеги-мужчины. Именно этим, в частности, одна из популярных статей* в Harward Business Review объясняет тот факт, что, согласно недавнему опросу, женщины занимают 51,4% профессиональных позиций и нижних управленческих позиций в американских компаниях из списка Fortune 500, но лишь 4,2% постов CEO**. Именно умение задавать сложные вопросы, спорить и убеждать других в собственной правоте является одним из важных качеств для продвижения в верхние слои компании.

В интервью популярной телепрограмме «60 минут» Шерил Сэндберг, COO Facebook, рассказала о своем первом обсуждении результатов работы с CEO компании Марком Цукербергом***. Он посоветовал ей перестать пытаться всем нравиться:

— Ты не продвинешься вперед, соглашаясь со всеми вокруг. Чтобы вырасти, нужно высказать нечто, с чем люди не согласятся.

Однако есть много примеров — хотя бы те же четыре процента женщин-CEO и шестнадцать процентов женщин — членов советов директоров Fortune 500, — демонстрирующих, что это умение вовсе не предопределено генетически. Некоторые линии поведения во многом определяются социальными факторами и воспитываются в нас с детства. Традиционные общественные нормы приветствуют в женщинах покладистость и добрый нрав куда больше великих завоеваний и страсти к приключениям. Да и родители куда

---

* http://blogs.hbr.org/cs/2013/01/women_need_to_realize_work_isnt_schol. html?utm_source=Socialflow&utm_medium=Tweet&utm_campaign=Socialflow

** Catalyst. Catalyst Pyramid: U.S. Women in Business. New York: Catalyst, 2013.

*** http://t.co/GF8hv0iLhL

чаще волнуются за беззащитных дочек-куколок, чем за сыновей-сорванцов.

В детстве нас учат быть послушными и слушаться старших. Девочек чаще хвалят за такое поведение, чем мальчиков, если те уклоняются от драк. Мальчикам скорее не простят трусость, чем мелкое хулиганство и определенное «сотрясание» норм поведения. Интересно, что частым исключением из правил становятся женщины, у которых было много братьев, те, кого воспитывали отцы-одиночки, или те, в ком видели «заменителей» наследников мужского пола. Те, кто с детства вынужден соревноваться с другими, кого естественным образом втягивают в игры и развлечения, требующие риска и адреналина, кому не пеняют за помятые оборки и растрепанные волосы, чаще приобретают привычку думать за себя и без страха искать собственный путь. И именно это качество — умение быть возмутителем спокойствия — часто оказывается одной из необходимых составляющих перехода в лидеры корпоративной иерархии.

Что делать тем, кто от природы не обладает зачатками бунтарства, кто всю жизнь придерживался правил и не раскачивал лодку? Один из советов, который приходит на ум: помогите другим пытающимся это сделать. В следующий раз, когда ваш подчиненный придет к вам с идеей, полезной для бизнеса, но требующей изменить статус-кво, не убивайте ее на корню, поддержите его в презентации и продвижении нового подхода. И вы сами удивитесь, как странная идея, пусть и модифицированная в процессе обсуждений, может породить инновацию у вас в отделе.

Расчетливый риск

Спор с вышестоящими неизменно связан с риском для карьеры и заработка. Но это далеко не главный и не единственный риск, на который идут старшие руководители. Куда важнее риск, связанный с повседневным принятием финансовых, кадровых, инвестиционных, коммерческих и других деловых решений. Чем серьезнее потенциальные негативные последствия, тем тяжелее груз на плечах тех, кто должен сделать выбор. В ряде компаний для стабилизации такого процесса наиболее важные решения принимаются коллегиально. Например, покупка компании до определенного размера может требовать разрешения совета по слияниям, а свыше — совета директоров. Однако в конечном счете именно решения нескольких ключевых фигур во многом определяют будущее организации.

Принимать их наобум, не осознавая последствий, нельзя — это быстро приведет к краху. Речь идет именно о расчетливом риске. Тем не менее, как бы ни были хорошо рассчитаны и задокументированы прибыльность, денежный поток, факторы риска и статистика прошлых лет, в любом решении о вложении средств остается элемент непредсказуемости. Как бы ни был кандидат хорош на интервью и по отзывам коллег, никогда до конца не знаешь, как он впишется в команду, какие решения примет, где неожиданно подставит людей и дело, как отреагирует на трудности в момент сильного стресса. Любое сложное решение таит в себе риск. Страх перед ним, однако, часто парализует людей, вышедших на тот уровень, когда все серьезные решения уже нельзя отправлять на стол более высокому начальству.

Менеджеры среднего звена часто пользуются репутацией выдержанных и стабильных именно потому, что уклоняются от рискованных решений. Столкнувшись с проблемой, они прибегают к помощи вышестоящих. А их руководители далеко не всегда настаивают на претворении в жизнь их собственных рекомендаций, прежде чем высказать свои. И еще реже дают подчиненным совершить собственные ошибки. Более того, часто такая стабильность становится своего рода фактором отбора. В попытках уменьшить негативный эффект от неразумных решений на более низком уровне компании вводят все новые и новые требования по утверждению решений наверху. Тем самым они снижают требования к умению рисковать для тех, кто находится на нижнем и среднем уровне руководства.

А это, в свою очередь, приводит к резкому уменьшению количества младших руководителей, способных к риску. К тому же часть их понемногу «вымывается» в личное предпринимательство или более мелкие компании, почувствовав, что мало влияет на решения, определяющие результат дела. Корпоративный мир, потрясенный кризисом, историями серьезных нарушений и связанных с ними убытков, пытается уменьшить потенциальное влияние личных ошибок. В результате первичный отбор в менеджмент все меньше зависит от принятия решений, связанных с риском, и все больше определяется другими факторами — умением работать с другими, согласовывать решения, поддерживать дисциплину внедрения общей стратегии. Не случайно умение рисковать — редкое качество для директоров и вице-президентов глобальных компаний, особенно старых и публично торгуемых, где гораздо больше сотрудников, проработавших в организации десятки лет, и сильнее тенденция придерживаться традиций.

Насколько легко вы идете на риск? Ради интереса задайте себе следующие вопросы:

— Какое мое рабочее решение в последние пять лет потребовало наибольшего риска? Каково было его влияние на бизнес компании?

— Какое мое решение относительно собственной карьеры за последние пять лет потребовало наибольшего риска? Что в итоге получилось?

Я не раз спрашивала об этом кандидатов во время интервью, и, отвечая, люди неизменно задумываются. Считающие себя бунтарями-предпринимателями часто обнаруживают, что, несмотря на революционное недовольство стагнацией в бизнесе, они не сделали ничего более рискованного, чем изменение дизайна веб-сайта или смена поставщика. Работающим в таких областях, как слияние и покупка компаний, ответить несколько проще — пока не уточнишь, чем именно они рисковали, принимая решение: деньгами компании или тем, что их бизнес-кейс не понравится следующему уровню начальства.

Другое дело, если вы рисковали своей рабочей репутацией, приняв серьезное решение в условиях недостатка данных. Или подняли на обсуждение неприятный вопрос о необходимости изменения бизнес-модели или существенного сокращения расходов, без которого компания понесла бы убытки. Или вступили в аргументированный спор с руководителем на несколько уровней старше вас и выиграли. Или рискнули нанять на работу необычного кандидата, впоследствии оправдавшего надежды. Или пролоббировали серьезные изменения в план разработки продукта, поставив на кон его коммерческий успех и свое дальнейшее повышение.

Согласно гарвардским исследованиям, у людей, регулярно добивающихся выдающихся результатов, желание рисковать притупляется по мере восхождения по карьерной лестнице. То же верно и для возраста — лишь очень немногие отваживаются попробовать новые виды спорта после сорока. Об этом хорошо помнить и периодически спрашивать себя, способны ли вы по-прежнему принимать решения на основе недостаточной информации, поднимать непопулярные вопросы или расшатывать привычные предположения.

Можно ли развить в себе умение лучше оценивать и принимать риск? Во многом комфортный для нас уровень неопределенности устанавливается еще в детстве. Тем не менее, определив свое текущее отношение к риску и проблемы, которые с ним связаны, можно развить в себе дополнительные способности.

Если вы рискуете слишком сильно с плохим результатом для компании или собственной карьеры, неплохо было бы проанализировать ряд недавних ситуаций. Были ли среди них общие триггеры — факторы или события, заставлявшие вас отложить расчеты и очертя голову броситься в бой, не задумываясь о последствиях? Если удастся выяснить, что провоцирует вас на излишний риск, то при наличии должной рефлексии появится шанс противостоять первому порыву. Например, если частой причиной являются подначивание со стороны партнеров или коллег, шутливое обвинение в трусости или попытки воздействовать на ваше эго, а не логику, найдите собственный ключ для возвращения к реальности. Таким помощником может послужить название последнего неудачного предприятия: повторите его несколько раз про себя — и минутное желание славы может заметно снизиться. Или возьмите себе за правило обязательно выдерживать период охлаждения: подождите один день, прежде чем принять решение дороже определенного финансового предела.

Если же, наоборот, вы слишком консервативны, то лучший способ стать смелее — это поработать с людьми, которые регулярно идут на крупный риск. Например, вам помогут несколько лет в слияниях и поглощениях или близкое сотрудничество с теми, кто часто заключает большого размера контракты на поставку сервиса и вынужден анализировать, что может пойти не так. Это области, неизменно связанные с риском и решениями, основанными на неполной информации.

Или примите на работу интересного, но необычного кандидата — например, слишком молодого или отличного по происхождению от большинства в команде. В карьере каждого из нас был момент, когда кто-то решил, что мы достойны, и «поставил» на нас, несмотря на акцент, недостаток прямого опыта или навыков. Рискните взять на работу «восходящую звезду» из другой области или кандидата, перепрыгивающего через две ступеньки карьерной лестницы. Если ваш риск основан одновременно на хорошем чутье и объективном анализе, вы можете удивить многих не только выбором, но и последующими результатами.

Умение импровизировать

Другое качество, о котором стоит поговорить, — это умение импровизировать и думать на ходу. Если бойскауты, студенты и молодые профессионалы часто выбиваются вперед за счет того, что не ленятся потратить время на подготовку, старшие руководители в современном мире попросту не имеют такой возможности. И дело даже не в том, что вы по нескольку раз в день оказываетесь на сцене — то вас попросят сказать несколько слов на встрече сотрудников, то неожиданно возник интерес у прессы или крупные заказчики оказались в офисе и хотят зайти познакомиться. В ситуации принятия большого количества решений и необходимости постоянно переключаться с вопроса на вопрос вы просто не знаете заранее, с чем столкнетесь сегодня: какие неожиданности поджидают в офисе, какие новости принесет ночная почта. Но в отличие от бойскаута или младшего сотрудника вы всегда на виду и не можете отойти в сторону подумать, при этом далеко не все решения можно отложить, и возникающие возможности тоже ждать не будут. Приходится совершенствоваться в умении импровизировать и думать быстро. Соответственно, люди, умеющие это делать с ранних стадий карьеры, естественным путем продвигаются вперед.

Одним из сдерживающих факторов роста выше определенного уровня является перфекционизм. Придуманная на ходу речь перед заказчиками или инвесторами не настолько хороша, как тщательно подготовленная, — но и возможность поговорить нередко возникает неожиданно, и не всегда беседу можно перенести. А значит, либо вы упустите свой шанс, либо смиритесь с мыслью, что основные факты и идеи у вас всегда в голове, а остальное вы дополните по обстоятельствам.

Умение импровизировать и думать на ходу совсем не означает, что вы перестанете готовиться к важным выступлениям или отчетам, но, несомненно, позволяет делать это выборочно. Оно также поможет быть гораздо эффективнее в управлении вашей организацией. Мало что так раздражает подчиненных, как руководитель, бесконечно откладывающий решения и неспособный определиться со своим мнением по самым мелким поводам. Иногда в такой паузе есть резон. Например, если вы знаете о перефинансировании компании или грядущей реорганизации, но не можете поделиться конфиденциальной информацией с подчиненными, то вполне разумно пообещать принять решение по новому проекту через две недели. Но если это случается постоянно и основная причина исключительно в том, что вы сами не знаете, чего хотите, это негативно скажется и на настроении, и на функционировании вашей компании.

Несомненно, степень решимости, риска и самостоятельности во многом определяется традицией и культурой вашей организации, а подчас даже отраслью. Так что если вы регулярно чувствуете себя не в своей тарелке, то, возможно, стоит задуматься о переходе в более комфортную для вашего характера среду. Допустимая мера риска и самобытности всегда зависит от окружения: то, что может показаться консервативным в одном месте, будет едва ли приемлемо в другом. Но в большинстве глобальных компаний, особенно работающих в условиях жесткой конкуренции, умение рисковать все равно является отличительной чертой старшего руководства. Дерзайте и выигрывайте!

Глава 15
Executive presence

Иногда делать лучшее, что мы можем, недостаточно;
иногда необходимо делать то, что требуется*.
Уинстон Черчилль

Несколько лет назад я вызвалась помочь чудесной женщине, только что получившей свою первую директорскую позицию. Она хорошо разбиралась в технических вопросах, добивалась хороших результатов в маркетинге, была доброжелательна с коллегами и мудра в отношениях с начальством. Тем не менее при обсуждении ее как перспективного сотрудника на повышение в дальнейшем руководитель Ш. охарактеризовал ее как «мячик для гольфа, запущенный в ванной комнате». Его коллеги пытались описать проблему различными словами: «не может себя найти», «не совсем определилась со стилем работы» и, наиболее часто, «не всегда обладает executive presence».

Став ее ментором, я поняла, что проблема довольно легко поправима, потому что источником ее было не отсутствие знаний или сложно изменяемые личные качества, а, скорее, поведение, имидж и манера держаться. Ш. очень быстро приходила в состояние возбуждения и выстреливала в собеседника сотней слов в минуту, часто вдаваясь в незначительные мелкие детали. Она буквально не давала никому

---

* It's not enough that we do our best; sometimes we have to do what's required.

вставить слово, а услышав все-таки ответ, опять начинала энергично излагать свое ви́дение. Собеседники чувствовали себя буквально оглушенными и подавленными таким напором, а потому нередко старались поскорее завершить беседу и убраться с дороги.

Когда вы представляете себе старшего руководителя, он может иметь какой угодно возраст и пол, но наверняка в списке ассоциаций с этим образом будет ощущение, что его слова имеют вес. Вообразив беседу с человеком, вызывающим уважение, вы представите его хорошим слушателем. Думая о руководительнице старшего эшелона, вы, наверное, назовете среди ее качеств стратегическое мышление, аналитические качества, представительность, но не пулеметную речь и невозможность вставить слово.

После того как всего за пару месяцев Ш. научилась говорить медленно, задавать вопросы, интересоваться мнением других людей перед тем, как высказать свое, отношение старшего руководства к ее перспективам начало меняться. Она и сама почувствовала перемену в восприятии себя окружающими, о чем радостно рассказала во время нашей очередной встречи.

В английском языке есть несколько различных терминов для обозначения целого набора качеств, позволяющих воспринимать его обладателя как старшего руководителя. Чаще других встречается executive presence, но нередко люди пользуются и другими выражениями, такими как wow factor или personal brand. Дело в том, что это очень субъективная и отчасти спорная оценка, но, поскольку она влияет на ваше продвижение, о ней все равно придется поговорить.

Если вы обладаете executive presence, вы выделяетесь, вас легко представить в роли начальника, вас хотят повышать, давать вам важные задания и представительские функции. Вы производите на людей впечатление, они слушают вас, легче принимают ваши аргументы, хотят вести с вами бизнес. Уверенность в себе? Личная привлекательность? Харизма?

Владение материалом? Стиль и хорошие манеры? Умение внушать уважение? Обстоятельность и вес в обсуждении? В какой-то мере все вышеперечисленное. Ощущение сильной личности, умение производить на людей впечатление и одновременно располагать их к совместной работе, слушать других и быть услышанным, вежливость в обращении и осознание собственной силы — положительные качества и внешние атрибуты, ассоциирующиеся у большинства людей со словами «лидер», «руководитель», «начальник».

Известно, что, если хочешь получить должность, желательно выглядеть и вести себя как человек, который уже ее занимает. Справедливость требования для повышения таких навыков, как профессиональные знания и результаты, ясность в коммуникациях и рациональность в принятии решений, оспорить трудно. А вот необходимость наличия executive presence может вызвать целый ряд споров — отчасти из-за субъективности оценки, отчасти из-за исторических факторов.

В середине прошлого века требование выглядеть «по должности» ни у кого не вызывало нареканий. Но затем в корпоративный мир пришли меньшинства — женщины, представители других национальностей и рас, люди, обладающие определенными физическими недостатками. Требование «выглядеть как начальник» стало звучать противоречиво. В сериале про рекламное агентство шестидесятых годов Mad Men есть эпизод, когда успешный руководитель лишается ступни в результате несчастного случая в офисе. Работающих в современной корпоративной среде поразил в этой сцене не факт катания по кабинетам на газонокосилке, ставшей причиной инцидента, а то, что человек после этого потерял работу. Ни один из героев сериала ни на минуту не усомнился в том, что человек с серьезной травмой ноги не может представлять успешную компанию. И это во многом демонстрирует, как изменился мир с тех пор, когда все руководители выглядели как образцовые рекламные персонажи.

Реальный критерий или дискриминация?

Не секрет, что особенно тяжело понятие executive presence воспринимают представители меньшинств, существует даже тенденция объяснять наличие этого требования дискриминацией по полу или расе. Отчасти это связано с меньшим количеством ролевых моделей, чем среди преобладающей демографической группы, отчасти — с инерцией общественного мнения и стандартов, отчасти — с нехваткой менторов и неустоявшимся типажом старшего руководителя женского пола или инакового внешнего вида в сознании масс.

Последнее может показаться смешным тем, кто не сталкивался с подобной ситуацией лично. Казалось бы, сегодня в корпоративной Америке или Европе нет недостатка в женщинах-руководителях, включая уровни CEO и советов директоров. Но в ряде отраслей они относительно немногочисленны, а потому порой воспринимаются как своего рода исключение. Я неоднократно сталкивалась с подобным стереотипом на собственном опыте. Например, когда я приходила на встречу в составе группы и участники не знали заранее, кто есть кто, то они всегда первыми здоровались и обменивались визитками с моими подчиненными-мужчинами, особенно если те были старше меня, а потом уже со мной. «По умолчанию», не зная званий и положения в компании, мне и другим женщинам часто оказывают меньше знаков уважения, пока у нас не возникнет возможность представиться. После этого все встает на свои места. Можно расстраиваться по этому поводу, но мир, где стереотипы формировались веками, не изменишь за десятилетие. Проще научиться не комплексовать по поводу встречи по одежке, зная, что все изменится через несколько минут.

Другая проблема, с которой сталкиваются женщины, — это меньшее количество ролевых моделей на более высоких уровнях карьерной иерархии, с которых можно копировать такие простые и повседневные вещи, как манеру говорить, одеваться, давать отзыв о работе, разрешать споры или начинать встречу. Я разберу этот момент подробнее на примере стиля. Возможно, это покажется мелочным, особенно после того, как интернет-бум демократизировал стиль одежды в технологических индустриях. Но, во-первых, то же самое применимо и к остальным элементам executive presence, просто внешний стиль легок для иллюстрации и примеров, а во-вторых, нормы Кремниевой долины или Израиля имеют мало общего с финансовыми компаниями Лондона или модной индустрией Италии.

Казалось бы, деловой стиль в одежде достаточно прост. Тем не менее в каждой среде и компании есть свои нюансы. Например, я встречала организации, где большинство мужчин-начальников носят рубашки с запонками, даже приходя на работу в пятницу в джинсах и свитере. В некоторых компаниях начиная с некоторого уровня иерархии все носят — или, наоборот, подчеркнуто не носят — пиджаки. Мелочь, но определенный визуальный стиль действует на подсознательное восприятие образа, ставит его ментально в нужный ряд и группу. Новичок, придя в компанию и желая вписаться в группу, перенимает манеру одеваться.

Большинство зрителей популярного сериала Mad Men пропускают важную деталь, отловленную стилистами и неоднократно обсуждавшуюся знатоками одежды и бизнес-этикета конца пятидесятых — начала шестидесятых годов. Когда главная героиня Пегги получает повышение и переходит из секретарш в копирайтеры, то есть в ранг «женщин-профессионалов», она начинает носить шляпку. Только секретарши появлялись в офисах с непокрытой головой; более привилегированному сословию дам-сотрудниц полагалась шляпка. Забавно? Подумайте о традиции использовать или не использовать отчества в российском деловом этикете того же периода. Секретарша или медсестра, как правило, оставалась Леночкой или Аней почти до седин, в то время как врач или начальница отдела сразу становилась для подчиненных Еленой Александровной

184 Часть II. Что нужно, чтобы стать руководителем высшего звена?

или Анной Петровной, даже если была на добрый десяток лет моложе.

Так вот, отсутствие моделей, образцов, наглядно демонстрирующих, когда надо и не надо носить шляпку или употреблять отчество, часто приводит к изъянам в профессиональном имидже. Я обратила внимание на то, что большинство СЕО или президентов компаний перед тем, как назначить встречу с новым заказчиком, всегда поинтересуются: надевать ли костюм? Носят ли в офисе галстуки? Быть недостаточно или слишком формальным плохо. Стиль, принятый в организации клиента, задает тон. У женщин таких возможностей гораздо меньше. Можно ли прийти в платье или обязательно надеть юбку с пиджаком — непростая проблема, если единственные «модели» в офисе находятся намного ниже по карьерной иерархии. Возможно, это покажется мелочью, но человек, одетый не по ситуации, чувствует себя менее уверенно, а это уже сказывается на поведении, например на стиле общения и переговоров.

Когда я перешла на работу в новую компанию в качестве главы функции, то оказалась второй женщиной в совете директоров, причем с другой моей коллегой мне удалось встретиться лично только через месяц. Один из первых вопросов, который мне пришлось решить, — что паковать с собой на первые две недели работы в Амстердаме? Я не знала, как там одеваются женщины, занимающие более высокое положение в организации. Даже во время интервью я встречала только мужчин. Более того, я сознавала, что то, как буду одеваться я, в чем-то задаст тон в компании — образ нового человека воспринимается во многом зрительно. (Ну, как новая? Строгая? Серьезная? Напряженная? Простая в общении? — ответ на этот вопрос, к сожалению, часто основывается и на «одежке».)

Отсутствие достаточного количества моделей приводит к медленному формированию стандартов. Без стандартов нет ориентира, а значит, больше обидных ошибок. Например, известно, что одежда, чрезмерно подчеркивающая сексуальность, часто считается признаком легкомыслия. При этом понятие «чрезмерно» очень отличается от страны к стране и от индустрии к индустрии.

Манера одеваться — всего лишь небольшая составляющая стиля. Мы считываем с ролевых моделей гораздо больше — от манеры открывать встречу до стиля ведения дебатов, от поведения в стрессовых ситуациях до общения с заказчиками. То, что смотрится уместно для одного пола и возраста, не всегда подходит для других. Например, громкая речь, похлопывание по плечу, обсуждение спортивных игр... Есть немало сообществ и групп, где таков принятый стиль социального поведения. Необходимо ли женщинам его копировать, чтобы вписаться в команду?

Мы еще поговорим о дресс-коде, но в целом, мне кажется, вполне понятно, почему менее представленные в старшем менеджменте социальные группы испытывают наибольшие сложности. Можно провести аналогию с умением убедительно говорить — и проблемами ораторов, имеющих акцент. Суть в том, что всегда найдется группа людей, для которых само наличие критерия executive presence для получения значительных повышений по карьере может представлять бо́льшие трудности, чем для других. Однако изменить существующую реальность лучше всего, пробившись на желаемую позицию, чем осуждая сложившиеся представления. Так что мы сконцентрируемся не на мировой несправедливости, а на приобретении необходимых навыков.

Можно ли этому научиться?

Хотя среди нас и есть прирожденные лидеры, харизматические личности, от природы умеющие слушать внимательно и говорить весомо, в большинстве своем executive presence — это качество, приобретаемое с годами. Это вовсе не мистический ген, а выработанные со временем признаки компетенции и определенные умения. Вкупе они посылают сигналы, создающие определенный образ.

Элементы, составляющие executive presence, варьируются от статьи к статье, но среди них в том или ином сочетании обычно присутствуют такие качества:

— профессиональное суждение и весомая манера излагать материал, логичность в суждениях;

— навыки публичных выступлений — уверенная манера держаться и красивая жестикуляция, приятный голос, неторопливая и грамотная речь;

— умение слушать и чувствовать собеседника;

— хорошие манеры и знание этикета;

— личный стиль.

Каждому из этих качеств можно научиться, и, как обычно, одним из нас наука дается легче, чем другим. Какие-то пробелы восполняются при помощи классов или специальных тренингов, например по улучшению ораторского искусства. Если нужно отточить профессионализм в беседе или умение слушать, большим подспорьем станет ментор или любой коллега, опыту и советам которого вы доверяете. Что до манер и умения одеваться, здесь на помощь в случае острой необходимости придут стилисты. Но, так или иначе, все это со временем осваивается.

Встречаются старшие руководители, не обладающие одним из этих качеств, но бывает это нечасто. Иногда определенный пробел становится своеобразным элементом стиля, как, например, довольно расслабленная манера одеваться на деловые встречи среди CEO интернет-компаний (совсем не мешающая им, кстати, появляться прекрасно одетыми, в традиционных костюмах или фраках, на благотворительных или социальных мероприятиях). Но в целом, если вы мысленно представите известных вам членов советов директоров и старших управляющих крупных организаций, то описанные навыки достаточно типичны.

Понимание предмета и профессиональная компетентность

Трудно уважать человека, которому нечего сказать в профессиональной дискуссии, как и того, кто говорит много и не по делу. Выделяются те, кому есть чем поделиться по существу, те, кто делает это в логичной, простой и весомой манере: не частит, не глотает слова, не перескакивает с мысли на мысль, ждет своей очереди, но и не стесняется взять слово. Тот, кто знает, что его будут слушать, говорит медленно, но при этом располагает фактами, аргументацией и достаточно хорошо владеет материалом, чтобы донести мысль до слушателей. Другими словами, эффективность в коммуникациях в сочетании с профессиональным знанием предмета является важной частью executive presence. Мы уже обсуждали эти вопросы в предыдущих главах.

Навыки публичных выступлений и умение держаться

Известное исследование Университета Калифорнии в Лос-Анджелесе показало, что восприятие презентаций аудиторией складывается из трех факторов: содержания, тона голоса и «языка тела». Последний фактор определяет 55% успеха. Он создается уверенностью осанки и движений, спокойствием мимики, открытостью жестов, умением подчеркнуть важный момент речи жестом, перемещаться по сцене, встречаться взглядом со слушателями и удерживать контакт с аудиторией.

Манера держаться — то, что прежде всего считывает слушатель. Она может создать образ харизматичного, уверенного в себе собеседника, увлеченного предметом и заражающего энтузиазмом, а может испортить все впечатление от речи. Нервный, неуверенный оратор с бегающими глазами и шарящими по карманам руками не вызывает доверия, даже если располагает отличным материалом.

Очень простой способ убедиться, что это так, — посмотреть интервью или выступления на YouTube с выключенным звуком. В качестве положительных примеров можно взять практически любое выступление на TED с высоким рейтингом. А отрицательных примеров немало в телепередачах, где интервьюируют людей, не привыкших выступать перед публикой. Отключите звук — следите за руками, осанкой... и проанализируйте свои впечатления.

Второй по значимости фактор — тон голоса, определяющий, по статистике, 38% впечатления от выступления и приобретающий еще большее значение на радио или телеконференции. Можно сколько угодно утверждать, что заикающийся, бормочущий, монотонно бубнящий, но эрудированный профессор расскажет о предмете более интересно, чем профессиональный оратор... Увы, жизнь несправедлива. И, выбирая серии аудиолекций или подкастов, мы все равно тяготеем к выступающим с приятным голосом.

Первый раз я узнала об этих цифрах во время обучения на MBA, на факультативном занятии по публичным выступлениям. В течение часа мы по очереди тренировались выходить на сцену, делать широкий жест рукой, громко и медленно представляться «Welcome! My name is...». Чем больше сцена, тем шире должны быть жесты: мелкие жесты издали не видны или, того хуже, кажутся копошением. Оказалось, что это очень трудно — попробуйте сами. Медленный широкий жест покажется искусственным, но очень поможет впоследствии в реальных выступлениях.

О технике презентаций написаны тонны литературы. Теория проста: научиться открытой позе и широким жестам (некоторым придется зашить карманы!). Не трогать себя, не прихорашиваться — не вертеть кольцо на пальце, не оглаживать волосы — это производит впечатление неуверенности. Говорить медленно, искусственно замедляя и занижая голос, если он от природы высок, держать зрительный контакт.

Хочется сказать еще несколько слов об умении расслабляться. Однажды меня заинтересовало, почему я так неровно играю в гольф. Спрошенный свет-мой-интернет выдал чудесную статью об умении игнорировать напряжение и его влиянии на качество удара, которое сильно зависит от того, расслаблены ли запястья. Удар генерируется не плечом или руками, а моментом поворота корпуса. А потому чуть более напряженные руки моментально портят дальность. Это особенно заметно у неопытных игроков вроде меня. А напряжение кистей, в свою очередь, очень сильно связано с общим состоянием нервной системы. Мелкий раздражитель, присутствие чужих людей или шум сразу влияют на него. Не случайно этикет гольфа требует замереть, не двигаться и не разговаривать, когда кто-либо из группы собирается ударить по мячу. Но профессионалам не приходится надеяться на тишину. Видели ли вы трансляцию чемпионата по гольфу? Толпа, пусть и за линией, телекамеры, фанаты создают постоянный шумовой фон. Можно лишь попытаться представить, сколько профессионалам приходится работать над умением блокировать раздражители. Если верить литературе, это один из самых важных факторов успеха в гольфе.

Однако интересно, что в качестве ближайшего аналога называют именно публичные выступления. Если оратор напряжен внутренне, это передается аудитории и плохо влияет на качество выступления. А между тем выход на сцену не может не повышать пульс. Так что занятия гольфом помогают научиться приводить себя в состояние спокойствия. Но есть множество других приемов, помогающих успокоиться и сосредоточиться, и ими тоже несложно овладеть.

Среди них — глубокие вдохи и выдохи; движение нижней челюстью вперед-назад (это снижает уровень адреналина); попытки представить, что напряжение стекает по опущенным вниз рукам в пол. Какие-то упражнения, раз попробовав, начинаешь делать автоматически. С другой стороны, я заметила, что возникает обратный эффект: состояние напряжения ассоциируется с этими движениями. Даже без особого страха перед докладом опускаешь руки вниз — и начинаешь чувствовать мандраж. Лично мне лучше помогают ментальные тактики. Можно представить себя в хорошем спокойном месте или вообразить приятного собеседника, которому будете все это рассказывать, можно вспомнить ощущение от хорошего выступления.

И последнее, что мне хотелось бы добавить, говоря о выступлениях: они помогают выработать уверенность в себе. Существует даже целое движение — Take the stage, представляющее систему обучения инструкторов и проведение классов ораторского искусства. В CEVA Logistics мы спонсировали ряд подобных тренингов как помощь в профессиональном развитии. Результаты превзошли ожидания. И хотя далеко не у всех обучавшихся была необходимость выступать перед заказчиками, все отмечали, что у них повысилась уверенность в себе, появилось понимание, как они выглядят со стороны, выработалось умение лучше спорить, артикулировать, подчеркивать смысл паузами и жестами. Другими словами, занятия помогли улучшить именно executive presence.

Хорошие манеры и умение слушать

Тех, кто умеет слушать, уважают больше и запоминают лучше. Те, кто умеет разговорить других, мотивировать их высказать свое мнение и поделиться идеями, работают с более обширным материалом, чаще находят неординарное решение проблемы и пользуются большей поддержкой. Однако это совсем не так просто. Умение слушать означает также умение не говорить слишком много самому и при этом выражать интерес к речи собеседника и вербально, и жестами — кивками, открытой позой, заинтересованным выражением лица.

Один мой бывший начальник, ставший ментором после ухода на пенсию, сформулировал это требование таким образом:

— Люди должны знать, что ты вникаешь в их работу и предложения. Ты можешь быть усталой, ты можешь с первых нескольких фраз понять вторичность или просто глупость их подхода. Но тем не менее они должны чувствовать, что их слушают, даже когда на самом деле ты не слушаешь.

Это может прозвучать почти ханжески, но давайте будем честны перед собой. Ситуации, когда у вас нет сил слушать дальше, или вы подозреваете, что в этом нет необходимости, или слушаете вполуха, потому что уже знаете, о чем пойдет речь, действительно встречаются. Иногда из них можно выйти довольно просто: дождавшись паузы и объяснив, что вы уже знакомы с ситуацией, а потому предлагаете перейти сразу к выводам и обсуждению. В другом случае, например, если остальные члены группы незнакомы с проектом, это неудобно. Как человеку занятому и эффективному вам захочется использовать свое время как можно продуктивнее — проверить почту на телефоне или обсудить с соседом срочную проблему.

Как воспримет ваши действия докладчик? Скорее всего, он волнуется (особенно если вы старший руководитель), возможно, он долго готовился к встрече. Если вы отвлечетесь, то продемонстрируете неуважение к его работе, отсутствие интереса к тому, что он хочет сказать. Насколько высока будет его мотивация продолжать дело с полной отдачей? Что он расскажет о вас коллегам — что вы презираете людей ниже себя, не слушаете советов эксперта, ни в грош не ставите окружающих? Переверните ситуацию — вам хочется быть на его месте?

Именно поэтому умение слушать столь важно для руководителей. И, в частности, те, кто будет отбирать вас в кандидаты на продвижение, сильно задумаются, если вы известны неумением слушать других.

Хорошо ли вы это делаете? Поговорите с ментором или друзьями на работе, с кем-нибудь, кому вы доверяете и кто не постесняется донести до вас неприятную правду.

Если вы решили, что хотите научиться слушать, то попробуйте не просто внимать речи, а реагировать на нее:

— давайте понять кивком головы или мелкими жестами, что поняли мысль;

— смотрите в лицо собеседнику;

— делайте пометки;

— попробуйте, задавая вопрос или приводя свои аргументы, процитировать некоторые из его фраз, продемонстрировав, что поняли и запомнили его позицию или ви́дение проблемы.

Журналист Дашилл Беннетт, проанализировав большое количество фотографий с советов и брифингов в правительстве США, дает очень интересный совет*. Существует много поз, выражающих озабоченность тем, что рассказывает собеседник — например, наклон корпуса вперед, опущенная голова, — но наиболее ярко ее передает рука, закрывающая рот или подбородок. Такой забавный вывод стал результатом исследования, кто из советников и министров выглядит наиболее вовлеченным и озабоченным на сотне снимков встречи с президентом Обамой.

На тему активного слушания (active listening) написано немало статей и книг, так что я не буду уделять много времени технике и приемам. Они достаточно просты, и всякий озабо-

---

* http://www.theatlanticwire.com/politics/2013/02/photographic-guide-looking-concerned-while-meeting-president/61953/

тившийся тем, чтобы их освоить, очень быстро почувствует разницу в отношениях с людьми и успехах в дебатах. Умение слушать — это прежде всего уважение к людям.

Другим, даже более ярким примером проявления уважения является хорошее владение деловым этикетом и приятные манеры. Став старшим руководителем, вы начинаете представлять компанию перед ее заказчиками, инвесторами, поставщиками, партнерами или прессой. Хорошие манеры — это прежде всего умение дать окружающим почувствовать себя комфортно в вашем присутствии. Для представления компании выбирают людей, общаясь с которыми окружающие не потеряют желание вести совместный бизнес или продолжать деловые взаимоотношения. Коллеги, как правило, воздерживаются от комментариев о ваших манерах, но они всегда их замечают.

Дресс-код и личный стиль

Русская пословица о встрече по одежке родилась неспроста: то, как мы одеты и выглядим, говорит многое о нас самих, характере и манере работы. Ваш стиль может быть формальным и строгим или расслабленным и демократичным. Кто-то уделяет внимание деталям, кто-то общей картине, кто-то консервативен и сдержан, кто-то, наоборот, устремлен в будущее или несколько неординарен. Простой выбор запонок или брошки может продемонстрировать наличие чувства юмора или определенного хобби.

Почему-то выходцы из России очень часто спрашивают меня о статусности — необходимости носить одежду определенных брендов и дорогие аксессуары. На самом деле главная черта вашего стиля определяется двумя словами: комфорт и уверенность. Вспомните, как вы себя чувствуете, когда на вас ваш любимый костюм или рубашка. Или платье, «убавляющее» килограммы, или красивые туфли, удобные при этом настолько, что можно бежать стометровку. Вот с этим ощущением и надо входить в офис каждый день. Кому-то для уверенности нужны вещи с большой цифрой на ценнике, другому достаточно хорошо сидящей одежды, отражающей личный вкус. Это главное, чем нужно руководствоваться в выборе.

Однако другим немаловажным фактором служит свод официальных и неофициальных норм, принятых в вашей отрасли, организации и функции. Во времена работы в IBM я часто приезжала из штаб-квартиры в офис, где в основном располагались лаборатории. Летом разработчики приходили на работу в джинсах и даже шортах, так что, увидев мой пиджак, кассирша в кафетерии мгновенно угадывала во мне гостя и спрашивала, не нужен ли мне чек для отчета за командировку.

Сам по себе дресс-код — наиболее простая из норм именно в силу четкой определенности. В тех компаниях, где он существует, он представляет собой опубликованный свод правил, четко обозначающий, что из предметов туалета необходимо, а что недопустимо.

Например, для входа на биржу NYSE на Уолл-стрит мужчинам обязательно надо быть в пиджаке и рубашке с воротником, при этом галстук необязателен. Все это описано в правилах биржи. Компании, обслуживающие компьютерные системы на NYSE, как правило, держат пару запасных пиджаков в кладовке для своих специалистов, приехавших туда впервые и не подумавших о дресс-коде.

А вот правила для женщин на NYSE довольно забавны. Если хочешь, как мужчина, прийти в брюках — никаких проблем, но тогда правила одинаковы для всех: необходим пиджак. Если приходишь в юбке, то пиджак не нужен. Джинсы в зале NYSE появились 18 августа 2009 года* — и не какие-нибудь, а исключительно фирмы Gap из новой

---

* http://latimesblogs.latimes.com/alltherage/2009/08/for-the-first-time-nyse-traders-to-wear-gap-jeans-on-trading-floor.html

коллекции 1969. Брокеры облачились в них в честь юбилея компании.

Правила есть правила, и они существуют не только в корпорациях. Например, дресс-код нередок в гольф-клубах, и в нем может быть оговорено не только наличие воротника у рубашки, но и разрешенные типы шортов и обуви. С другой стороны, во многих компаниях нет официального дресс-кода или рекомендуется одеваться в стиле business casual. Главный принцип, которым руководствуются при выборе, — это профессиональный вид, не привлекающий излишнего внимания к сексуальности, аккуратный и опрятный.

Куда сложнее бывает разобраться в своде неписаных правил, тех самых «принято — не принято». В Америке умение считывать негласные правила, какая одежда на какое мероприятие надевается, видимо, развито с детства — я ни разу не слышала споров на эту тему. А вот на границе российской и западной офисных культур иногда возникают жаркие дебаты.

Понятия «принято — не принято» очень сильно зависят от отрасли и компании, и то, что является не совсем приличным для одной области работы — слишком глубокий вырез или прозрачная ткань блузки, — в другой может быть не просто нормой, но и вполне консервативным вариантом. Мы с этим столкнулись, когда журнал Glamour в России решил сделать со мной интервью и мне пришлось позировать для фотографии посреди офиса в привезенном ими платье от Escada. Представители журнала удивлялись, почему я не ношу более глубокий вырез и мини, если «фигура позволяет». А мы с отделом коммуникаций тщились объяснить гостям американские нормы и традиции.

Негласные правила сильно изменяются в зависимости от страны, культуры и обычаев. В Израиле вполне возможно участвовать в «круглом столе» перед сотнями слушателей в шлепанцах. В Западной Европе, особенно в Германии,

Франции, Италии и Англии, большинство докладчиков не задумываясь наденет костюм. В Японии — костюм, как правило, куда более консервативный, будет черным. Я подозреваю, что вопрос «статусной» одежды в России возник как требование региональной специфики. В стране, где доступ к дорогим вещам и определенным стандартам качества был ограничен исторически, умение подобрать ткань, фасон и аксессуары сигнализирует об определенной социальной принадлежности.

Разумеется, правила учитывают погоду — во всех странах летом можно увидеть гораздо больше мужчин в рубашках с короткими рукавами и женщин в легких платьях.

Нарушение дресс-кода может стать причиной, по которой вас не пустят на биржу, в ресторан или на игру. Нарушение неписаных правил вряд ли обернется чем-то драматическим — в суд, к клиенту или на сцену вы пройдете без препятствий. В определенных случаях незначительное систематическое нарушение неписаных правил может стать элементом личного стиля и персонального брендинга. Я знаю очень известного разработчика компьютерных чипов, принципиально не носящего носков, несмотря на то что он работает в штате, где зимой приходится регулярно чистить снег у дома. Когда ему пришлось выступить перед несколькими сотнями руководителей компании, он из уважения к ним надел один носок и очень весело это обыграл. На дворе было –15 градусов по Цельсию. Вопрос в том — и это подводит нас к следующей теме, — какой образ человек хочет создать своим внешним видом.

Даже оставаясь в пределах неписаных правил, а уж тем более пересекая их границу в одном и том же месте люди подчеркивают определенные черты своей индивидуальности. Это можно делать осознанно или неосознанно, всегда одинаково или по ситуации. Но это не зависит от того, насколько формален стиль одежды, принятый в той или иной среде. Даже в отсутствие ограничений, например в отделе разработок небольшой компании, где принято появляться на работе в футболках, шортах и шлепанцах, надпись на груди, выдающая принадлежность к некоторому движению, или регулярное ношение брендов с ярко выраженной социальной принадлежностью уже подчеркивают определенные черты личности. Даже надевая униформу, можно подчеркнуть жизнерадостность или аккуратность — прической, макияжем или смешными картинками, которыми медсестры иногда украшают свою форму.

Наиболее интересно, конечно, поговорить о том, как можно сознательно использовать подобные сигналы в обычном офисном гардеробе.

Один из хороших примеров — извечный совет тем, кто хочет получить повышение: одеваться и выглядеть как люди, которые уже находятся ступенькой выше. Далеко не во всех организациях и даже подразделениях одной компании существуют внешние различия между разными уровнями. Но если они есть — будь то регулярное ношение пиджака, потому что в любой момент может потребоваться встретиться с клиентом или инвестором, или одежда чуть более дорогих марок, — совет совсем неплох. Известно, что многие решения принимаются на подсознательном уровне. В частности, ответ на вопрос, вписывается ли образ кандидата в представление о том, как выглядит человек на определенной позиции, складывается из многих составляющих. Внешний образ может оказаться одной из них.

Другой пример. Сотрудники отделов продаж обычно одеваются так же, как и их заказчики: в деловом стиле, если намечается визит в консервативный банк, или в рубашку из Banana Republic для встречи с IT-компанией. Естественно, вписавшись в среду, легче строить доброжелательные отношения.

С другой стороны, известны примеры, когда новый лидер, приходя в компанию и собираясь ввести серьезные

198 Часть II. Что нужно, чтобы стать руководителем высшего звена?

изменения, одевается подчеркнуто по-другому. Когда Луи Герстнер пришел в IBM в 1993 году, введение стиля business casual стало одним из заметных сигналов перемен. Оно несло определенную смысловую нагрузку, в частности переход от строго иерархичной и бюрократической системы к более демократичному стилю управления. Я хорошо помню, как нас удивило одно из его первых интервью в шерстяном кардигане вместо пиджака. Для компании, где всего десятилетие-другое назад дресс-код требовал носить исключительно синий деловой костюм и белую рубашку, это был важный знак грядущих изменений.

Еще один хороший пример — поднадоевшие читателям русского интернета обсуждения слишком сексуальной одежды женщин в офисе. Сторонники прозрачных блузок и глубоких вырезов говорят о гордости за свое тело и украшении коллектива. Противники напоминают о том, что это отвлекает от работы, и говорят о возникающей ассоциации с менее уважаемой профессией. Действительно, подчеркивая телесные прелести на порядок больше того, чем это принято в конкретной компании и индустрии, человек сигнализирует: «одной из самых важных моих черт является сексуальность». Кстати, последнее относится не только к женщинам. Над мужчинами, слишком сильно расстегивающими рубашку, так что волосы на груди видны, тоже посмеиваются.

Но если в применении к мужчинам ситуация просто вызывает улыбку, то для женщин, к сожалению, имидж ставится в исторически-социальный контекст. Жив еще миф, что женщины получают высокие позиции в бизнесе через постель. Можно спорить до хрипоты о том, насколько «это было тогда, а не сейчас», однако в какой-то момент все мы с этим утверждением сталкивались. А значит, подчеркивая сексуальность, женщина пробуждает сомнения в том, на чем именно построена ее карьера и каким образом она намерена добиваться успеха дальше.

И пусть она совсем не имела этого в виду и все окружающие знают, что на самом деле она прекрасный руководитель или специалист. Но такая «заявка» играет на руку поклонникам ненавистного мифа. А значит, вызывает, помимо всего прочего, раздражение у других женщин, которым крайне неприятно само существование легенды: любое ее подтверждение, даже на бессознательном уровне, продлевает ее жизнь.

Вот так манера одеваться влияет на создание образа. Возможно, для кого-то именно такое позиционирование себя и является целью. Однако множество женщин, одевающихся на работу как на дискотеку, не осознают того урона, который они наносят своему имиджу в долгосрочной перспективе, подчеркивая половую принадлежность, а не профессиональные черты.

Executive presence — это субъективное понятие, имидж, восприятие нас другими людьми. К сожалению, общественное мнение обладает большой инерцией. Возможно, вы уже полгода стараетесь внимательно слушать собеседника, но при обсуждении вашей кандидатуры нет-нет да и всплывет та ситуация годичной давности, когда вы невежливо перебили докладчика. Или позапрошлогодняя корпоративная вечеринка, о которой вы предпочли бы забыть. На создание нужного образа и его цементирование в общественном сознании уходит немало времени, и все то положительное, что делалось годами, может быть легко перечеркнуто одним-двумя неприятными инцидентами.

Глава 16
Позитивное мышление

> Умное лицо — это еще не признак ума, господа.
> Все глупости на земле делаются именно с этим
> выражением лица. Улыбайтесь, господа, улыбайтесь.
> *«Тот самый Мюнхгаузен»*

Когда я была в шестом классе, моя классная руководительница пожаловалась маме, что я встречаю половину предложений, высказанных на собрании класса, словами «это бесполезно!». Я действительно не могла понять, как помогут голодающим детям Африки замечательные идеи вроде «давайте каждый нарисует на доске кораблик с названием африканской страны». И как гениальная мысль «всем приходить в школу на пять минут раньше» спасет класс от прерывания занятий вечно опаздывающим Славой. Дело было не в том, что я плохо рисовала, не любила рано вставать и жила в 45 минутах езды на метро с пересадкой от школы. Просто я обладала хорошо развитым чувством логики при полном отсутствии политического чутья. Первое заставляло меня просчитывать цепочки взаимосвязи быстрее остальных, а второе — еще быстрее сообщать результаты классу.

Вы думаете, классная руководительница искренне верила в кораблики на доске? Подозреваю, что логики у нее вполне хватало. Просто ей, в отличие от меня, нужно было не спасать голодающих детей Африки, а научить класс самостоятельно браться за решение проблемы, слушать и поощрять друг друга, вносить вклад в общее дело. И она понимала, что, даже если сама задача нерешаема, процесс совместного обсуждения идей надо вести так, чтобы все присутствующие получали удовольствие от участия, от того, что их выслушали и серьезно обсудили их предложение, а не срезали на взлете.

Нередко именно эти задачи стоят и перед руководителями любого ранга, если только они не правят своей маленькой епархией по принципу «я начальник — ты дурак».

И хотя мир знает несколько успешных примеров авторитарного руководства, на каждый из них приходятся тысячи отделов и компаний, где инициатива заглохла, талантливые сотрудники разбегаются, а оставшееся болото оказывается неконкурентоспособным. Так что если вы уверены в том, что вы Стив Джобс (нет-нет, не Наполеон и не Гарри Поттер — тем в шестую палату), то можете смело пропустить то, что я скажу дальше. Если нет, то давайте рассуждать, предположив, что руководить придется взрослыми, достаточно компетентными людьми, в которых хочется пробудить — а не убить — вовлеченность, идеи, желание участвовать в совместной работе и сообща разрабатывать лучшие методы и подходы.

А потому руководителю очень важно быть позитивным: если несколько раз сказать сотрудникам, что у них ничего не получается, они перестанут пытаться. Это не значит, что любая идея хороша — «рисовать кораблики» за счет акционеров не стоит, — но проще подвести человека к попытке выработать идею получше, чем срезать на взлете. Например, можно сказать: «Замечательно, что ты задумался о решении» — и попросить смоделировать данные или провести пилотный проект. Глядишь, и модифицируются кораблики во что-то более осмысленное.

Впрочем, негативизм проявляется не только в отсутствии веры в пользу определенных действий и критике чужих идей. Наше отношение к происходящему заразно: пожалуйтесь на здоровье, погоду и вектор мирового состояния — и собеседники начнут у себя болячки обнаруживать. Расскажите о чем-то светлом и хорошем — и атмосфера в комнате потеплеет на пару градусов. Если вы заметны — а чем выше руководитель, тем больше он на виду, — то и степень заразительности вашего настроения и отношения к жизни возрастает.

Этот простой закон используют рекламодатели, прося звезду сказать нечто хорошее о продукте — тогда у нас возникают куда более прочные положительные ассоциации с ним. Представьте, что ваш любимый актер негативно отзовется о том, в чем, по идее, может более-менее профессионально разбираться, например о креме, шампуне или дорожной сумке. Скорее всего, вы примете это в расчет. А начальник, как актер, всегда под софитами, нравится ему это или нет, и чем выше его положение, тем больше масштаб «сцены».

Много лет назад, во время работы в IBM, мне довелось встретиться с Лу Герстнером, легендарным СЕО, фактически спасшим компанию от развала в начале девяностых. Он рассказал о своем первом опыте крупного руководства в American Express. Через некоторое время после назначения ему позвонил председатель совета директоров и дал странный совет: улыбаться в лифте. Потому что, видя сумрачное выражение лица глубоко погруженного в себя мыслителя, естественное и привычное для Герстнера, сотрудники всерьез начинали подозревать, что компания на грани банкротства.

Это действительно так — настроение лидера считывается и подхватывается командой. Как-то раз в течение одного месяца я побывала в двух развивающихся странах, навещая заказчиков и, естественно, проводя много времени с местными отделами продаж. Одна компания, сопоставимые темпы роста рынка, общий процесс изменений в глобальной организации... и два разных ощущения. В одной стране — рок-концерт, в другой — похороны. В первой люди наперебой говорили о высоком росте, выигрыше у конкурентов, переходящих к ним на работу из других компаний, совместном праздновании дней рождения в офисе и дружных походах на ланч. В другой — о неопределенности, неясности, волнениях в связи с изменениями. В первой трудные вопросы на общей встрече задавали в положительной форме: «А правда, что мы скоро сделаем то-то и то-то?», «Тут конкуренты распространяют слухи о том-то и том-то, что лучше отвечать?» В другой смотрели в пол и исходили из того, что слухи реальны, ситуация безнадежна и спасения ждать неоткуда.

Разница заключалась в лидерстве. Первой командой руководил оптимист, верящий в успех нашего бизнеса, гордящийся своими сотрудниками («У тебя будет полчаса с ним поговорить? Это мой лучший продавец!») и надеющийся на лучшее («Мы в прошлом году удвоили выручку — если закроем эту сделку, то в этом году опять удвоим!»). Второй — куда более пессимистично настроенный руководитель, у которого «стакан был наполовину пуст», а малейшее изменение вызывало тревогу. Проверив через квартал результаты, я не удивилась, что восприятие стало реальностью: у первой команды продажи росли быстрее стремительно растущего рынка, у другой — падали.

Большинство опытных руководителей знает эту закономерность, а потому при выборе людей на повышение принимает в расчет влияние их мировосприятия на команду.

Оптимистам, как всегда, везет. Впрочем, им везет гораздо раньше, задолго до того, как встает вопрос о руководстве. Оптимисты легче воспринимают жизненные неудачи, умеют подниматься и идти дальше. Пессимисты остаются лежать в первой же яме, твердо уверенные, что дальше будет только хуже. Не получилось сделать первый проект? В этой конторе вообще ничего получиться не может! Не сложились отношения с руководством или сотрудниками? Все начальники — тупицы. Оптимисты гораздо чаще разделяют идею если не полного контроля над своей судьбой, то хотя бы возможности периодически ее изменять. Не сложился бизнес? Попробуем еще раз. Не получилось найти новую работу? Разошлем следующую порцию резюме. Пессимист твердо знает, что, сколько ни пытайся, стакан не наполнится, а потому воздерживается от «бесполезных» действий и любого риска.

Оптимисты, как показывают статистические исследования, отличаются лучшим здоровьем, пользуются бо́льшим расположением окружающих, чаще берутся за, казалось бы, невыполнимые проекты и периодически доводят их до конца, не сойдя с ума от безысходности и депрессии в процессе. А значит, с куда большей вероятностью попадают на интересные и перспективные проекты.

Все это чудесно... но как же быть тем, кто уже в шестом классе знает, что «это бесполезно»?

Первый шаг — это, как всегда, осознание проблемы. В моей жизни, несмотря на воспитанный временем оптимизм, был период перманентного разочарования. Переехав в Штаты, я попала на более низкую позицию, чем была у меня в России до иммиграции, — несмотря на громкий титул, мне не полагалось ни подчиненных, ни статуса руководителя, ни места в совете, ни отпуска и медицинской страховки. Моя работа была временной, без права продления контракта. Несколько лет я мучительно пробивала себе постоянную позицию — без грин-карты меня не брали на ставку, без ставки мне не могли спонсировать грин-карту. Потом, найдя руководителя, захотевшую нанять меня так сильно, что совместными усилиями нам с ней удалось разорвать этот замкнутый круг, я еще несколько лет росла с нуля в новой организации. Тогда я еще не понимала всей ценности опыта и багажа знаний, ускорявшего мой рост. Это было очень горькое и печальное время.

И вот, наконец, три года спустя я вернулась к исходному доиммиграционному статусу: получила в управление отдел, и меня отправили на курсы новоиспеченных руководителей. Честно говоря, это уже само по себе было обидно — новичком я себя совсем не считала и поучительный тон инструкторов воспринимала скептически.

В конце недели мы должны были выбрать произвольного человека в классе и обменяться с ним отзывами о том, какими мы видим друг друга. Приятная улыбчивая девушка из отдела страхования, впервые встретившая меня три дня назад и чрезвычайно далекая от моих повседневных проблем, откинула рыжеватую челку со лба, улыбнулась и сказала:

— Ты такая умная, ты столько знаешь про компанию и про бизнес. Но в тебе накопилось столько горечи и разочарования, что они выплескиваются через край. С тобой, наверное, чудесно общаться, когда ты этой горечи не чувствуешь. Откуда у тебя это? Что с тобой произошло?

И я задумалась. Если человек, видевший меня мельком в течение нескольких дней, так ясно чувствует мое состояние — это неправильно. Она-то не виновата во всех перипетиях борьбы с кадровиками и INS*. Более того, со мной учились люди, руководившие куда большими отделами в прежних компаниях. Но они не жаловались, что к ним относятся как к новичкам, а радовались возможности завести новые контакты, попрактиковаться в коучинге и интервью, повеселиться, разыгрывая сценки. И я поняла, что мой стакан наполовину пуст не из-за реального количества воды в нем, а из-за прошлых обид. Чтобы двигаться дальше, надо было перестать пугать людей этим прошлым, внутренне осознать и принять тот факт, что, в общем-то, стакан наполовину полон.

Второй шаг — корректировка внешних проявлений мировоззрения. Недавно мне пришлось помогать новой подчиненной пройти этот этап. Необыкновенно талантливая, умная, трудолюбивая женщина долго не получала повышения, потому что все вокруг устали от ее жалоб. Ее отличало то,

---

* Immigration and Naturalization Service, первоначальное название государственного департамента, работавшего с иммигрантами. Впоследствии влился в Homeland Security.

206 Часть II. Что нужно, чтобы стать руководителем высшего звена?

что она уже поняла, как это сдерживает ее рост. Ей говорили об этом и ментор, и непосредственный руководитель, и коллеги из смежного отдела. А также то, что, поверив в нее, повысив и поддержав, я захотела помочь ей преодолеть последний барьер: имидж негативно настроенного человека.

Я предложила ей вспомнить пару последних выступлений на телеконференциях и встречах. Например, фразу: «Мы совсем не помогаем новичкам: меня никто ни с кем не знакомил, никто со мной ничем не делился, ничего не рассказывал — выплывай, как знаешь». И переиначить ее на позитивный лад: «Мы получим гораздо большую отдачу от новичков, если обеспечим им поддержку, познакомим с командой, порекомендуем ряд хорошо работающих методов, назначим ментора — им будет проще разобраться, как все делается, будет больше отдачи и меньше разочарований».

И она меня не подвела. На следующей встрече в штаб-квартире она старательно фокусировалась не только на том, что она хочет сказать, но и как сформулировать мысли в положительном ключе. А мне досталась приятная роль — слушать восторги со стороны старшего руководства по поводу того, как она конструктивно мыслит, слушает других, участвует в работе — мол, что же это мне раньше говорили, что она во всем негативна? С ней все хотят работать!

А уж внутренний оптимизм — это третий шаг. За день себя не изменишь, но говорят, что если заставлять себя улыбаться в течение получаса, то настроение улучшается. Так уж мы устроены. Остается последовать совету того самого Мюнхгаузена: улыбайтесь, господа.

Глава 17

Нетворкинг и сеть контактов: кого знаете вы и кто знает вас

*Если вы хотите попасть куда-либо,
лучше всего найти человека,
который там уже побывал*.*
Роберт Кийосаки

— У меня есть менторы, но нет спонсоров, — пожаловалась моя бывшая подчиненная Д. в середине нашей беседы о ее рабочей ситуации, очень точно сформулировав свою проблему. — А вне компании я, по большому счету, знаю... только тебя.

С тех пор как семь лет назад она доросла до директорских позиций, не публикуемых на внутреннем корпоративном сайте вакансий, Д. поменяла несколько должностей. Но она никогда не планировала ни свою карьеру, ни следующую работу. Обычно раз в несколько лет либо ее начальник решал, что ей стоит заняться чем-то новым, и, узнав о вакансии, рекомендовал ее, либо предыдущий руководитель приглашал в новую команду.

Д. занимала текущую позицию около трех лет. Она успела сделать немало: создала новую команду в регионах, обеспечила ее обучение, добилась стабильного выполнения плана. Но пока считала свою работу над проектом не до конца

---

* If you want to go somewhere, it is best to find someone who has already been there.

208 Часть II. Что нужно, чтобы стать руководителем высшего звена?

законченной и не задумывалась о переходе. К сожалению, как это часто случается в крупных компаниях, очередная реорганизация заставила ее заволноваться о собственном месте, тем более что человек, которому она подчинялась, был неожиданно переведен в другой регион.

Как у всех директоров в компании, у Д. был официальный ментор. Даже два, потому что, перейдя в смежную профессиональную область, она завела еще одну наставницу. Оба ментора занимали позиции вице-президентов, то есть стояли на одну «ступеньку» выше ее самой, были хорошими специалистами, но руководили относительно небольшими подразделениями и их собственная карьера давно вышла на ровное плато. Ни один из них не возглавлял особо важных инициатив, не брался за новые, престижные направления и, скорее всего, за оставшиеся пять-шесть лет до пенсии не предполагал продвигаться на новые рубежи. Они прекрасно помогали Д. техническими советами по организации продаж и продуктовой специфике. Однако их беседы не затрагивали ни выбора следующей работы, ни планирования карьеры, а когда Д. потребовалась помощь, оба развели руками. Ни у одного не было в подчинении директоров, не говоря уже о свободных вакансиях, в силу малого размера отделов.

Собственно, эта ситуация и стала причиной нашего разговора — и хорошим поводом заострить внимание на важном моменте построения вашей сети контактов. Чем выше вы продвигаетесь в карьере, чем меньше потенциальных позиций вашего уровня и выше конкуренция за них, тем большее значение приобретает наличие людей, которые узнают о вакансиях, когда они только планируются, и обладают достаточным весом, чтобы порекомендовать вас. Именно таких людей в американской корпоративной культуре принято называть спонсорами.

Спонсоры, как правило, занимают высокое положение в компании и пользуются влиянием и властью. Сама по себе должность далеко не всегда является определяющей: не секрет, что одни руководители пользуются бо́льшим влиянием, чем другие того же уровня. Здесь может играть роль размер бизнеса в подчинении или его стратегическая важность, история принятия успешных решений, спасших компанию или сильно увеличивших прибыль, членство в определенных советах и комитетах управления, близость к совету директоров или CEO, бывшие подчиненные, стратегически расставленные на важных постах... Список можно продолжать долго. Но главное, в любой организации такие люди есть, их несложно вычислить — ведь за их внимание и поддержку идет настоящая борьба.

Хорошо, если ментор, знающий ваши силы и поддерживающий вас в карьерных устремлениях, занимает высокое положение и может стать также вашим спонсором. Как правило, это требует устоявшихся, долгосрочных дружеских взаимоотношений, уверенности в ваших способностях и демонстрации реальных успехов. То, что человек согласился стать ментором и провел с вами пару сессий, еще не означает, что он будет активно помогать вам в карьерном продвижении.

Но эти роли совсем не обязательно совпадают. Иногда спонсором может стать человек, у которого вы раньше работали, знающий вас с сильной стороны, пусть и не ведущий с вами структурированной и регулярной работы по повышению навыков в какой-либо области. Или же спонсор мог наблюдать вас «в действии». Например, в ходе работы над межрегиональной инициативой, в рабочей группе, в каком-либо начатом им проекте, поучаствовав в котором — нередко вне рамок основной работы — вы сыграли ведущую роль.

Если менторство все еще встречается в России редко — все больше в филиалах глобальных компаний — и часто воспринимается представителями российского рынка труда как экзотика, то идея спонсорства, напротив, нередко переоценивается. Вера в то, что хорошие позиции можно получить только по рекомендациям, порой доходит до абсурда, не говоря о том, что за спонсорскими отношениями нередко домысливаются родственная близость, коррупция или сексуальные связи.

На деле редко кто из крупных руководителей западных компаний поставит свою репутацию под удар, активно продвигая своего родственника или любовницу. Американский и европейский корпоративный мир необыкновенно щепетилен в подобных вопросах. Малейшее подозрение может привести к скандалу, ставящему под удар многолетнюю успешную карьеру. Особенно это заметно в публично торгуемых компаниях, где небольшое нарушение кода поведения или этики имеет непосредственное влияние на цену акций. Если непотизм или другие «неуставные» отношения там и встречаются, то лишь как нарушение, а не проявление системы. Так что основные причины становиться спонсором во многом сродни тем, по которым люди соглашаются быть менторами. Среди них — желание вырастить хорошую смену, обогатить собственную сеть связей контактами с будущими лидерами, поставить на ключевые позиции людей, от которых можно в будущем ожидать поддержки.

Спонсоры не обязательно находятся в той же организации. Наоборот, наличие в индустрии влиятельных руководителей, хорошо вас знающих и не возражающих в случае чего помочь, часто является залогом успешного перехода в другую компанию, получения места в совете директоров или приглашения выступить на престижной конференции.

В различных статьях на тему карьеры можно встретить рекомендации всегда иметь в списке контактов трех-четырех влиятельных людей, занимающих более высокое положение. Проанализируйте свою сеть: к кому вы обратились бы за помощью, если бы вам сегодня пришлось искать новую должность? Такой анализ быстро вскроет недостаток в спонсорских отношениях внутри собственной компании и в индустрии в целом. Как и всякий пробел в сети, его лучше заполнить до того, как возникнет реальная проблемная ситуация.

Одни люди обладают талантом заводить дружеские отношения со всеми на свете, другие стесняются подойти познакомиться с коллегой на конференции. О нетворкинге написана масса книг, и их пересказ не входит в мои цели. Я лишь заостряю внимание на том, что имеет смысл проанализировать свою сеть и задаться целью добавить в нее несколько потенциальных спонсоров.

Просьба о менторстве нередко является хорошим первым шагом в установлении подобных отношений. Как мы уже обсуждали, если ваши менторы не могут помочь вам в карьерном продвижении, то, возможно, стоит попытаться расширить их список — если, конечно, ваша кандидатура как ученика покажется привлекательной. Большинство руководителей высшего звена не откажутся ответить на несколько вопросов, в ряде случаев провести с вами короткую беседу. Но если вам нечем заинтересовать их в ответ, если вы не последовали данным вам советам и не нашли повода организовать следующую встречу, вряд ли эти отношения сохранятся. То, что вы знаете известного или влиятельного человека, совершенно не означает, что он знает и помнит вас.

Поэтому во многом выбор людей для первоначального контакта зависит от вашего умения и возможности поддержать интерес к себе. Я никогда не слышала, чтобы люди добивались успеха, симулируя общее хобби или интересы. Некомпетентность и отсутствие увлеченности быстро станут очевидными. А вот реальные общие интересы всегда помогут. Прицел на слишком большой разброс в уровнях работы тоже не будет вам на руку. Условно говоря, директору или начальнику отдела гораздо проще помочь с организацией проекта человеку, находящемуся всего на пару уровней выше, чем председателю совета директоров компании.

Другой способ найти спонсора состоит в том, чтобы стать заметным в общем проекте, необязательно рабочем — это может быть благотворительная акция или организация марафона, — если человек, с которым вы хотите познакомиться, увлечен такой деятельностью. Но, опять-таки, простое знакомство не сделает его вашим спонсором. Покажите себя в действии, заслужите похвалу, найдите удобный момент попросить совета относительно карьеры. Чем больше вас связывает, тем скорее ваш собеседник захочет вам помочь.

Все эти действия требуют времени и наличия хороших результатов в повседневной работе. Никакие рекомендации не помогут переходить с уровня на уровень, если вы не имеете достойной рабочей репутации, — один раз это может сработать, но процесс быстро затормозится. Да и спонсоры, как правило, совсем не хотят портить свою репутацию, рекомендуя людей, не пользующихся уважением в компании. Уверяю вас, при первом же намеке на подобное они наведут справки. А потому все описанное есть дополнительная помощь в построении карьеры, но никак не замена основных ингредиентов.

Список тех, кто знает вас в организации и может дать вам рекомендацию при переходе на новую работу, — это тоже тест на спонсорство. Перечень имен влиятельных людей и более высоких начальников свидетельствует о том, что вы не только проявили себя с лучшей стороны, но и пользуетесь достаточной поддержкой в компании для продвижения своих проектов, получения советов или помощи, дальнейшего карьерного развития и перехода в случае необходимости на другую должность. Именно поэтому большинство руководителей, попросивших список рекомендаций, обращает внимание не только на то, что о вас скажут, но и на то, кто это скажет.

Кто еще должен быть в вашей сети контактов помимо менторов и спонсоров?

Руководитель, обладающий широкой сетью контактов, представляет большую ценность для организации. Внутренние связи позволяют более гладко провести изменения или скоординировать работу отделов, внешние — привлечь дополнительный бизнес или инвесторов, лучше позиционировать компанию в индустрии, заключить новые партнерства и хорошо понимать, что происходит в вашей отрасли. Ваша сеть контактов, как и резюме, говорит о вас многое, а потому является одним из очень важных элементов заботы и внимания на всем протяжении карьеры, и особенно при переходе в высшее руководство.

Одним из ценных элементов такой сети являются люди, которых вы можете в случае необходимости привести за собой в компанию. Не секрет, что замена людей в высшем руководстве нередко связана с необходимостью серьезных перемен в стратегии или организации работы региона или функции. А с ними и замены людей: нередко у имеющихся специалистов не хватает знаний или опыта для работы в новых реалиях. Вы сможете быстро найти и нанять нужных профессионалов? А если ваша новая компания находится в ситуации финансового возрождения, или меньше по размеру, чем предыдущая, или менее престижна? Знаете, кого и чем привлечь, где найти фигуры на ключевые посты, если они требуют замены? CIO* одной из компаний-лидеров компьютерной индустрии дала мне хороший совет перед собеседованием. «Когда я беседую с новой компанией, — сказала она, — я сразу говорю им: вы не просто нанимаете одного человека, со мной вы приобретаете целую команду».

Возможно, вам не сразу придется менять людей или, в силу ряда причин, вы предпочтете в течение какого-то времени не приводить специалистов со стороны. Когда я перешла в CEVA Logistics, многие встретили меня настороженно —

---

* Chief Information Officer, директор по информационным технологиям. *Прим. ред.*

слишком нетипична я была для индустрии по целому ряду параметров: прошлый опыт, карьера в гигантской публичной компании в иной индустрии, возраст, пол... Опасения, что я начну приводить «варягов», были высоки. А мне, наоборот, хотелось дать людям понять, что в мои планы входит расширение возможностей для сотрудников компании ускорить свой профессиональный и карьерный рост. В течение первых нескольких недель мне предстояло заполнить две ключевые вакансии.

— То, как ты выберешь людей, — дал мне совет мой начальник, CEO, — во многом повлияет на впечатление о тебе. Людей, работающих в непосредственном контакте с твоими подчиненными, больше, чем работающих с тобой. По удачности твоего выбора сотрудников, критериям, качествам еще долго будут судить о тебе.

Я выбрала специалистов внутри компании, но при этом пошла на изрядный риск, впервые повысив женщину через уровень на должность главы сектора. Новое назначение встретили осторожно, раздавались отдельные голоса о нарушении иерархии. Но уже через полгода она настолько хорошо проявила себя в действии, что опасения забылись.

Тем не менее не прошло и года, как мне потребовалось нанять специалиста более общего профиля, не требующего специализации в логистике. Более того, после ряда кадровых перемен и новых назначений мне уже не стоило бояться подозрений, что я создам свой собственный «иностранный легион». Зато я сразу знала, кого из сети прошлых контактов пригласить на эту должность. Если бы мы привлекли рекрутеров, наем такого специалиста обошелся бы в несколько десятков тысяч долларов при куда менее прогнозируемых результатах.

Моя история совсем неоригинальна. Большинство успешных руководителей обладают достаточным количеством хороших контактов, чтобы в случае необходимости привести несколько сильных специалистов. Именно поэтому стоит поддерживать отношения с бывшими подчиненными и коллегами, быть ментором и рассматривать ценность сети контактов не только с точки зрения спонсорства.

Другая немаловажная группа в вашей сети — это люди, которые могут при необходимости дать вам совет. Мы уже больше года не работаем вместе с А. Он возглавил крупную компанию, а я сменила индустрию. Тем не менее раз в несколько месяцев мы говорим по телефону, перебрасываемся поздравлениями или обедаем, если оказываемся в одной стране и городе. Неминуемая часть наших бесед — поиск персонала. У тебя нет хорошего кандидата в CMO? Мне нужен хороший специалист по анализу продаж. Никто из твоих людей не хочет на повышение?

Кроме того, иногда бывает просто полезно «сравнить записи». Конечно, не надо делиться конфиденциальной информацией, но общие идеи компенсации или обучения часто бывает полезно обсудить с профессионалом из неконкурентной компании. Когда мы решили уделить больше внимания продуктивности продаж, то обратились к партнерам с вопросом, какие методы и практики, с их точки зрения, оказываются более полезными. Они вели бизнес в совсем другой индустрии и поставляли нам систему CRM. И именно поэтому имели прекрасный опыт анализа данных в этой области, которым с удовольствием поделились.

Возможно, после чтения этой главы у вас создалось ощущение, что я провожу бо́льшую часть времени, занимаясь нетворкингом. Нет ничего более далекого от реальности. В своей первой книге «Вверх! Практический подход к карьерному росту» я описала свои страхи и проблемы: будучи абсолютным интровертом, я устаю от людей. «Никогда не есть в одиночку», как рекомендует известная книга[*], — для меня

[*] Феррацци К., Рэз Т. Никогда не ешьте в одиночку. М. : Манн, Иванов и Фербер», 2010.

верный рецепт угодить в сумасшедший дом. Я бы никогда не стала строить карьеру, если бы жизнь в подобном кошмаре была неизбежной.

Тем не менее интроверты прекрасно общаются один на один, особенно если им удается делать паузы и проводить перерывы в одиночестве. Они с удовольствием пользуются социальными сетями, твиттером и фейсбуком для поддержания контактов, не требующих покидать собственный кабинет. Речь идет не о том, чтобы заполнить общением весь объем времени, а о том, чтобы делать это выборочно. И не о том, чтобы искусственно поддерживать отношения с людьми, которые вам неприятны. Ведь если в той области, где вы работаете или куда хотите попасть, нет тех, с кем вам не в тягость пообщаться, — зачем вы туда стремитесь? Разве это не верный способ превратить собственную жизнь в ад? Найдите тех, кто вызывает у вас уважение и желание общаться, — и сфокусируйтесь на том, чтобы не терять несколько ценных контактов, вместо того чтобы поддерживать сотни и тысячи бесполезных и не особо интересных.

Современные средства медиа позволяют поддерживать многие контакты, не ставя под удар личный комфорт. Нам повезло несравненно больше, чем предыдущим поколениям. В моей сети есть пара десятков людей, которых я не видела по семь-восемь лет, но благодаря фейсбуку или твиттеру мы знаем последние события из жизни детей, перипетии командировок, удачные интервью и имена собак. И главное, по-прежнему рады в случае необходимости прийти друг другу на помощь, зная, что завтра ситуация может измениться на противоположную.

Мы можем позволить себе есть в одиночку — в крайнем случае наедине с компьютером, — но одно не меняется с годами: ваша карьера сильно зависит от того, кого вы знаете и кто знает вас.

Часть III
Успешный старт на новом месте

Глава 18

Уход с прежней работы с сохранением хороших отношений

Босс вызывает китайца, заявившего об эмиграции:
— Почему ты хочешь уехать?
Тебе не нравится работа? Компания?
— Нет-нет, очень нравится.
— Может быть, руководство страны вызывает сомнения?
Система образования или медицины?
— Что вы! Правительство очень мудрое и справедливое
и лучшие системы социальной защиты в мире!
— Тогда почему же ты уезжаешь?
— Чтобы жить в стране, где я смогу ругать работу,
компанию, правительство и систему образования.

Анекдот, рассказанный китайцем,
не назвавшим своего имени,
на вопрос американского журналиста радио NPR,
для чего он учит английский

У кого не возникало желания хлопнуть дверью после очередного обсуждения годовых результатов с нелюбимым боссом? Кто не представлял себе хотя бы раз в жизни злорадное заявление об уходе, полную растерянность руководства и битье начальника головой о стену при одной лишь мысли о потере вас? Остановимся на этом, потому что не всякая естественная для человека эмоция требует проявления в профессиональной среде.

220 Часть III. Успешный старт на новом месте

Как обычно, сделаю оговорку, что мои заметки рассчитаны на людей, серьезно относящихся к своей карьере и подразумевающих под ней ту или иную лестницу профессионального роста. В общем и целом поддержание репутации и сохранение отношений с возможными работодателями актуальны и для тех, кто лишь оптимизирует оплату, перескакивая с контракта на контракт, и вообще в любой области, где рано или поздно репутация догоняет человека. Всякий собиравший отзывы о принимаемом на работу или проверявший нового коллегу или потенциального босса по социальным сетям, все более заменяющим собой резюме, со мной согласится.

Итак, вы решили поменять работу. Причины в данном случае не так важны — было ли то желание получить более высокую позицию, увеличить зарплату, избавиться от не устраивающих вас моментов на прежнем месте, освоить нечто новое или найти место поближе к дому. На мой личный взгляд, хорошая смена работы максимально определяется факторами положительными — возможностью перескочить ступеньку по карьерной лестнице или лучше позиционировать себя для следующего шага. Однако в реальности люди куда чаще меняют место работы по причинам негативным: для того чтобы уйти от раздражающих факторов. Лишь очень небольшой процент работающих сознательно планирует свой путь и умеет потерпеть неприятные условия, дожидаясь оптимального варианта. Наиболее частой причиной ухода являются несложившиеся — явно или скрыто — отношения с прямым начальником или ощущение собственной недооцененности. То есть большинство уходит не «в», а «из» и «от». А это еще больше усложняет усилия последних недель на старом месте по сохранению отношений. Вон ведь, близка уже заветная дверь, чувствуется весенний запах свободы, срок отсижен, хочу на волю — кого волнует, что там позади.

Мой знакомый Н. ушел из Sun в стартап, оговорив пару месяцев отпуска. В первую же неделю на новом месте его огорошили новостью: компанию покупает крупная корпорация. Догадались какая? Я знаю как минимум троих ушедших из большой компании в маленькую лишь для того, чтобы через несколько лет оказаться — о черт! — купленным вместе с ней прежним нанимателем. Вот и выбирай — расстаться с пакетом опционов, созревающих через год непрерывной работы после слияния, или необходимость снова иметь дело с прежними коллегами. Хорошо, если позади не осталось сожженных мостов и разбитого стекла.

У гораздо большего количества людей переход оказался неудачным из-за классической схемы «переобещали, но недодали». То реальная область ответственности оказалась на порядок меньше, то финансовое положение — плачевным и угрожающим банкротством, то новичок встал перед выбором этического характера и не мог пренебречь своими нормами. Мне приходилось помогать знакомым во всех трех ситуациях. К кому они обращаются в поисках выхода, как не к своей сети контактов? И сколько бывших коллег в этой сети действительно захотят сделать что-то, чтобы им помочь?

Наконец, никогда не забывайте, что слухом земля полнится. Помимо рекрутеров или нанимателей, интересующихся мнением о кандидате, есть еще новые заказчики и партнеры, которые вдруг оказываются старыми знакомыми из прошлой жизни или просто имеют общих знакомых, LinkedIn им в помощь. Уже после перехода в логистику мне случалось находить общих знакомых по прошлой жизни с руководителями заказчиков в столь отдаленных местах, как Таиланд и Япония. Профессиональное сообщество очень часто оказывается сближающим, или, как гласит известная поговорка, «не мир тесен, а прослойка узка».

Так что хорошо спланированный и тщательно осуществленный этап ухода с вашей текущей работы, не оставляющий неприятного послевкусия у остающихся, может оказаться важной инвестицией в будущее.

Чтобы остаться в хороших отношениях, надо, прежде всего, в них быть. Эта истина, достойная пера капитана Очевидность, осознается на практике совсем не так часто, как можно было бы предположить. К вам никогда не обращались с просьбой помочь в трудоустройстве или дать рекомендацию люди, попортившие немало крови в период совместной работы? Со мной такое случалось не раз. Например, коллега, регулярно игнорировавший просьбы, вдруг как ни в чем не бывало спустя пару лет после ухода присылал имейл с вопросом насчет нового места.

Не выписывайтесь раньше времени. Куда больше отрицательных впечатлений связано с тем, что люди ментально покидают свое настоящее место работы задолго до того, как оставят его в реальности. Зачем начинать проект, если через пару месяцев я уйду, не получив за него премии? Зачем добиваться повышения подчиненному, если меня тут скоро не будет? К чему спорить о правильной системе компенсации для нового отдела продаж, пусть я и эксперт в данном вопросе, но мне уже с вещами на выход — играйте как хотите?

К сожалению, ваши коллеги, руководитель, подчиненные еще не знают, что смотрят в удаляющуюся спину. Они всего лишь видят человека, не желающего помочь, пренебрегающего обязанностями и уклоняющегося от ответственности. Не стоит оставлять такую память о себе, тем более что первые и последние впечатления о человеке оказываются, как правило, наиболее стойкими.

Чем выше по карьерной лестнице, тем больше времени проходит от первых интервью до увольнения с прежнего места работы. В моем случае переход занял около полугода, и даже когда стороны договорились об основных моментах контракта, оставались дополнительные этапы, такие как утверждение кандидатуры внешним советом директоров. К сожалению, на любом из них может произойти сбой. Неслучайно юрист, с которым мы работали над покупкой и слиянием компаний, научил меня важному принципу: договора нет, пока он не подписан.

В начале процесса перехода я обратилась за советом к CIO одной из глобальных компаний, занимавшей до этого старшие руководящие позиции в нескольких ведущих IT-корпорациях. Первое, о чем она меня предупредила еще до получения предложения о работе, это о сложности последнего этапа.

— Будет очень трудно работать так, как будто ты не собираешься уходить. Но это очень важно. То, что не сможешь закончить ты сама, довершат твои подчиненные или преемники. Сконцентрируйся и продолжай вести дела до последнего момента так, как будто остаешься.

От себя я еще добавила бы: не забывайте, что это может быть последняя совместная работа, по которой вас запомнят. Повторюсь, первые и заключительные впечатления имеют тенденцию затмевать промежуточные — так устроена человеческая психология. А потому не пренебрегайте повышениями и премиями подчиненным, если они заслужены. Не забывайте просто благодарить за хорошую работу. Предлагайте идеи, участвуйте в обсуждениях проекта на всю катушку. И не игнорируйте просьбы босса: даже если вы не доведете дело до конца, то оставите после себя хорошую славу.

Всегда стоит выбирать высокий путь. Вспомните коллег, зашедших попрощаться. Вопрос о причинах ухода всегда, явно или неявно, всплывает в разговоре. Одни говорят о прекрасном шансе, о повышении по должности, о новой технологии, о возможности проявить себя в стартапе или, наоборот, попробовать руководство более крупным бизнесом. Они рассказывают о том, куда уходят, о том, как это интересно, увлекательно и позитивно для их карьеры. Движущийся к своей цели всегда вызывает уважение.

Другие жалуются на недооцененность, низкую зарплату, недалекого босса, злых коллег, нового CEO, ведущего компанию в пропасть, заговор кадровиков, урезающих блага и повышения, на скучную работу и отсутствие карьерных перспектив. Возможно, в чем-то они правы, возможно, даже во многом. Вопрос не в этом, а в том, что чувствуют оставшиеся коллеги, а еще важнее — их подчиненные. Грусть, что они пребывают в таком ужасном месте? Желание компенсировать это чувство сомнением: почему уходящий не нашел лучшего места в другом отделе той же компании? Почему ему не хотят платить больше, если он такой чудесный специалист?

Было бы утрированно считать всех ругающих свое бывшее место неудачниками, но доля правды в этом есть. Человек талантливый и желанный для работодателя ассоциируется у нас с движением к лучшему, а не с бегством. Подумайте об этом в контексте сохранения хороших отношений с коллегами. Вы хотите, чтобы они в будущем стремились поддерживать контакт с вами как с восходящей звездой или сторонились как неудачника?

И еще один мелкий совет. Уходящие счастливо, как правило, повышают свой заработок. Все это знают, и многим будет интересно, насколько. Кто «принюхивается» сам, кого интересуют деньги в чужом кармане, кто хочет посплетничать: «и из-за каких-то XXX тысяч долларов...» Нет ничего страшного в том, чтобы упомянуть повышение; но, решив назвать сумму, помните, что ее будут обсуждать ваши самые злостные недоброжелатели. Так что подумайте дважды. Цифры имеют свойство передаваться быстро — не тешьте себя надеждой насчет «одного раза по секрету». Названное единожды обязательно рано или поздно станет публично известным.

Иногда это неизбежно — зарплаты первых лиц публично торгуемых компаний публикуются в годовых отчетах SEC. Но в большинстве случаев распространения излишнего знания о размерах вашей суммы избежать до смешного просто:

не называйте ее никому. Решайте сами, хотите ли вы сделать эту цифру предметом публичного обсуждения. К сожалению, зависть имеет свойство превращать нейтрально настроенных коллег в мстительных врагов.

Еще одна причина выбрать благородный путь заключается в щекотливости ситуации контрпредложения. Она актуальна далеко не для всех, а лишь для тех, кого действительно будут стараться удержать. К сожалению, это усложняет процесс ухода и эмоционально, и по времени, и с точки зрения сохранения отношений. Заставить руководство проработать новое предложение, спланировать необходимые для этого кадровые перестановки или получить экстренные разрешения на повышение зарплаты, а после этого не принять его — не лучший способ оставить о себе добрую память.

Можно долго обсуждать, стоит ли соглашаться остаться в обмен на лучшее предложение от текущего нанимателя. Наиболее распространенная точка зрения карьерной литературы состоит в том, что этого не стоит делать, поскольку доверие к вам уже утрачено. Дескать, поняв, что вы игрок ненадежный, смотрящий на сторону, ваш начальник пойдет на уступки, чтобы вас задержать, но не будет ни повышать, ни ставить на интересные проекты: сколько волка ни корми, он все в лес смотрит.

Я лично не согласна с этим постулатом — и как руководитель, и как подчиненный. В современном мире уход в другую компанию в большинстве глобальных корпораций давно не рассматривается как предательство семьи, хотя и нередко приводит к ограничениям, налагаемым на возможность вернуться. Это обратная сторона медали: принадлежность к компании и верность ей давно не гарантируют вечного найма или успешной карьеры. Несомненно, исключений немало, но я исхожу из предположения, что строить карьеру лучше в фирме с цивилизованными отношениями без патерналистских замашек.

226 Часть III. Успешный старт на новом месте

Любому начальнику — страдающие комплексом неполноценности не в счет — выгодно иметь хороших специалистов с высокой мотивацией. Если кто-то готов платить за такого человека больше, а вы настолько не хотите его отпускать, что готовы поднять зарплату (да-да, пройти семь кругов корпоративного ада, получая разрешения, если не можете сделать это своей подписью), вы оба в выигрыше. У вас работает высоко котирующийся на рынке специалист, благодарный за выбитое повышение — иначе не остался бы. А он получил желаемое без необходимости менять привычный контекст, разбираться с новой системой социальных программ и прочих радостей перехода на другое место. Или, если вы подчиненный, вы поняли, сколько стоите и насколько вас ценят. Если вас не будут повышать в дальнейшем исключительно из соображений мести, то вы еще раз найдете новую работу, но уже с лучших стартовых условий.

Моя персональная причина не обсуждать контрпредложения другая. На более высоких ступеньках карьеры срок работы на одном уровне значительно удлиняется по сравнению со стартовыми позициями. Переходить на работу (или зарплату), которую вы и так, скорее всего, получите в ближайшие год-два — а именно так, как правило, определяется контрпредложение, — нет смысла. Любой переход — это риск, так что уж если рисковать карьерным ростом, то с хорошим расчетом и гораздо бо́льшим выигрышем. Напомню, что речь идет именно о тех, кем движет стремление к профессиональному росту. Если вас устраивает небольшой скачок в зарплате как повод сменить компанию, вопросов нет. Тем более что, не исключено, к нему добавится возможность сократить время на дорогу, уйти от неприятного начальника или получить гибкий график. Впрочем, на такие повышения чаще идут люди, «работающие, чтобы жить» и не ставящие перед собой цели значительного карьерного продвижения. А значит, им и решение принимать проще.

Тем же, перед кем стоят агрессивные и почти несбыточные цели, от перехода стоит ожидать повышения несравненно большего, чем то, которое вы сможете получить на старом месте в течение нескольких лет. Это должно быть принципиальное расширение перспектив или очень крупный финансовый скачок. Контрпредложение может быть шагом вверх на одну ступеньку. Если вы знаете, что и так его получите, рисковать переходом не стоит. Он должен подбросить вас много выше и открыть перспективы, отсутствующие на прежнем месте в обозримом будущем. Если вы знаете, что иначе не получите такой приз, или количество потенциальных мест следующего уровня в вашей компании настолько мало, что ждать, скорее всего, придется долго, то и не стоит оставаться. Не будете же вы пробивать каждое продвижение таким способом. Переходить имеет смысл так, чтобы нынешний работодатель не смог сделать достойное контрпредложение, а значит, вряд ли стоит тратить время на переговоры.

Когда я мучилась вопросом ухода из IBM, где проработала без малого девятнадцать лет, старший руководитель с тридцатилетним стажем в P&G, удержавший в свое время многих от ухода, дал мне хороший совет. В ходе нашей беседы я объяснила ему, почему перехожу, обозначив в качестве причин новый уровень возможностей, размер подчиненной мне организации и личной финансовой ответственности, дальнейшие перспективы развития и профессионального роста. И он просто сказал:

— Вот об этом и говори. Если тебя что-то не устраивает на нынешнем месте и ты захочешь это обсудить, то откроешь зацепку для переговоров, из которых будет трудно выбраться.

Мне кажется, это очень точно подмечено. Нас всегда что-то устраивает не до конца — иначе мы бы не ответили на тот первый звонок рекрутера или не подали резюме на вакансию. Но в конце концов все сводится именно к цели, а не к отправной точке.

Именно таким образом я в дальнейшем удержала нескольких человек от ухода: поинтересовалась, что вызывает неудовлетворенность, и устранила причины. В обоих случаях это оказалось сделать куда проще, чем искать новых людей. Правда, и они уходили по простым причинам — недовольство зарплатой, неуверенность в перспективах бизнеса или усталость от текущего проекта. Тех, кто идет на серьезное повышение в должности и степени ответственности, которое ты им предложить не в силах, удержать куда сложнее.

Третья причина не говорить о компании и ее людях плохо даже в беседе с доверенными лицами состоит в том, что рано или поздно, с высокой степенью вероятности, об этом узнает ваш начальник. Кто-нибудь да упомянет, что «вот и Пол ушел, потому что нас тут не ценят». Вряд ли ваш руководитель будет благодарен вам за подрыв морали, особенно если это человек, имеющий основания прибавить «после всего, что я для него сделал», неважно, заслуженно или нет. Хорошие отношения с прошлым начальником окупаются сторицей — он становится частью вашей сети контактов, — в то время как плохие могут оказаться серьезным риском. Никогда не знаешь, как сложится жизнь и кто с кем знаком. Так что лучше сохранить добрые отношения со всеми.

Четвертая причина оставаться позитивным и не говорить плохо о прошлом нанимателе заключается, как ни странно, в отношениях с нанимателем будущим. Как мужчина, постоянно жалующийся на бывшую супругу, производит плохое впечатление на женщин, так и поносящий прежнюю компанию сотрудник отвращает нанимателей. Вдруг его и тут что-то не устроит (а что-то не устроит всегда — где люди, там несогласия и проблемы) и он начнет сор из избы выносить.

Я думала, писать ли тут еще об одной причине: слишком часто я слышу о том, насколько моя рабочая реальность отличается от той, в которой живут многие мои читатели. Но, к счастью, число успешно делающих карьеру в публично торгуемых компаниях среди моей аудитории растет, и для многих со временем это может стать актуальным.

Неслучайно бывший CEO IBM Луи Герстнер никогда не отвечал на вопросы прессы о решениях своего преемника. Он хотел дать новому CEO полную свободу действий, без сравнения с предшественником, и не хотел никакого влияния, осознанного или нет, на цену акций. То, что становится публичным, влияет на мнение о компании среди ее инвесторов. Как я уже сказала, для многих это может оставаться альтернативной реальностью, тем не менее это тоже важный фактор. В конце концов, уходя, многие из нас остаются акционерами компании хотя бы на некоторое время, так что потери могут ударить и по вашему собственному карману.

Не оставлять после себя руины

Если вы уходите к конкурентам, то в большинстве компаний вас попросят немедленно покинуть офис. К этому лучше подготовиться, не только упаковав семейные фотографии, стоявшие на столе, и организовав список нужных контактов, но и приведя дела в порядок.

Если вас ценят как специалиста, если у вас сложились хорошие отношения на работе, то, несомненно, начальство, коллеги и подчиненные — или хотя бы многие из них — расстроятся, услышав ваше объявление об уходе. Однако то, как сложатся ваши отношения в будущем, во многом зависит от культуры индустрии и компании, равно как и от того, уходите ли вы к конкурентам. Случается, что спортивная ненависть к противнику заставляет смотреть на уходящих как на предателей, хотя в современном мире, где гораздо меньше людей всю жизнь работают на одном месте, такое отношение все больше уходит в прошлое. Судя по тому, что немало людей, которых я знаю, возвращались в прежние компании на новом витке карьеры, отношения довольно часто сохраняются и развиваются и после прекращения совместной работы.

Ваш руководитель — тоже человек, причем человек занятой, на которого упадет и весь ваш объем работы, и необходимость искать вам замену. Негативные эмоции от этого как раз и отразятся на ваших отношениях, если ему еще и придется латать прорехи. А потому, какой бы привлекательной ни казалась демонстрация собственной незаменимости, попробуйте сделать все возможное, чтобы сгладить этот пик нагрузки. Вашу незаменимость в хорошем смысле еще обнаружат, если преемник не сможет показать те же результаты или столь же успешно работать со смежными отделами. А вот проваленный брифинг для клиента или обучение персонала, которое вы готовили, но забыли упомянуть, передавая дела и упустив важные вехи проекта, вызовут совсем другую реакцию. Вынужденные работать по вечерам, чтобы наверстать упущенное, или упустившие контракт коллеги вас вспомнят не раз — и далеко не добрым словом.

Если вы уходите не к конкурентам, предложите помощь в равномерной передаче дел, реорганизации, вызванной вашим уходом, и завершении проектов. Это будет оценено. Мне несколько раз приходилось слышать от руководителей о человеке, который уходит, но делает это столь профессионально, что и они с удовольствием идут на ряд уступок — от большей гибкости в согласовании сроков до более высокой годовой оценки, все еще влияющей на переменную часть пакета компенсации.

В моем собственном случае при уходе из IBM я знала, что по ряду причин мне будет трудно найти замену. В частности, это было связано с совмещением нескольких очень разных профессиональных функций в одном отделе под моим руководством. Обычно их разделяют, так как они требуют разных навыков и опыта, но так исторически сложилось, что я могла вести несколько направлений сразу. Поэтому я провела работу в два этапа. Сначала поговорила с руководством о том, что мне пора скоро двигаться дальше. Это нормальная беседа для компаний, где приняты ротации, то есть руководителей периодически перемещают с места на место с целью профессионального роста.

Разговор оказался полезным сразу по двум причинам. Во-первых, он помог мне реально оценить перспективы следующего шага, что в итоге сыграло свою роль и при окончательном выборе в пользу ухода, и в будущей ситуации контрпредложения. А во-вторых, у меня появилась не вызывающая подозрений возможность предложить свое ви́дение реорганизации отдела и даже кандидатов на замену. Когда через пару недель я удивила начальство новостью об уходе, у них не только было заложено понимание моих мотивов — оптимальный карьерный шаг, а не неудовлетворенность работой, — но и имелись основные направления перестройки бизнеса в связи с моим уходом.

Кроме того, в первом же разговоре я предложила довести несколько ключевых проектов до логичной точки передачи другому руководителю, чтобы минимизировать негативное влияние от смены действующих лиц. Мы расстались максимально гладко, и мое начальство со своей стороны сделало для меня ряд вещей, которые легко могло бы не делать. Например, мне дали высокий рейтинг по результатам работы за предыдущий год и выплатили большую годовую премию.

Оставить свой отдел или сегмент работы в хорошем состоянии, уходя, важно не только для сохранения отношений. Через несколько лет вы опять будете обновлять резюме и рассказывать кому-то — потенциальному новому начальнику, совету директоров, инвесторам в новый бизнес — о том, почему вам следует доверять как профессионалу. Любому из них захочется иметь дело с человеком, строящим прочное дело, а не нечто развалившееся немедленно после его ухода.

Так что ваша репутация в данном случае может стать активом, а может — бременем.

Я продолжаю поддерживать отношения со своими прежними начальниками и коллегами. В некоторых случаях это дало мне возможность спросить совета или найти нового ментора, но в основном мне просто приятно не терять связь с интересными людьми. К тому же нас сближает общее прошлое и общее дело. Мне было очень приятно, когда некоторые начатые мной проекты успешно завершились, и мои коллеги, а в одном случае — даже заказчики, тут же дали мне об этом знать. Так, наверное, человеку, посадившему новые деревья и ухаживавшему за ними несколько лет, радостно узнать, что они начали приносить плоды.

Глава 19

Переход на самостоятельное обучение

Оставайтесь голодными. Оставайтесь безрассудными.
И я всегда желал себе этого. И теперь, когда вы оканчиваете
институт и начинаете заново, я желаю этого вам*.
*Стив Джобс. Речь перед выпускниками
Стэнфордского университета, 2005 год*

Около года назад мне довелось пересечься с бывшей коллегой М. на ее новой территории. Устав ждать повышения
на должность директора, она перешла из IBM в одну из самых
энергичных и агрессивных софтверных компаний. А я как
раз отвечала за работу с производителями программного
обеспечения. Так что мы снова увиделись, когда я посещала
партнеров по бизнесу с целью обсудить участие в общем
проекте. М. узнала о моем приезде и попросила у своего начальника разрешения поучаствовать во встрече, сославшись
на прошлое знакомство. Мы были рады увидеться. Как обычно в таких случаях, многое в молодой компании вызывало
белую зависть — от активного духа предпринимательства
до резко растущей доли рынка, от непомерных по нашим
экономным меркам бюджетов до количества фанатов среди
пользователей. Я искренне порадовалась за М. И конечно,

---

* Stay Hungry. Stay Foolish. And I have always wished that for myself. And now, as
you graduate to begin anew, I wish that for you.

в перерыве мы взяли по кружке кофе и отошли в уголок поделиться впечатлениями.

— Замечательно, что мне тут удается участвовать во встречах такого уровня, — поделилась она. — На прошлой работе меня бы не допустили на подобные переговоры. И многое тут делается быстрее, куда меньше стандартов и направлений, которые надо между собой интегрировать. Но знаешь, они тут понятия не имеют ни о менторстве, ни о карьерном развитии, ни об обучении...

Я тогда, конечно, ей посочувствовала. И мы поговорили о том, что обучение как таковое вообще иссякает по мере продвижения наверх: как почувствуешь, что знаний не хватает, ищи новый источник сам. И о том, что наверняка ее прежний ментор будет не против возобновления отношений. Но беседа в память запала.

Примерно через полгода после этого я ушла возглавлять продажи в компанию, которая была одной из крупнейших в своей индустрии и насчитывала свыше пятидесяти тысяч человек. Но у нее не было столетней истории и долгой практики развития, как у моей «альма матер». CEVA была образована всего за пять лет до моего прихода путем слияния и изрядной трансформации двух очень разных бизнесов. А потому, несмотря на размер, обладала многими чертами стартапа. Что-то работало давно, а что-то надо было строить с нуля. Более того, профессиональная логистика — сама по себе отрасль достаточно новая, во многом развившаяся и изменившаяся в последние десятилетия глобализации экономики. Исторически она никогда не была знаменита новейшими идеями, инновациями в управлении или программами профессионального развития сотрудников. Во многом именно поэтому большинство старших руководителей CEVA были приглашены в нее из компаний-лидеров в других индустриях. Практически все мы принесли в нее какие-то новые для логистики идеи и методики.

Так, я столкнулась с тем, что запущенная всего за год до моего появления в CEVA менторская программа только разворачивалась. Работа над планами карьерного развития только началась. Многие из привычных мне методов планирования и прогнозирования продаж были неизвестны или применялись нерегулярно. Многое давно знакомое мне по работе в IBM было уникальным и необычным для индустрии логистики в целом.

Я знаю, что в ряде компаний и целых отраслях практика развития талантов и помощи сотрудникам в профессиональном обучении отсутствует. Нередко организации нанимают людей на одну работу и конкретную должность, а вовсе не с расчетом на долгую карьеру и дальнейшее совершенствование. А значит, никто не интересуется, будет ли у них возможность перейти на следующую ступеньку через несколько лет. Но руководство CEVA поставило перед собой цель сделать ее одной из самых привлекательных для работы компаний в логистике. И, соответственно, задумалось о том, какая помощь необходима талантливым сотрудникам для профессионального роста.

На своей новой работе я оказалась во главе рабочей функции в целом: выше только CEO и внешний совет директоров компании. Если заработавшие идеи идут мне в актив, то все неудачные изменения в работе продаж — в пассив: ответственность за любые негативные изменения ляжет на мои плечи. Возможно, кто-то не обратит внимания на вторую часть предыдущего предложения и начнет экспериментировать всласть — сколько продержатся. Однако мой малый опыт подсказывает, что наворотившие дел все-таки рано или поздно «встречают свой КамАЗ» на дороге. Могу с уверенностью сказать, что в нормальной компании — с меритократией и вполне функциональным советом директоров — ответственность «сделать правильно» давит, особенно в первые месяцы работы.

Мне очень нравилось мое новое место, не столько из-за благ и привилегий (хотя, конечно, они доставляли определенное удовольствие), сколько из-за появившейся возможности воплотить в жизнь собственные идеи и представления о замечательной организации сбыта. Но однажды, рефлексируя на тему того, сколько было сделано и заложено за три месяца работы в новой компании — возможно, больше, чем за пару лет в предыдущей, — я ясно поняла важный момент. Мне повезло долгое время работать в продвинутой, по меркам моей профессиональной области, организации. Повезло подчиняться порой непереносимым и всеми ругаемым, но очень опытным руководителям и внедрять, одно за другим, изменения рабочих процессов, ими инициированные. Хотя люди всегда более благосклонно настроены по отношению к своим идеям и часто негативно — к чужим, тем не менее они учатся на любом опыте. Повезло — потому что иначе не было бы у меня такого запаса инструментов. Не было бы сразу, с первой недели, умения распознать десятки проблем. Не было бы интуитивного понимания того, к каким последствиям приводят различные системные изменения и какие методы позволяют исправить ситуацию. Не было бы — спасибо культуре управления IBM — умения слушать других людей и вылавливать из разговоров и дискуссий множество новых идей и нововведений.

Теоретически до многого можно дойти самому, но время для такого поиска решений несравнимо с тем, которое дается опытом. Работа главы любой функции требует умения, взглянув на страницу цифр, автоматически прикинуть в уме несколько соотношений — и понять, где кроются основные проблемы. И более того, требует знания, какие данные стоит запросить и проанализировать в первую очередь, а чем можно пренебречь.

Например, на что стоит смотреть в случае необходимости быстро повысить продуктивность отдела продаж: на то, кто не выполняет план, или на разницу в индикаторе возврата на прямые инвестиции* между странами одного региона? В реальной жизни на ответ есть несколько минут, максимум пара дней, но, во всяком случае, совсем не то время, которое нужно, чтобы перелопатить гору литературы. Почему так мало? Потому что параллельно надо принять решения по целому ряду других вопросов, учитывая к тому же, как одни положительные изменения повлекут за собой другие, менее желательные. Например, какую отчетность и как часто запрашивать, и при этом как улучшить, а не пустить под откос повышенной бюрократизованностью моральный климат и загрузку сотрудников, ведущих клиентские счета. А попутно приходится думать о том, как перестроить и стандартизировать ведение отношений с крупнейшими заказчиками; какие маркетинговые программы стоит продолжать, а какие закрыть; как внедрить систему точного прогнозирования продаж и добиться выполнения плана поквартально; какие кадровые изменения произвести в первую очередь... Можно продолжать еще на пару страниц — и это будут лишь решения, которые мне нужно было принять в первые несколько недель работы, когда немалое количество времени уходило еще и на изучение новой для меня отрасли и организации. Очень помогли практические знания и опыт, подсказывающие, каких последствий стоит ожидать и что предвидеть, чтобы не начинать экспериментировать с нуля.

Можно ругать компании-гиганты за медлительность и неповоротливость. Отчасти это объясняется их природой: сбалансировать и оптимизировать сотни продуктовых линий куда труднее, чем полдюжины. Но сам объем заставляет их постоянно отлаживать процесс, а также изобретать или применять только что придуманные кем-то другим новейшие методики. Они оперируют капиталом куда большего размера — а значит, повернуть такой корабль даже на пару

---

* Оценка прироста прибыли на единицу прироста вложений в продажи. *Прим. ред.*

238 Часть III. Успешный старт на новом месте

градусов куда труднее, чем мелкий парусник, и это требует совсем другого уровня квалификации. У них больше P&L*, больше портфель патентов, больше рычаг маркетинговых компаний — и, как результат, они привлекают и выращивают более опытных профессионалов в целом ряде областей.

Возможно, в нишах — будь то оптимизация налогообложения для конкретного типа предприятий, правовые вопросы узкого сегмента рынка или новая технология — лучшие специалисты предпочитают бутикового размера партнерства и стартапы. Но в областях широкого профиля, связанных с управлением большим количеством людей, объемом продаж и капитала, гиганты предоставляют куда большую возможность научиться лучшему.

И спасибо им за это.

Не секрет, что рекрутеры больше всего любят резюме, в которых имеется существенный опыт работы в двух-трех крупнейших компаниях в индустрии. Это говорит о том, что, насмотревшись на их методы и научившись им, человек будет лучше подготовлен к перенесению опыта на новую область. Признаю, что мой личный опыт совпадает с этим утверждением в обеих индустриях, где мне довелось работать. Крупная компания — как университет Лиги плюща. Не всякий поработавший там несколько лет чего-то стоит. Но большинство продвинувшихся в карьере в штаб-квартире компании, лидирующей в своей отрасли, как правило, более опытны в практике управления, построения организационных процессов и их постоянного улучшения.

Существует множество способов строить успешную карьеру. Можно всю жизнь оставаться в мелких компаниях, можно пройти школу в крупных и перейти в более мелкие, можно заниматься «внутренним предпринимательством» в глобальных корпорациях. Нет верных или неверных путей.

---

* Profit and Loss Statement, отчет о прибыли и убытках за определенный период. *Прим. ред.*

Однако, не сравнивая их недостатки и преимущества в целом, не стоит забывать об одном важном моменте. Работа в компаниях-лидерах мировой бизнес-практики служит в определенной мере школой профессиональных навыков и лучших, тщательно отобранных методов. Применять ли их потом — дело личных предпочтений и требований конкретной ситуации. Но гораздо проще иметь под рукой палитру готовых средств и решений, чем каждый раз мучительно изобретать колесо. Не прошло и трех месяцев после моего ухода из IBM, как мне стали звонить приятели, коллеги и ученики из прошлой жизни. Многие из них, читавшие мой фейсбук или блог, уже знали, что я очень довольна результатами перехода. Оказалось, что за чертой не просто есть жизнь — там зеленая трава и голубое небо. И, порасспросив о моих впечатлениях, многие задавали один и тот же вопрос: как ты думаешь, может быть, и мне тоже? Может, и мне лучше туда, где все быстрее, динамичнее, меньше по объему, где так ценят экспертный опыт и идеи из крупного бизнеса?

Я стараюсь не давать советов «да или нет» — человек должен сам для себя определить, что лучше. Моя роль состоит в том, чтобы помочь ему отделить главное от второстепенного, подведя к собственному выбору. Поэтому я обычно спрашиваю в ответ: как ты считаешь, твое активное обучение уже закончилось? Ты сможешь идти дальше самостоятельно, понимая, что твой профессиональный багаж отныне будет расти только за счет особых усилий — чтения профессиональной литературы или обращения за советом к внешним контактам?

Более того, тем, кто находится на более низкой карьерной ступени, важно оценить, какие возможности учиться у них будут на новом месте. Если вы уходите из крупного бизнеса в меньшую по размеру и менее продвинутую компанию, над вами окажется гораздо меньше уровней начальства, чем раньше. Но с большой вероятностью это будут люди, гораздо менее знакомые с практикой хорошей организации бизнес-процессов и профессионального развития кадров. Насколько они мотивированы помогать подчиненным учиться большему, продвигать их, обсуждать карьерное планирование и делиться опытом? Готовы ли вы им подчиняться?

Ответ у каждого свой. Все описанное куда более актуально для тех, кто работает в большой компании с хорошей практикой развития персонала, а также продвинутыми методами и моделями организации деловых процессов. И намного менее важно для тех, кого не интересует продвижение по профессиональной или карьерной лестнице: у них совсем другие критерии, а значит, и другой выбор. Но после очередной беседы с человеком, прошедшим через те же этапы и сомнения, я подумала, что хорошо бы зафиксировать эти мысли на бумаге: к переменам в жизни лучше идти с открытыми глазами.

Глава 20

Построение горизонтальных связей и лоббирование решений

> Живущим в стеклянном доме
> не следует бросаться камнями.
>
> *Английская пословица*

Однажды мне пришлось провести менторскую беседу с Т., сильные стороны которой обернулись проблемами для нее же. Много лет проработав в одной области и все в ней зная, она норовила делать не только свою работу, но и «подсекать» смежников, искренне полагая, что это идет на благо делу.

Недавно переданный мне отдел находился в процессе реорганизации. Мы избавились от дублирования ряда функций, а освободившихся специалистов перевели на вновь созданные должности. Как водится, шел период притирки, привыкания к своим и чужим новым обязанностям, процессам и распределению ответственности. Сотрудники, только получившие новые назначения, еще продолжали осваивать свои роли. Они были бы и рады получить от Т. помощь, но в форме совета или ответов на вопросы, а не попыток заменить их на переговорах или принять за них решение.

Вместо того чтобы сыграть важную роль в реорганизации бизнеса, Т. стала препятствием. Ее непосредственная начальница переживала, что она испортила отношения с коллегами.

Теперь они старались держаться от нее подальше. Мои подчиненные жаловались, как трудно бывает разрулить некоторые ситуации, и не торопились привлекать Т. в общие проекты. Сама она думала, что выигрышно выделяется как эксперт, не понимая, что снискала плохую репутацию.

Наша беседа об этом состоялась, когда Т. сама пришла ко мне рассказать о некоторых своих достижениях, думая, что я ее похвалю. Я стояла на пару уровней выше в иерархии над смежным с ней отделом, а она искала поддержки среди более высокого руководства для продвижения на следующий карьерный уровень. В ответ я предложила поговорить о ее карьере и перспективах, поделилась тем, как выглядит ситуация с моей точки зрения, и дала совет, как она действительно могла бы сыграть важную роль в ходе реорганизации. Например, я рекомендовала предлагать помощь тем, кто в ней нуждается, а не перехватывать инициативу. И вместо того чтобы рассказывать мне о том, как она сделала за моих подчиненных их работу, выставив всех нескоординированными и несогласованными, поделиться тем, как она помогла сотруднику сделать ее самостоятельно. А еще лучше, если они сами мне об этом расскажут — хорошая слава распространяется не менее уверенно, чем плохая.

Надо отдать должное Т., она серьезно задумалась, поговорила еще с несколькими людьми и изменила манеру поведения. Уже через несколько месяцев я предложила ей работу в своем отделе с прицелом на продвижение.

Очень часто мы настраиваем людей против себя, не замечая того. Думаем, что печемся о благе бизнеса, но забываем о такте в отношениях с коллегами. Нам кажется, что мы отвечаем на вопрос начальства, потому что лучше всех знаем ответ, как отличник, первым поднимающий руку. А коллега, который должен был бы ответить «по долгу службы», чувствует себя неуверенно. Вроде как всем показали, что он не знает того, что должен. И он начинает тихо ненавидеть конкурента.

Так что баланс между способностью выделиться из толпы и умением сохранять хорошие отношения с сотрудниками, которые в конечном счете не менее важны для продвижения по карьерной лестнице, совсем не легок.

Необходимость поддержания хороших горизонтальных связей возрастает по мере продвижения вверх по карьерной лестнице. Чем ближе к вершине пирамиды, где сходятся линии всех функций, продуктовых направлений и регионов, тем бо́льшую роль в работе руководителей играет общая «координация движений» между ними. И тем меньше времени у вышестоящего начальства разбирать конфликты — его или ее день занят тысячей важных дел: встречами с ключевыми заказчиками и инвесторами, подготовкой к внешнему совету директоров, утверждением финансовых планов. В нем нет места роли арбитра между старшими руководителями по вопросам, не имеющим стратегического значения.

Это не значит, что они всегда и во всем соглашаются — именно разница в опыте, точках зрения и мнениях нередко обеспечивает сбалансированные коллективные решения по ряду вопросов. Для того и существуют советы и регулярные обсуждения. Но по вопросам более мелким и повседневным общее решение вырабатывается один на один. Если вы являетесь постоянным источником конфликта и не умеете ладить с другими членами высшего руководства, то, скорее всего, долго вы в нем не продержитесь. Это совсем не означает необходимости отказаться от собственных интересов и соглашаться во всем со всеми. Такое поведение быстро ударит по результатам: у вашего подразделения есть свои интересы, и вам приходится их представлять и защищать. Тем не менее умение поставить приоритеты бизнеса в целом выше задач отдельной группы, дипломатия, навыки выбора вопросов, по которым стоит принять бой, и тем, где можно пойти на компромисс, — важные качества для совместной работы.

В оперативном смысле глобальный бизнес управляется не одним человеком на вершине пирамиды, а именно находящейся непосредственно под ним командой. Если он или она не умеет согласовать действия и направить армию в едином направлении, то войско распадется на отряды и группы, что неминуемо приведет к несогласованным действиям, потере доверия на местах и проигрышу доли рынка.

Нередко система сама выталкивает тех, кто плохо уживается с другими руководителями. В ноябре 2012 года компания Microsoft объявила об уходе Стивена Синофски*, главы подразделения операционных систем, которого многие прочили на роль следующего CEO. Хотя внутренние противоречия лидеров компании редко просачиваются в прессу, это событие во многом стало исключением, не только в силу своей значительности для крупной компании, но и потому, что произошло всего через несколько недель после вполне успешного выпуска Windows 8. Неудачный запуск нового продукта нередко становится причиной смены руководителей в IT-индустрии, но данная ситуация была далека от провала. Более того, за двадцать три года в Microsoft Синофски стал одним из его признанных лидеров, отвечающих за самые стратегически важные и сложные продуктовые линии.

Что же послужило причиной неожиданного ухода? Многочисленные статьи в бизнес-прессе отмечают дошедшее до критической точки неумение ладить с главами других подразделений. Businessweek, описывая ситуацию в компании, сравнил ее с сериалом «Игра престолов»**: нежелание координировать работу, внутренняя конкуренция, переманивание лучших сотрудников и игнорирование возможности организовать совместные инициативы, например разработку

---

* http://www.businessweek.com/articles/2012–11–12/microsoft-shows-its-windows-chief-the-door.

** Американский телесериал в жанре фэнтези. События разворачиваются на фоне политических интриг, а впоследствии — гражданской войны за власть в вымышленном государстве. *Прим. ред.*

игр и приложений под новую версию операционной системы. Неслучайно именно недостаток приложений стал одним
из основных элементов критики после запуска.

Всего за месяц до этого аналогичная история произо-
шла в Apple. Скотт Форстолл*, возглавлявший разработки
программного обеспечения для iPhone, покинул компанию
на волне скандала с картами Apple Maps в октябре 2012 года,
отказавшись подписать совместное письмо руководителей
компании с извинениями перед заказчиками. Несмотря на то
что внутренние несогласия редко достигают прессы, в этот
раз во многих статьях обсуждались причины ухода. По их
версии, несмотря на близкую работу с Джобсом и успех в технических разработках, Скотт плохо уживался с коллегами,
возглавлявшими другие команды, и в конце концов новый
CEO компании, Том Кук, попросил его уйти. Пресс-релиз
отмечал, что изменения в руководстве призваны улучшить
совместную работу внутри Apple.

Политика и лоббирование

Если вы ощущаете себя реинкарнацией Макиавелли, легко
дышите в политически заряженном климате и получаете
удовольствие от хорошо закрученной интриги, то проблема
построения горизонтальных отношений у вас в компании не
стоит. Вы легко вступаете в сильные альянсы, подсиживаете
врагов и уверенным шагом идете к власти.

Однако вряд ли это описание подходит большинству моих
читателей, и не потому, что врожденные политические навыки
редки, а в силу естественного самоотбора. Люди, по при-
званию работающие в областях, ориентированных на четко обозначенный результат — инженеры, программисты,
математики, финансисты, юристы, врачи или специалисты

---

* http://bits.blogs.nytimes.com/2012/10/29/apples-mobile-software-and-retail-chiefs-
to-depart/

по операциям, — как правило, гораздо больше сфокусированы на конечной измеримой цели, чем на взаимоотношениях.

Обладатели таланта к виртуозному использованию разницы во мнениях, аккуратному выстраиванию ситуаций и условий, построению альянсов и выбору времени удара, как правило, тянутся в дисциплины с менее выраженной меритократией. Примером таких областей деятельности являются внешняя политика, государственные структуры, гуманитарные науки или искусство. Там нет единственно правильного решения, и многое в оценке результатов зависит от субъективного мнения, взглядов лиц, обладающих бо́льшим политическим капиталом, и человеческих взаимоотношений. Они наименее вероятны для применения философии роста в глобальных корпорациях, интересующих большинство моих читателей. А потому естественно предположить, что среди заинтересовавшихся моей книгой куда больше людей, для которых горизонтальные связи представляют собой определенную сложность.

Уровень политизированности отношений в различных сообществах, организациях и компаниях сильно варьируется и мало зависит от их непосредственного размера. А потому, прежде чем говорить о выживании в политически нагруженной среде, посвятим немного времени рассуждению о том, как в нее не попадать или по крайней мере минимизировать проблему. Если построение отношений с другими не самая сильная ваша черта, то следующее место работы стоит проанализировать и с этой точки зрения, а не только относительно близости к дому или возможностям карьерного роста. Вряд ли вам удастся полностью устранить необходимость ведения внутренней политики. Где люди, там и отношения между ними. Но, по крайней мере, удачный выбор места работы поможет снизить степень накала страстей.

Первое, что стоит запомнить: чем проще структура организации, тем меньше в ней политики. В компаниях с простой двумерной матрицей — например, профессиональные функции, наложенные на региональное подчинение, — гораздо легче определить границы личной ответственности и структуру руководства. Если у вас один прямой начальник, то ваши действия, их оценка, критерии успеха, приоритеты и ресурсы определены более четко, чем у «слуги двух господ». В современном корпоративном мире трудно найти организацию без простой матричной структуры, но тем не менее в ней «господа» чаще поставлены в ситуацию относительной ясности насчет того, кто из них за что отвечает. Например, распространен вариант «прямой начальник в регионе ставит цели и дает годовую оценку, но советуется с руководителем функции».

В основе границ ответственности и организационной архитектуры, как правило, лежит вычисление P&L. У руководителей, отвечающих за прибыль, сосредоточены ресурсы для ее получения и право их распределять. Как следствие, они обладают большей властью и определяют строение и приоритеты организации. Так вот, если структура P&L относительно линейна, например разбита по региональному признаку, то структура власти и отношений достаточно проста. А значит, приоритеты определяются в основном одной «начальственной» линией. Руководители различных регионов при этом могут иметь определенные требования друг к другу и испытывать сложности в координации действий. Но эти сложности не идут ни в какое сравнение с теми, которые типичны для организаций с многочисленными наложениями P&L и многомерной матрицей.

Если прибыль делится по нескольким продуктовым линиям, особенно конкурирующим между собой за одного заказчика, а тем более если один и тот же доллар считается несколько раз, то определение власти и ответственности размывается. Некоторая неопределенность возникает, например, при наличии организации (которая отвечает за «решения», состоящие из нескольких продуктов, и работа которой измеряется по принесенной прибыли), продуктовых подразделений с отдельной ответственностью за P&L и мультирегиональной системы. Вопрос о том, кто отвечает за каждый доллар прибыли, имеет несколько ответов. А там, где нет четких границ ответственности, принципов распределения ресурсов и расстановки приоритетов, возникает более политизированная ситуация. Переходя в новую организацию, неплохо задать соответствующие вопросы. Понимание сложности матричной структуры и принципов определения ответственности позволяет многое узнать о потенциальной степени политизации компании.

Второе, что следует отметить, — это влияние личности старшего руководителя на наличие или отсутствие внутренней политики. Те, кто поощряет конкуренцию и конфронтацию между подчиненными, создают более политически заряженную ситуацию в своей организации. Она может подстегнуть многих вкладывать больше сил в достижение поставленной цели, увеличить степень соревнования между руководителями и желание продвинуться, повышая производительность труда. Но она также держит сотрудников в состоянии большего стресса. Примерами таких организаций, как правило, являются некоторые юридические и консалтинговые фирмы с высокой компенсацией у партнеров и очень серьезной конкуренцией за каждый шаг наверх.

Другой тип руководителя, наоборот, стремится если не погасить конфликты между подчиненными, то притушить стресс, поощрить умение разобраться в проблемах самим, без вмешательства сверху, и устанавливать нормы дружественного поведения по отношению друг к другу. Это более важно в организациях, содержащих больше функций, завязанных друг на друга и нуждающихся в координации, таких как продажи, производство, логистика и тому подобное. В бизнесах одного и того же типа и размера политизированность может сильно отличаться в зависимости от предпочтений руководителя. Поэтому перед принятием решения о смене работы стоит поговорить с будущими коллегами и начальником о его стиле руководства в применении к внутренним конфликтам.

Когда мы обсуждаем «более» и «менее» политизированные коллективы, речь идет не о бинарной ситуации, а скорее об их положении на шкале от полного отсутствия политики до ее парализующего воздействия на работу. Так что в ходе интервью и переговоров перед переходом вам предстоит не поиск черно-белого ответа на вопрос о вашей будущей организации, а скорее попытки определить, насколько она соответствует вашей личной степени комфорта.

Кроме того, если вы руководите другими людьми, подумайте и о том, какими вы хотите видеть отношения подчиняющихся вам сотрудников, и решите, как и насколько вы сами, став их начальником, сможете на них повлиять.

Один из моих лучших руководителей предупредил меня при приеме на работу, что считает внутреннюю политику непродуктивной. Он имел опыт работы в различных организациях, в том числе и таких, где каждый день нужно было ходить по острию человеческих отношений. А потому с самого начала очень жестко обрубал любые попытки сотрудников подсидеть друг друга или посоревноваться за первенство по подаче информации наверх. Если один подчиненный жаловался в переписке на другого, начальник отвечал с копией «жертве» и предлагал попытаться разобраться самим или вместе прийти к нему для обсуждения решений. Если кто-то пытался очернить другую функцию или регион во время отчета или закрытой встречи, то начальник не стеснялся пригласить обоих разрешить проблему, впрямую сославшись на слова жалобщика. Это очень быстро приучало людей описывать проблемы с уважением к коллегам, так, чтобы не краснеть потом за пересланный или процитированный текст, а также пытаться разрешить конфликт напрямую, один на один, не прибегая к эскалации.

Как человек более ориентированный на результат, чем на человеческие отношения, я была благодарна ему за созданную таким образом дружелюбную и спокойную атмосферу. И одновременно научилась лучше в нее вписываться, не портя отношений с другими из-за неудачно составленного имейла о проблеме в чужой области работы.

Даже в мало политизированной ситуации можно вести себя так, чтобы как можно реже вступать в горизонтальный конфликт. Избежать их совсем удается редко, особенно если вы пришли в организацию, чтобы внести определенные изменения, например запустить внутренний стартап, трансформировать одну из функций или вывести регион из кризиса. В любом из этих случаев вы своими действиями нарушаете статус-кво, сложившиеся отношения и распределение полномочий, а значит, создаете потенциальные очаги недовольства среди тех, кто, обоснованно или нет, сочтет их негативными для себя лично или своего отдела.

В первую очередь сфокусируйтесь на улучшении работы вашего подразделения, не залезая, по возможности, на чужую территорию. Этому очевидному, казалось бы, совету бывает непросто последовать по целому ряду причин. Как новичок, вы можете увидеть проблемы свежим взглядом, в том числе заметить примелькавшиеся пробелы в различных областях, не только находящихся в вашем непосредственном подчинении. Они часто представляют проблему для вас и вашего отдела. Например, неправильное ценообразование для ключевых продуктов или плохой сервис значительно усложняют продажи. Если стоит задача улучшить сбыт, то более естественным кажется устранить проблемы с ценами, а не налаживать обучение или совершенствовать технику прогнозирования. Кроме того, многие из нас обладают опытом в различных дисциплинах и могут увидеть возможности улучшить работу другого отдела благодаря навыкам, приобретенным в прошлом. Тем более что старшим руководителям свойственно заботиться о благополучии бизнеса в целом, участвовать в решениях, выходящих за пределы своей функции или региона, думать о широких системных преобразованиях, а не о точечных изменениях.

Однако взгляните на эту ситуацию с точки зрения ваших коллег. Они видят в вас агрессора, человека, ставящего их под удар, нападающего на их территорию. А если вы делаете это до того, как завоюете доверие и уважение на новом месте (а тем более публично и, хуже того, в присутствии вашего общего начальника), то, скорее всего, заведете немало врагов. И все, заметьте, из лучших побуждений и ради интересов бизнеса!

Прежде чем поднимать красный флажок и осуждать чужую работу, ответьте на вопрос, почему отвечающий за нее руководитель не произвел нужных изменений. Не знает, что у него проблема? Не может решить ситуацию быстро? Последнее более вероятно — каждая организация имеет свою скорость внедрения изменений. Возможно, когда ваш коллега принял на себя ответственность, то выбрал в качестве приоритета круг наиболее острых проблем. Возможно, они уже частично решены и вы их не видите, а до замеченного вами просто еще не дошли руки. Например, если ему надо заменить несколько человек в команде (делать это одновременно сложно и плохо для бизнеса), он мог начать с двух-трех худших. А возмутивший вас своим поведением у заказчика сотрудник еще не так плох по сравнению с теми, и он «на очереди».

Или коллега знает о ситуации, но его план действий требует времени. Например, необходимые изменения кода уже в плане новой версии продукта. Или просто большая команда не сразу делает все правильно: требуются недели, а то и несколько месяцев на то, чтобы наладить четкую работу системы поставок и устранить простои завода, или на то, чтобы взыскать задержанные платежи с заказчиков.

В такой ситуации прежде всего лучше сосредоточиться на улучшении своего куска работы. Это принесет вам профессиональное уважение, так что ваши слова приобретут больший вес. А заодно и устранит проблемы для коллег, работающих с вашим отделом, а значит, они будут больше настроены помочь. Когда вы решите, что проблема слишком глубока и мешает дальнейшим действиям, или сочтете, что завоевали достаточный капитал доверия, чтобы ее обсудить, то лучше начните беседу не с публичного предложения, которое может быть расценено как нападение, а с личного вопроса о том, знает ли человек о сложившейся ситуации.

Лучший способ не стать мишенью ненависти и интриг — не представлять угрозы для других. Разные люди по-разному реагируют на критику. Некоторые воспринимают ее как конструктивную помощь, но большинство — как нападение и могут ответить агрессией. Так что разумнее, во-первых, «не толкать других под автобус» при боссе и не жаловаться в ситуации, когда они могут воспринять ваши слова особенно нервно, например в присутствии их подчиненных. А во-вторых, даже один на один предложить не критику, а помощь, поинтересоваться, можете ли вы что-то сделать, чтобы вместе улучшить ситуацию. В большинстве случаев это обеспечит гораздо более доброжелательную реакцию и хорошие отношения.

Один из приемов, которому я научилась у более опытных коллег, — в случае намечающегося неприятного разговора пригласить человека вместе поесть. В менее формальной обстановке проще дать ему понять, что на самом деле вы друзья, которые могут обсудить и семьи, и работу, и интересные новости в индустрии. И в процессе беседы легче попросить об одолжении — например, не пугать ваших подчиненных прямыми звонками с жалобами, а звонить напрямую вам.

Или спросить, как он определяет цены на продукты и как часто сравнивает их с конкурентами. Возможно, он не знает, что вы проигрываете тендер за тендером по причине высокой стоимости сервиса, а возможно, просто связан ценами поставщиков. За ужином такая беседа будет восприниматься более спокойно, даст вам возможность увидеть ситуацию с противоположной точки зрения, а также сгладить ее последующим разговором на более легкие темы.

Эффективность обсуждения сложных вопросов за едой была подтверждена экспериментом Лакшми Балачандра и описана в статье HBR «Стоит ли есть во время переговоров?»*. Во время эксперимента две группы студентов MBA вели переговоры по созданию совместного предприятия, одна в ресторане, другая — в обычном конференц-зале. В условиях выбранной модели итоги их работы было легко измерить. Максимально возможная общая прибыль обеих сторон при правильных расчетах могла достигнуть 75 миллионов, но для этого им действительно надо было работать с противоположной стороной как с союзником. Для получения наилучшего суммарного варианта требовалось максимизировать прибыль для всего предприятия в целом, что приводило к потере одного из партнеров, и после этого компенсировать одной из сторон понесенные потери, так что обе оставались в выигрыше. Студенты, работавшие над кейсом в ресторане, получили результат на двенадцать процентов выше, чем те, кто обсуждал условия в офисе. Совместная еда, особенно в не слишком формальной обстановке (эксперимент включал также сравнение с обсуждением в ресторане и за рабочим ланчем в конференц-зале — первое оказалось эффективнее), пробуждает в людях большее желание понять проблемы друг друга и найти совместное решение.

Автор приводит несколько возможных объяснений этого феномена. Возможно, что повышающийся уровень глюкозы

---

* http://blogs.hbr.org/cs/2013/01/should_you_eat_while_you_negot.html

в крови настраивает людей на более миролюбивый лад, усиливая способности к самоконтролю. Другая гипотеза связана с тем, что во время еды собеседники естественным образом начинают зеркально отражать движения друг друга и лучше настраиваются на единую волну. Каким бы ни было научное объяснение, факт остается фактом, и его прекрасно можно использовать в повседневной рабочей жизни.

Еще один важный прием успешного внесения предложения о новых затратах или проектах — это лоббирование решений. Сталкивались ли вы когда-либо с ситуацией, когда ваша замечательная идея, облеченная в таблицы и красивые рисунки, логичная и хорошо выстроенная, не находила должной поддержки у членов совета? Когда вы неделями готовились сделать предложение, но были срезаны в середине презентации просьбой проанализировать дополнительные цифры или рассмотреть другие варианты?

У негативной реакции может быть множество причин. Даже если идея действительно была чудесной, вполне возможно, что вы не учли иные точки зрения на ту же проблему или психологические особенности восприятия. Одним нужно больше времени, чтобы ею проникнуться, особенно если она по-настоящему нова для вашей отрасли или кажется на первый взгляд рискованной. Другие не согласятся ни с одним предложением, пока не поменяют в нем хоть что-нибудь. Третьи имеют весомые возражения, основанные на их собственном опыте. Четвертые проявляют стремление к власти или конкуренции с вами путем подавления вашей инициативы. Пятые не хотят тратить свои ресурсы или боятся изменения статус-кво в случае успешной реализации.

Есть только один способ предотвратить или хотя бы минимизировать негативную реакцию — побеседовать с каждым заранее и внести некоторые изменения в представленное предложение согласно высказанным замечаниям.

Учету совместных интересов в рамках единой программы стоит поучиться у политиков. Вот как Генри Киссинджер объяснял в анекдотичной форме сущность челночной дипломатии:

Я еду в сибирскую деревню, нахожу простого мужика и спрашиваю: «Хочешь жениться на американке?» Он говорит: «Нафига? У нас самих отличные девки!» А я говорю: «Да, но она дочка самого Рокфеллера». Он отвечает: «Ну! Это в корне меняет дело». Тогда я еду в Швейцарию и встречаюсь с советом директоров. Я их спрашиваю: «Хотите избрать президентом простого сибирского мужика?» И банкиры говорят: «Ни за какие коврижки!» — «А если он зять Рокфеллера?» — «Ну! Это в корне меняет дело!». Тогда я иду к Рокфеллеру и говорю: «Хотите выдать вашу дочь замуж за простого русского мужика?» — «Еще чего, — говорит Рокфеллер, — и кто вы вообще такой?» И я прибавляю: «А если при этом он президент швейцарского банка?» — «Ну! Это в корне меняет дело! Сьюзи! Иди сюда, мистер Киссинджер нашел тебе хорошего жениха. Президента швейцарского банка!»

Сьюзи: «Фи!» Я говорю: «Возможно, но он сибирский мужик». Сьюзи: «Ну! Это в корне меняет дело!»*

---

* I'm going to a Siberian village, find there is a simple peasant and ask: «Do you want to marry an American lady?»
He says: «Why? We've got great girls here!»
And I say: «Yes, but she is Rockefeller's daughter».
He goes: «Oh! This changes everything».
Then I go to Switzerland to a bank board meeting. I ask them: «Do you want a Siberian peasant to be your bank President?»
And the bank people say: «No way!»
«But what if he is Rockefeller's son-in-law?»
«Oh! This changes everything!»
So I go to Rockefeller and ask: «Would you like your daughter to marry a Russian peasant?»
«Poof, — says Rockefeller, — What are you?»
So I go: «But what if he is a president of a Swiss bank?»
«Oh! This changes everything! Susie! Come here, Mr. Kissinger has found a good fiance for you. He's a president of a Swiss bank!»
Susie: «Fu-y!»
I say: «Perhaps, but he is a Siberian man».
Susie: «Oh! This changes everything!»
Henry Kissinger on Shuttle diplomacy

Если людей, влияющих на решение, много, а времени в обрез, выберите ключевые фигуры: кто обладает большим весом при принятии решений? Чей сегмент будет затронут сильнее остальных? Кто скорее выскажет возражения? Такой подход, несомненно, занимает куда больше времени и усилий. Но зато он позволяет вам заранее заручиться поддержкой, а в худшем случае — узнать карты противника и подготовить защиту.

По собственному опыту знаю, что чем более политизирована ситуация в организации и чем больше интересов вы задеваете своим предложением, тем более необходим такой подход. В свое время мне пришлось неоднократно его применять во время ведения совместных маркетинговых программ для различных организаций в IBM.

Например, в 1998 году я отвечала за введение первой общей сертификации софтверных продуктов для кластеров. Кластеры представляли собой группу серверов, которые в случае выхода одного из них из строя, для запланированного обновления или из-за непредвиденных обстоятельств, незаметно для пользователя перекидывали нагрузку на другой, работающий. Это позволяло не прерывать работу систем, критичных для предприятия, например обработки финансовых транзакций. Программное обеспечение для таких решений требовало специальной разработки и настройки, отличавшихся по сложности в зависимости от аппаратной платформы. Идея поставить общий штамп одобрения на продукты, способные работать в кластерной среде, была очень привлекательна и вызывала горячее одобрение заказчиков. Но попробуйте собрать представителей разных платформ и выработать общие критерии... Одна из продуктовых групп, справедливо полагавшая свой продукт «кадиллаком» среди серверов, просто не желала участвовать в обсуждении. Другие пытались выдвинуть специфические требования и отклоняли приглашение к диалогу, пока они не будут удовлетворены. Первая общая встреча прошла на повышенных тонах.

Вот тогда моя начальница и объяснила мне впервые смысл лоббирования и переговоров с участниками один на один. Дав каждому из них внести свою лепту, разделить критические условия и те, которыми можно пренебречь, лучше поняв мотивы и сумев модифицировать начальное предложение под максимальное количество требований, мы смогли разработать вариант, которым все оказались довольны. Он мог не быть идеальным с точки зрения каждой из команд, но и с этим можно было сладить. По одному из предложений мы добавили дополнительное требование сертификации, индивидуальной для аппаратных средств, и «спрятали» туда отдельные нюансы каждой из продуктовых линий. Получилась стройная, понятная заказчикам и разработчикам программа. К моменту следующей общей встречи каждый был согласен с вносимым предложением, и его единогласно поддержали.

Этот случай многому научил меня, и впоследствии я не раз поступала так же. Помимо решения чисто политической задачи — заблаговременного приведения всех точек зрения к общему знаменателю, чтобы избежать неприятной дискуссии с негативными последствиями во время общей встречи, — он помогал обогатить конечный вариант идеями, вносимыми разными участниками. От встречи к встрече конечное предложение несколько модифицировалось и улучшалось за счет внесения небольших изменений. А их авторы гораздо легче поддерживали новый вариант, чувствуя, что внесли свою лепту и что их основные требования — или их модификация, достигнутая в результате обсуждений и переговоров, — были удовлетворены.

Если вы находитесь в не слишком сильно политизированной организации, но собираетесь внести предложение, содержащее спорные или неожиданные моменты, то его лучше пролоббировать хотя бы с несколькими участниками встречи. Выбирайте наиболее влиятельных — в любой группе людей есть те, кто обладает бо́льшим весом в силу опыта, авторитета или позиции, — а также тех, кто, скорее всего, будет настроен против вашей идеи. Негативный отклик лучше выслушать один на один, по возможности модифицировать предложение и добиться консенсуса заранее, чем позволить отрицательным аргументам переубедить тех, кто настроен положительно или нейтрально.

В сильно политизированной организации лоббирование приобретает гораздо большее значение и требует широкого охвата участников обсуждения. Лучший совет, который я как человек, ориентированный на цели проекта или компании больше, чем на интриги и взаимоотношения, могу дать по поводу таких ситуаций, — это в них не оказываться. Однако нередко случается, что мы недооцениваем степень политизированности коллектива до своего прихода или она меняется на глазах, например в связи с реорганизацией, и уйти сразу представляется нецелесообразным.

В таком случае стоит обратить внимание на следующие модели поведения.

Построение альянсов и поиск союзников

Ничто так не сближает, как общий враг. Прикиньте, кто из ваших коллег разделяет ту же ненависть, и попробуйте аккуратно объединить усилия. При этом обратите внимание на то, насколько влиятелен ваш новый союзник. Альянс со слабым игроком может ослабить вашу позицию в переговорах.

Чтобы такой союз был жизнеспособным, он должен быть взаимовыгодным. Определите, что важно для вашего коллеги, каких целей он пытается достичь и как вы можете помочь — в свою очередь, ожидая от него помощи. Не забывайте оказывать услуги союзникам и отвечать взаимностью на их помощь, и ваш альянс будет успешным.

Поиски источников личной власти

Сама по себе должность и позиция далеко не всегда — я бы даже сказала, редко — определяет масштаб власти, которой вы пользуетесь внутри компании или в индустрии. Ваши непосредственные возможности — размер бюджета, которым вы можете распоряжаться, или доступ в круг, принимающий стратегические решения, — имеют гораздо больший вес.

Однако нередко люди с ограниченным доступом к ресурсам обладают немалой властью внутри организации. Например, такими являются «стыкующие звенья» — сотрудники, находящиеся на пересечении нескольких информационных цепочек и ставшие, по сути, связующим звеном между несколькими группами. Каждая из них пытается получить нечто — действия, информацию, ресурсы — от другой и вынуждена вести работу через человека «на стыке», усиливая тем самым его влияние.

Нарисуйте на листе бумаги себя и свои постоянные деловые контакты в виде кружочков, соедините линиями тех, кто регулярно общается между собой. Скорее всего, вы увидите, что принадлежите к нескольким группам. Например, управляя отношениями компании с крупным заказчиком, вы фактически являетесь связующим звеном между сотрудниками его организации и своей.

Есть ли взаимодействие между группами? Нужно ли им что-то друг от друга?

Если вы единственная или основная точка пересечения, но при этом группы ведут совместный проект или пытаются начать общий бизнес, то вы находитесь в выгодном положении. Они обе нуждаются в вас как в после, координаторе, источнике информации. А это, в свою очередь, дает вам возможность просить об одолжениях, вносить предложения о совместных действиях, предлагать варианты, которые устраивают вас наилучшим образом.

Доступ к власти

Простое правило, которое осваивают на очень ранних этапах работы практически все делающие успешную карьеру, заключается в том, чтобы поддерживать хорошие отношения с секретаршей босса. Не обладая высокой позицией или большим размером финансовой подписи, она часто является «стражем у ворот». Она может помочь найти время в плотно забитом календаре начальника или поменять его на более удобное и даже поделиться какими-то мелкими полезными деталями. Например, подскажет, что через неделю он будет в отпуске, так что лучше поспешить с презентацией, или, наоборот, в понедельник утром состоится тяжелое заседание совета, так что после него, возможно, не лучшее время для серьезной беседы.

Ее вес в организации держится на эксклюзивном доступе к человеку, обладающему большой властью. И таких людей бывает немало в любой, а особенно сильно политизированной организации. Определить их и поддерживать хорошие отношения с ними — полезно, стать одним из них — еще лучше. Последнее совсем не обязательно достигается за счет вашей должности. Например, предложив возглавить рабочую группу или проект, который спонсирует важное лицо в организации, вы приобретаете возможность более близких контактов, встреч, совместных поездок. А где контакты — там общение, обмен информацией, понимание происходящего и даже просьбы о помощи.

В случаях тяжелых, когда подобные действия приобретают бо́льшую важность, чем непосредственная работа, это становится подхалимажем и отдает совсем не лучшим вариантом карьеризма. Помимо простого нежелания играть в подобные игры задумайтесь еще и о том, что постоянное действие именем чужой власти — «мы с Полом говорили и решили», «Пол меня попросил, чтобы мы сделали», «если вы мне не поможете, мне придется поговорить с Полом» — далеко вас не продвинет. Не имея собственной власти и самостоятельно заработанного уважения в организации, вы вряд ли сможете добраться до более высоких руководящих постов. Ни ваши подчиненные, ни коллеги, ни — со временем — сам Пол не будут воспринимать вас как самостоятельную величину. Перечитайте главу про нарушителя спокойствия: чрезмерное полагание на авторитет вышестоящих не сделает вас независимым лидером, имеющим свое мнение по важным вопросам.

Однако в накаленной политической обстановке и при условии достаточно редкого и точечного применения эта тактика обладает большой силой.

Скорость принятия решения

Еще один немаловажный фактор в политических баталиях — время принятия решений. Известно, что чем тяжелее нам достался результат, тем больше мы его ценим.

Если ваш голос может стать одним из решающих, стоит ли заявлять свою позицию сразу или дать враждующим фракциям за него побороться? Если от вашего решения зависит исход конфликта, как быстро стоит его оглашать? Пока за ваш голос идет борьба, противники ищут вашего расположения, а значит, вы обладаете большей властью и можете выдвигать свои требования в ответ. Говорят, именно таким приемом пользовалась английская королева Елизавета I. Она подолгу обсуждала претендентов на свою руку, намекая на возможность альянса, давала ложную надежду и заключала политические союзы — и в нужный момент отказывала очередному жениху ради нового союза.

Есть люди, пользующиеся подобными методами виртуозно. Они подолгу не принимают решения, несмотря на жалобы своей собственной команды и коллег, приобретают за счет такого поведения немалую власть в организации, но тормозят деловой процесс. Вам остается решить, в какой мере вы хотите пользоваться этим приемом на собственной практике.

Не сомневаюсь, дочитав эту главу, многие решили, что окончательно убедились: карьера в высшем руководстве не для них. Возможно, стоит внести поправку. Карьера *в сильно политизированной организации*, где борьба за власть затмевает интерес к делу, не для вас. И, признаюсь, вы мне от этого становитесь гораздо симпатичнее и ближе по духу. Отрицательная коннотация слова «карьера» в русском языке сложилась именно из-за того, что в большинстве престижных советских организаций меритократия уступала политике. А значит, пробивавшиеся наверх делали это описанными выше методами — и пользовались куда более разнообразной палитрой средств, включая втыкание ножа в спину конкуренту.

Тем не менее, исходя из собственной практики, могу вас заверить: если полностью избежать участия в построении отношений нельзя, то найти мало политизированное, меритократичное место работы можно на любом карьерном уровне. Более того, начиная с некоторого момента вашей карьеры организационный климат во многом начинает зависеть от вас лично. Покупаетесь ли вы на лесть? Повышаете ли людей за реальные результаты и потенциал или исходя из личной привязанности? Поощряете политические шаги среди подчиненных или жестко пресекаете все попытки «толкнуть коллегу под автобус»?

Надеюсь, что размышления о том, в какой организации вы хотите работать сами, помогут вам выбрать высокий путь и в отношениях с другими руководителями, и в сознательном влиянии на климат внутри вашей собственной команды.

Глава 21

Сопротивление стрессу и перегрузкам

Вас погубит беспокойство, а вовсе не недостаток сна.*
Дейл Карнеги

Джим Уайтхерст сделал блестящую карьеру. Он начал с бизнес-консалтинга в Boston Consulting Group, стал со временем COO Delta Airlines и покинул ее ради поста CEO Red Hat, лидера в бизнесе в Linux. Именно тогда мы и познакомились. На момент написания этой книги он по-прежнему занимает пост CEO, выведя компанию за миллиардную отметку, — и ему лишь немногим больше сорока. Недавно Джим в интервью назвал несколько главных качеств, необходимых, с его точки зрения, для построения выдающейся карьеры. Среди них были жгучее любопытство ко всему новому, аутентичность и умение побуждать окружающих к лучшему, на что они способны, создание своей команды и реальная забота о деле (люди быстро начинают чувствовать, когда вы думаете только о личных интересах). В качестве еще одного важного пункта он отметил необходимость найти тот ритм работы и жизни, который вы можете поддерживать.

— Нельзя относиться к карьере как к жесткой диете, — утверждает Джим. — Уменьшив калории вдвое и занимаясь

---
* It's the worry that gets you, not the lack of sleep.

спортом в сумасшедшем ритме, вы потеряете вес, но не сможете бесконечно придерживаться этой программы. И в конце концов вес вернется. Карьера работает точно так же. Хотя в ней бывают периоды интенсивного стресса — как в моем случае, когда Delta готовилась к банкротству, или в течение моих первых ста дней в Red Hat, — в целом нужно найти тот ритм бизнеса и жизни, который вы сможете поддерживать долгое время. Найдите ритм, оставляющий вам достаточно времени для семьи и друзей, позволяющий чувствовать эмоциональное удовлетворение, но при этом делать отличную работу, потому что построение карьеры — это марафон, а не спринт.

Мне захотелось привести эту длинную цитату целиком, потому что я согласна с каждым ее словом. Состояние постоянного стресса и переработки приводят лишь к внезапному кризису, поиску выхода в дауншифтинге, а часто и потере близкого эмоционального контакта с семьей и друзьями. Чем выше вы поднимаетесь по карьерной лестнице, тем больше будут риск и ответственность, давящие на вас, тем больше людей, претендующих на ваше время, тем больше документов, которые надо прочесть, и решений, которые надо принять. А значит, если вы не найдете свой собственный способ распределять время между работой и всем остальным в жизни, то это будет делать все сложнее и сложнее.

Недавно мне довелось прочитать статью о том, что люди, которые многое успевают, но не находятся в состоянии постоянного стресса, отличаются тем, что не пишут два разных списка дел — рабочий и личный, а приоритезируют дела единым потоком. Я давно практиковала именно такой подход, а потому была удивлена, что это потребовало специального описания. Но оказалось, что это редкость: большинство разделяют события и дела и часто находятся в состоянии стресса, если одна «графа списка» залезает на другую.

Например, я обычно начинаю день с чтения рабочей почты, потому что это помогает мне проснуться и потому что мне любопытно, что произошло за ночь. Часть моих коллег находится в Америке, часть в Европе, часть в Азии. В каком бы часовом поясе мне ни пришлось проснуться, за время сна что-то интересное случилось в остальных. Вперемешку с рабочими я разбираю и личные имейлы, и комментарии в блоге или фейсбуке. Это дает возможность начать день с чего-то хорошего, ощутить контакт с друзьями, которого так не хватает во время частых командировок. Я никогда не пытаюсь мучительно выкроить время для чего-то важного, будь то звонок, чтобы поздравить близкого человека с днем рождения, или визит к врачу, а просто вношу нужное дело все в тот же электронный календарь. Мелкими задачами всегда можно заполнить промежутки между тяжелыми.

Конечно, в этом плане мне повезло: моя деятельность позволяет работать из любой точки мира и составлять гибкий график. Однако среди моих знакомых из самых разных областей занятости я встречала как спокойных и уравновешенных, так и находящихся в состоянии вечного стресса. Другой немаловажный фактор заключается в том, что работу, которую любишь, делать и планировать легче. Одна из распространенных проблем баланса заключается в том, что люди не особо любят то, чем занимаются, пытаясь внутренне противопоставить эту деятельность «жизни». Те из нас, для кого работа является «оплачиваемым хобби», гораздо меньше склонны переживать по поводу необходимости в виде исключения поучаствовать в телеконференции, будучи в отпуске.

Тем не менее у всех бывают периоды авралов, равно как и периоды усталости, часто связанной с сезонной цикличностью или обострением проблем в офисе, особенно «политических». Когда начинается зима, в комментариях к моему блогу появляется все больше просьб написать о том, как заставить себя встать, поехать на работу и заняться делами. В общем, это неудивительно — чем короче световой день и холоднее на улице, тем сложнее заставить себя жить вообще и вылезать из-под одеяла в частности, хотя и в чудесный майский день при условии неприятной атмосферы на работе это бывает непросто.

Не умаляя трудности отдельных ситуаций, замечу, что давно склоняюсь к мысли о том, что люди делятся на тех, кто научился «делать через не могу», и тех, кто себя жалеет. Это не значит, что первым легко себя заставлять, но, к сожалению, для вторых у меня действительно нет другого совета, кроме как перестать относиться к себе излишне мягко. И если уж они серьезно решили, что хотят получить результат некоторого процесса, то нужно либо пересмотреть цели, либо повзрослеть и научиться наконец определять приоритеты. Одним это умение дано от рождения или натренировано строгими родителями и суровой дисциплиной, другим приходится мучительно овладевать им. Кому-то это не удается сделать никогда — к сожалению, жизнь несправедлива.

В своей первой книге «Вверх!» я писала о том, что человеку, желающему сделать успешную административную карьеру, приходится научиться откладывать вознаграждение. Речь шла о необходимости пройти через ряд ситуаций, требующих выхода из собственной зоны комфорта, с тем чтобы расширить сферу компетенции, приобрести новые навыки и завести определенные связи.

На самом деле в некоторой степени умение отложить вознаграждение в той или иной мере необходимо в любых долгосрочных проектах — неслучайно Фрейд определял через него взросление (даже если и рассматривал частный случай награды в виде сексуального удовольствия). Например, любой выпускник солидного университета или новоиспеченный кандидат наук наверняка вспомнит не одни праздники, проведенные у письменного стола, в то время как друзья и знакомые гуляли и радовались жизни. Конечно, речь идет о тех, у кого в жизни есть цель, для достижения которой им приходится через эти усилия пройти, — будь то окончание учебы или проекта, карьерный рост или развитие бизнеса, диета или личные спортивные рекорды. Если человек просто работает, чтобы жить, ничего добиться не пытается, то вполне может наслаждаться моментом, вместо того чтобы оттачивать силу воли.

В своем выступлении на TED Хоаким де Посада* рассказал об интересном исследовании. Четырехлетних детей оставляли в комнате наедине с зефиром на тарелке, обещая, что если ребенок оставит его нетронутым в течение пятнадцати минут, то получит второй. Детей снимали на пленку — посмотрите ролик с TED, он необыкновенно забавный и трогательный. В среднем лишь один из четырех детей смог вытерпеть четверть часа, чтобы удвоить награду. Эксперимент проходил в Стэнфорде сорок лет назад. Все это время психологи отслеживали судьбы его участников и выяснили, что именно те, кто умел отложить удовольствие в четыре года, большего добивались во взрослой жизни.

Эту концепцию необязательно применять к карьерному росту. Пару лет назад популярный блогер Александр Левитас** предложил читателям, жалующимся на нехватку денег на покупку красивых сапог или курс обучения, отказаться от мелкого повседневного удовольствия — рогалика к кофе — и сэкономить за год нужную сумму. Речь не шла о тех, кто может попросту начать зарабатывать больше, или о тех, для кого указанная сумма была не слишком ощутимой тратой. Мысль заключалась в том, что, научившись откладывать небольшое удовольствие, можно сделать реальным большее по размеру, хотя и удаленное во времени вознаграждение.

---

* Книга-притча Хоакима де Посады и Эллен Зингер «Не набрасывайтесь на мармелад» (главный герой которой — один из участников этого эксперимента, ныне преуспевающий бизнесмен) неоднократно выходила в издательстве «Манн, Иванов и Фербер». *Прим. ред.*

** Книга Александра Левитаса «Больше денег от вашего бизнеса» неоднократно выходила в издательстве «Манн, Иванов и Фербер». *Прим. ред.*

Интересно, что пост был воспринят в штыки очень многими людьми, не желавшими ни ограничить себя в малом, ни изыскать возможность заработать больше. При этом они продолжали терзаться в комментариях по поводу отсутствия денег на сапоги — отринув с негодованием предложенное решение, другого нытики не придумали.

Если у вас нет необходимости заставлять себя что-либо делать, я могу лишь поздравить вас с замечательным балансом цели и образа жизни и заметить, что это рассуждение не для вас. Если вы нашли работу, не требующую ранних подъемов или встреч, на которые не хочется ехать, или выхода из собственной зоны комфорта, — вы избавлены от подобных проблем. Но большинство из нас периодически с ними сталкивается.

Вернемся к людям, вполне обладающим силой воли, но страдающим от периодического спада, например усталости в конце финансового года и связанного с ним дополнительного стресса на работе. Как обычно, я не претендую на то, что мои собственные приемы подойдут всем, просто расскажу, как я пытаюсь справиться с такими ситуациями.

Первое и главное: нужно отслеживать собственное психологическое состояние и **не допускать «перегрева»**. Так механик следит за давлением и температурой в котле и начинает действовать, едва индикаторы приближаются к красным отметкам. Если вставать по утрам становится все сложнее и сложнее, если трудно сдерживать раздражение на работе, а желание «сбежать с уроков в кино» настигает все чаще, независимо от реальной тяжести встречи или презентации, — котел перегрелся. Не надо ждать взрыва в форме разговора на повышенных тонах, о котором вы пожалеете после, хронической головной боли или сезонной депрессии — нужно отдохнуть.

Второе, что необходимо сделать, — наметить большие и малые **передышки**, чтобы периодически снимать накапливающееся напряжение. В нашем примере это эквивалент выпускания пара для снижения давления. Большой передышкой в этом случае является отпуск, обязательно с переменой обстановки, и если речь идет о «темном» зимнем периоде, то желательно спланировать отдых таким образом, чтобы провести достаточно времени на свету, будь то лыжный склон или карибский курорт. Главное — это свет и желательно спорт. Цель проста, как поворот гаечного ключа механиком: нужно заставить организм увеличить выработку серотонина и адреналина.

Если нет возможности взять отпуск сразу, то попытайтесь хотя бы заложить его в план. Как бы тяжела ни была повседневность, раздражение снижается, если впереди маячит отдых, хотя бы в виде пары длинных уик-эндов. Замечу заодно, что, если уже полгода невозможно взять неделю отпуска, потому что мешает то одно, то другое, возможно, стоит принять как данность, что хорошего момента так и не будет. А значит, надо просто выбрать самую подходящую из занятых недель — и вперед. Это лучше, чем эмоциональный срыв или депрессивное настроение.

К малым передышкам относятся и мелкие поблажки. Для кого-то это значит поработать день из дома, не планировать дел после семи вечера хотя бы раз в неделю и посмотреть кино, для другого — сделать перерыв в работе и почитать. Чем реже поблажка, кстати, тем больше удовольствия она доставляет. Следящие за фигурой знают, что самый вкусный шоколад — это маленький квадратик, съеденный в виде исключения во время диеты. Постоянные поблажки уменьшают удовольствие от них. Если вам приходилось, заболев, смотреть кино с утра до вечера, вы убедились, что после дня у экрана радости от него немного — не сравнить с одной серией, которую вы позволили себе во время сессии или аврала, когда каждая минута на счету.

Я очень хорошо помню свою первую неделю на новой работе — смена отрасли, новая терминология, калейдоскоп незнакомых лиц, десяток встреч в день, и после каждой на столе или в почте остается сотня страниц документов, которые неплохо было бы прочитать. Так как новый офис был в Амстердаме, мои первые две недели проходили в гостинице. Я возвращалась вечером в номер, заказывала еду и занималась самообразованием до тех пор, пока могла читать. Неделя пролетела незаметно. А в выходные приехала моя тогда еще виртуальная (до этого мы общались только в сети) подруга, жившая в Голландии, и повезла меня смотреть Гаагу. Несмотря на жуткий холод, это была совершенно замечательная экскурсия и чудесный отдых, на несколько часов оторвавший меня от логистики и напомнивший о прекрасных сторонах пребывания в Голландии.

Я не буду повторять советы о том, как лучше пережить короткий световой день, — вешать светлые занавески, зажигать свет, смотреть легкое кино и читать развлекательные книжки. Вряд ли я скажу что-то оригинальное в этой области, но и об этом не грех вспомнить.

Третье — это **система положительных стимулов**, ведь нужно объяснить себе, любимому, для чего все-таки нужно разлепить веки и выбраться из-под одеяла. Довольно сложно сделать это рано утром, после мерзкого возгласа будильника, когда депрессивные показатели на пике, а мозг еще не заработал. Значит, надо продумать этот вопрос заранее, перед сном, и иметь готовый ответ.

Разумеется, причина «все же себя заставить» у каждого своя. Только вот рано утром заставить себя встать ради высокой цели с пятилетним планом совершенно невозможно. Вернее, я преклоняюсь перед тем, кто это может. Я не могу. Это тот единственный момент в сутки, когда мое умение откладывать вознаграждение находится не просто на нуле, а ниже точки отсчета. И помогает мне только строгий внутренний голос, обещающий радость немедленно, как только я совершу немыслимую процедуру подъема, как дрессировщик обещает доберману лакомство, если тот залезет на тумбу.

Помню, еще в Москве, когда я купила свою первую машину, таким стимулом было обещание, что я поеду в офис за рулем, а не на метро. После нескольких месяцев тяжело давшейся мне вынужденной безработицы в Нью-Йорке дорога на работу давалась мне легко, хоть и была не в пример тяжелее — десять кварталов пешком, метро, электричка и такси, — и занимала два часа в один конец. Зато после звонка будильника мне достаточно было просто сказать себе «как здорово, что у меня есть работа». Бывали среди поощрительных призов и обещания, что сегодня я надену новый костюм и буду потрясающе выглядеть, и встреча с очень интересным человеком, и беседа с ментором, обещающая помощь в решении волнующих меня вопросов. А иногда — за неимением лучшего — обещанные себе суши на ланч или новый кофе с привкусом черешни.

Общение с друзьями и семьей — тоже важный фактор снижения рабочего стресса. Бывает, что в офисе наступает черная полоса: неожиданно тормозят сразу несколько проектов или смена руководства обостряет напряжение так, что не хочется ни с кем общаться. Тянет забиться в темный угол, сидеть там в одиночестве и переваривать обиды. Но тогда ваше эмоциональное состояние будет определяться только работой. И если именно в эту неделю она не радует, то лучше добавить положительные ноты — отвлечься, куда-нибудь съездить, собрать друзей или организовать семейный выезд на природу. Негативные эмоции, связанные с работой, не то чтобы отступят на задний план, но их доля в общей массе впечатлений уменьшится, они станут менее значительными и перестанут затмевать все вокруг. Кроме того, посмотрев на проблему со стороны, вы скорее ее решите или, по крайней мере, на некоторое время смиритесь с ее наличием.

Конечно, нередко случается и обратная ситуация: источником стресса является семья или ситуация вне работы.

К сожалению, родные иногда болеют, машины попадают в аварии, а дети просто созданы для того, чтобы заставить нас поволноваться. В такой ситуации у вас два выхода: научиться отрешаться от семейных проблем на работе или взять отпуск для того, чтобы справиться с ними хотя бы на эмоциональном уровне. Никакая домашняя ситуация, даже самая тяжелая, не является легитимным поводом и уж тем более оправданием тому, чтобы вогнать в стресс подчиненных.

На первый взгляд это кажется очевидным: достаточно представить себя по другую сторону баррикад, в ситуации, когда *ваш* начальник поминутно меняет решение, нервно реагирует на мелкие проблемы и вообще ведет себя неадекватно. Важно помнить, что никто не думает, что вы робот. Вам посочувствуют и, скорее всего, легко отпустят передохнуть. Но если вы профессионал, то выдержка и умение управлять своими эмоциями являются вашими базовыми качествами. Мои коллеги обоих полов пропускают советы директоров и отменяют важные встречи, если их пожилые родители попадают в больницу или ребенок неожиданно требует повышенного внимания. (Если ваши коллеги не понимают, что подобное может произойти с каждым, то стоит спросить себя: что вас держит на этом месте? Как долго вы готовы там продержаться?) Но вот приносить свои проблемы в офис и делать их источником стресса для других недопустимо ни при каком раскладе. Не пожалейте пары дней отпуска, если это единственный способ прийти в норму.

Общаясь с более опытными руководителями высокого ранга, обратите внимание на то, что они в большинстве своем не кажутся подверженными постоянному стрессу. Более того, зная, что стресс имеет свойство передаваться окружающим, они, наоборот, стараются стать для остальных источником спокойствия. Многие из них, например, найдут время спросить, как у вас дела, и никто не будет жаловаться на чрезмерно загруженную жизнь или постоянные переживания. Это не значит, что они не чувствуют ответственности, не имеют огромного списка дел или не срываются на рабочие звонки во внеурочные часы. Но большинство из них увлечены тем, что делают, и находят точку баланса, которая позволяет им посвящать немало сил делу, не откладывая жизнь на потом. Они поддерживают себя в нормальной форме и физически, и эмоционально, и делают это относительно стабильно на протяжении долгого времени.

Каждый переход на новый уровень или другую должность неизменно вызывает стресс. Со временем ситуация приходит в норму. Без внутреннего спокойствия и стабильности легко сойти с дистанции, не добежав марафон.

Напоследок замечу, что кратковременный стресс, в отличие от долгосрочного, далеко не всегда является нашим врагом. Люди по-разному реагируют на напряжение, связанное с конкуренцией и соревнованием. Исследование стресса проводят в разных странах и на разных группах — от школьников в Тайване, сдающих сложные экзамены в борьбе за места в лучших школах, до пилотов-любителей и военных десантников. Очень интересные факты о таких исследованиях приведены в статье По Бронсона в New York Times*. Я кратко перескажу ее основные моменты. Реакция на конкурентную борьбу и напряжение в целом, как и любое наше поведение, объясняется комбинацией генетических факторов и воспитания (опыта).

В частности, особое внимание исследователей привлек ген, получивший название COMT. Он регулирует состав энзимов, снижающих концентрацию допамина в префронтальной области коры головного мозга. Эта часть мозга отвечает за принятие решений, предвидение последствий и разрешение конфликтов. Повышение концентрации допамина ускоряет передачу сигналов в нейронных сетях. Слишком низкое его

---

* http://www.nytimes.com/2013/02/10/magazine/why-can-some-kids-handle-pressure-while-others-fall-apart.html?smid=tw-share

содержание приводит к замедленным решениям, слишком высокое — к недостаточно глубокому анализу и поспешным действиям. У каждого организма есть оптимальный уровень концентрации допамина, при котором человек наиболее эффективен в умственной работе.

Существует две вариации указанного гена. Один кодирует те энзимы, которые снижают допамин медленно, другой — те, которые делают это быстро. У каждого из нас два гена, по одному от каждого родителя. Иногда они одинаковые, иногда разные. Примерно половина из нас получает комбинацию энзимов, четверть — только «быстрые», другая четверть — только «медленные». Исследования показали, что в отсутствие стресса «медленные» имеют неоспоримое преимущество при решении сложных задач, использовании логики и прогнозировании последствий. Умение повременить с решением позволяет им немного дольше концентрироваться.

Стресс полностью меняет картину. Он вызывает взрывную выработку допамина, мозг не успевает достаточно быстро от него очиститься, и у человека наступает состояние перегрузки. Под влиянием стресса люди с «быстрыми» энзимами оказываются впереди.

Тем не менее исследование спортсменов, концертирующих пианистов и морских пехотинцев показывает, что даже такие люди могут не сдаваться под влиянием стресса, если они хорошо тренированы. Оказывается, профессионалы испытывают точно такое же волнение, что и любители. Разница в том, как они интерпретируют свое беспокойство. Людей менее опытных оно парализует. Профессионалы и ветераны, наоборот, воспринимают его как сигнал сфокусироваться.

И еще один интересный момент заключается в том, что мы по-разному реагируем на разные виды стресса. Есть ситуации, которые воспринимаются как новые возможности — например, презентации старшему руководству. А есть другие, связанные с жесткой конкуренцией или борьбой за выживание.

Например, сертификационные экзамены или политически заряженные переговоры. Нередко люди реагируют на них по-разному. Первые ситуации заставляют расправить плечи и почувствовать прилив энергии — при этом у человека расширяются легкие, ускоряется циркуляция крови, ощущается прилив энергии. Вторые воспринимаются как угроза — напрягаются мышцы, сужаются сосуды, дыхание становится менее глубоким, повышается давление и снижается уровень кислорода в крови. Силы падают, гормональный взрыв заставляет острее чувствовать риск и бояться ошибок. Поэтому, например, один и тот же человек может не бояться выйти на сцену, но будет парализован страхом перед интервью.

Процитированная статья была посвящена преимущественно нюансам сдачи тестов школьниками и справедливости различных форм экзаменов. Но можно применить те же знания к пониманию влияния стресса в работе.

Очень важно изучить свою типичную реакцию на различные виды напряженных ситуаций. Как вы себя ведете? Как страх меняет ваше поведение: фокусируетесь ли вы или, наоборот, удивляетесь, что «проглотили язык»? Чувствуете ли прилив энергии, иногда чрезмерной, желание говорить громче и отчетливее или стремитесь сжаться в комок? И если вы пришли к выводу, что в определенных случаях ваш организм работает против вас, попробуйте заставить себя набраться опыта, например чаще выступать публично или участвовать в дебатах.

Мы много и часто говорим о стрессе в негативном свете. А между тем он может быть нашим союзником и помощником. И даже для тех, кто генетически предрасположен к беспокойству, лекарством будет не снижение стресса, а увеличение частоты ситуаций, его вызывающих.

Глава 22

Сохранение и восстановление мотивации

Страусов не пугать — пол бетонный.
Объявление в зоопарке

Четко сформулированная проблема
уже наполовину решена*.
Джон Дьюи

Какой бы высокой ни была зарплата на новом месте и как бы ни был просторен кабинет, если вы не любите то, чем занимаетесь, то радость пройдет быстро, уступив место неприятной рутине. Даже если вы «работаете, чтобы жить», то, чем вы занимаетесь бо́льшую часть дня, должно вызывать некоторый интерес. Иначе оно постепенно превращается в пытку, что не идет на пользу ни вам, ни делу.

В случае работы без подчиненных отсутствие мотивации сказывается преимущественно на ваших личных результатах. Можно опереться на профессиональное умение заставлять себя работать «через не хочу». Однако человек, относящийся к работе с энтузиазмом, часто делает ее лучше, чем тот, кто, даже обладая большим опытом, с трудом тянет лямку. Если занятие нравится, то и научиться чему-то новому легче, и мысли об улучшениях сами приходят в голову на досуге. Добавить удобную деталь в интерфейс, или дописать малень-

---

* A problem well defined is a problem half-solved.

кий кусочек кода, делающий операцию более элегантной, или отформатировать презентацию в более удобной для чтения форме, или найти лучший способ объяснить что-то ученику — все это делается из профессиональной гордости и позволяет сделать лишний шаг от «хорошего» к «выдающемуся». Вряд ли такой дополнительный шажок делают люди, у которых отсутствует мотивация.

Поэтому, кстати, во время интервью при приеме на работу так часто спрашивают, почему вы хотите занять это место. Даже если вас привлекает лучшая оплата, в чем нет ничего зазорного, интервьюер пытается понять, что́ помимо цифры заставит ваши глаза гореть. Возможность изобразить энтузиазм — городская легенда. Только недавно назначенный или не особо вникающий в детали руководитель принимает ложь за чистую монету и не задает дополнительных вопросов. Более опытных начальников провести сложнее. Достаточно поспрашивать о деталях — что именно нравилось и не нравилось на прежнем месте, что заставило совершить определенные шаги, ради чего вы шли на риск. Мало кто окажется столь гениальным актером и сценаристом одновременно, чтобы изобразить страсть к определенным аспектам работы, не сбиваясь на штампы и клише, да еще при этом не потерять естественный «язык тела» и зрительный контакт.

А вот при работе с другими людьми, особенно в лидерской позиции, отсутствие мотивации критично, так как влияет на других. Как существа стадные, мы биологически предрасположены перенимать настроение ближнего (особенно того, кто в той или иной мере ведет группу) через невербальные сигналы. Вряд ли кому-то захочется изучать историю или экономику у преподавателя, считающего свой предмет скучным, или слушать экскурсовода, только и мечтающего о моменте, когда туристов, наконец, можно будет увести из опостылевшего замка. В равной степени не хочется работать с начальником, который всем своим видом показывает, что в гробу видал новый рынок, презирает продукт, который приходится втюхивать, или на дух не переносит сотрудников смежного отдела.

Некоторые компании это понимают. Они проводят всевозможные «исследования климата в коллективе» и запускают разной степени успешности проекты по подъему морального духа. К сожалению, нередко эти инициативы вводятся людьми весьма далекими от тех, чей дух они собираются поднять, а потому производят обратный желаемому эффект. Обязательный сбор с целью заслушать колонки финансовых цифр, может, и вдохновит управленцев, но никак не программистов или клерков. А предложение прийти поработать в выходные с пионерски-радужным обещанием бесплатной пиццы радует лишь тех, кто готов не отрываться от кода и без пиццы, но совсем не того, кто не мог дождаться субботы, чтобы провести время с семьей.

Однако бывают и удачные программы. В тех редких компаниях, где руководство действительно хочет знать непредвзятое мнение работающих и, узнав его, вводит изменения, о которых те просят — от гибкого графика до оплаченного обучения, — атмосфера несколько иная. Тем не менее ждать, что кто-то другой будет искать способ сделать вашу жизнь сносной, значит терять время и пытаться, сродни тому страусу в эпиграфе, спрятать голову в песок. Прежде всего это связано с тем, что бо́льшая часть факторов, влияющая на наше отношение к работе, индивидуальна. Одни вполне счастливы монотонной бесперспективной деятельностью, другие пребывают в депрессии на, казалось бы, творческих должностях, даже продолжая расти в карьере и сотрудничая с нетривиальными успешными людьми, у которых есть чему поучиться.

Если вы долго руководите людьми, то знаете, что нет более грубой ошибки, чем надеяться одинаково мотивировать всех подчиненных. То, что является наградой для одного, будет нагрузкой для другого. На эту тему написано немало полезных статей. Как правило, делающим карьеру в управлении приходится задуматься об этом задолго до перехода в высшее руководство компании. Мы поговорим о другом: как не перегореть в процессе марафона и избежать потери собственной мотивации.

Мотивация никак не связана с тем, насколько ваша работа привлекательна с точки зрения среднестатистического человека. Приведу совсем странный пример. Мне как-то довелось читать о компании, предоставляющей работу бывшим заключенным. Они не новую миссию на Марс готовят, а убирают школы и улицы. Но многие из них проходят через долгий период адаптации, связанный со сложностями трудоустройства. В компании царит дух поддержки, и большинство гордится своей работой и чувством принадлежности, которое она дает. Для них она символизирует возвращение в общество.

Другим фактором может выступать чувство причастности к делу, в которое веришь. Вряд ли работа на стройке или в «скорой помощи» является престижной. Но именно чувство причастности заставляет банкиров, юристов, врачей и руководителей тратить выходные и отпуска на строительство домов для малоимущих или добровольную помощь в госпитале. Среди наших друзей таких немало. Мой муж долгое время дежурил раз в неделю добровольцем на «скорой». Более того, среди них есть люди, которые не любят свою куда более престижную с точки зрения обывателя работу и рассматривают участие в добровольных акциях как главное дело своей жизни.

О факторах и путях мотивации написано немало статей и проведено много исследований — с точки зрения психологии, управления, социологии. Однако мои заметки посвящены сугубо практическому вопросу: что делать человеку, почувствовавшему, что он больше не любит то, что делает, и невольно ищущему глазами запасной выход? Как определить, почему вы так быстро утратили мотивацию, чтобы снова взять ситуацию под контроль? Успех в карьере никому не гарантирован и ни от кого не зависит больше, чем от вас самих. А значит, мотивация сродни спасению утопающих — это проблема, которую приходится научиться решать самостоятельно до того, как ее начали решать другие.

Далеко не все и не всегда в работе должно вызывать положительные эмоции. Энтузиазм не горит вечным пламенем семь дней в неделю триста с лишним дней в году. Абсолютно счастливыми бывают только идиоты и потребители прозака. У большинства людей случаются дни и недели, когда любое занятие кажется пыткой. Бывают дела любимые и ненавистные. Например, не все и не всегда складывается в отношениях с коллегами или получается в рабочем процессе. И вряд ли имеет смысл говорить о потере мотивации, если речь идет о неизбежной части операций, с которой приходится мириться, например о составлении бюджета или ведении документации. Более того, я совсем не радостно выскакиваю из постели в четыре утра холодным февральским утром, чтобы успеть на ранний самолет или конференц-колл в неудачном часовом поясе. Помимо всего прочего, периоды сильного стресса — болезни или смерти близкого, развода — нередко сопровождаются утратой интереса к профессиональной деятельности.

Однако если в общем и целом вы не впадаете в хандру или злость при мысли о новом рабочем дне, говорить о потере мотивации рано. Тем не менее, если она продолжается неделями или повторяется слишком часто и без видимых причин, стоит перестать прятать голову в песок.

Как и в медицинской диагностике, здесь один из самых трудных моментов состоит в том, чтобы понять, столкнулись ли мы с самостоятельным «недомоганием» или одним из симптомов более тяжелого «заболевания». Всем нам свойственно прежде всего искать источник зла вовне, в изменившихся обязанностях или трудных коллегах, но не в себе. Еще сложнее, признав проблему своей, увидеть за собственными действиями и реакциями систематическое проявление одного и того же внутреннего кризиса.

Именно поэтому, кстати, в Америке и возникла профессия executive coach — тренер руководителей, — существующая на стыке психологии, менторства и профессионального тренинга. Такие тренеры месяцами работают с оказавшимися в проблемной зоне руководителями, в том числе с теми, кто потерял мотивацию продолжать работу. Однако при должном развитии рефлексии и готовности принять не самые лестные для себя выводы можно многое понять и изменить путем самостоятельного анализа.

Прежде всего, конечно, стоит убедиться, что это не временный спад энергии, связанный, например, с коротким световым днем или усталостью. Недаром один из самых распространенных ответов на наши жалобы на стресс — это вопрос «когда ты в последний раз был в отпуске?». Нередко перемена обстановки, длинные выходные, возможность провести несколько дней на солнце (особенно в темное время года, когда организму не хватает света) помогают быстро и легко восстановить интерес к жизни.

Но если уже через пару недель после отпуска (разбор накопившихся за время отсутствия завалов не в счет) вы в очередной раз понимаете, что считаете дни до следующего, вспомните про бетонный пол. Это не сезонный спад активности и не временная физическая усталость, а назревшая проблема с мотивацией. Если ее запустить, то, скорее всего, настроение будет только ухудшаться.

Начнем с простого предположения, что отсутствие мотивации — следствие не глубокой проблемы, а назревшей необходимости перемен. Когда вы в последний раз меняли работу? Возможно, вы достигли цели, следуя которой выбрали ту или иную должность, — например, завершили проект, добившись реальных результатов и приобретя необходимые навыки. Часто это ощущение возникает, когда вы прошли несколько циклов сезонного планирования, составления финансовой документации или вывода новых продуктов на рынок. Следующий круг вызывает мысль о знакомом и отлаженном, но уже не настолько захватывающем процессе. Вам не приходится учиться новому, вы можете легко обучить другого и чувствуете, что переросли свою работу. Она уже не вызывает страха и сулит мало неожиданностей. Пора двигаться дальше. В этом случае естественно открыть новую страницу своей жизни и поменять работу.

Далеко не все виды деятельности носят цикличный характер. Отчасти похожий и, возможно, чуть более ожидаемый эффект возникает при завершении одноразового проекта, например интеграции купленной компании или окончании строительства объекта. Подходя к концу, мы часто чувствуем, что напряжение спадает, решение проблем перестает занимать весь предоставленный объем. У тех, кто привык к высоким скоростям и немалому уровню стресса, такое состояние часто ассоциируется со скукой, а значит, вызывает спад мотивации и размышления о следующих шагах. Это наиболее простой случай: хандра исчезает с возникновением на горизонте нового проекта.

Другая группа относительно простых ситуаций связана с изменениями во взаимоотношениях с коллегами или руководством. Неслучайно именно желание поменять непосредственного начальника является одной из самых распространенных причин смены работы. Смена руководства, реорганизация отдела, изменения, связанные с новыми функциями подразделения, переездом в другой офис, сменой состава группы или слиянием департаментов нарушают сложившуюся вокруг вас экосистему. На ранних этапах изменений бывает трудно оценить их масштабы. Например, новый вице-президент может сразу ринуться вводить изменения в отделе, а может выждать несколько месяцев, чтобы присмотреться. И вдруг, когда, казалось бы, все вошло в свою колею, попросит вас утром зайти поговорить и огорошит новостью о реорганизации.

Со временем становится ясно, что изменения несут с собой не только нарушение статус-кво, а еще и необходимость внести серьезные изменения в сложившийся рабочий процесс, регулярно находить общий язык с трудным коллегой или работать под началом неприятного вам руководителя. Очень часто именно человеческие отношения становятся той ложкой дегтя, которая портит всю бочку меда. Как ментору, другу, просто собеседнику в сети мне часто приходится слышать жалобы на отсутствие мотивации продолжать работу там, где «все было хорошо, пока не пришла она».

Если у вас нет ярко выраженных причин оставаться, то самым простым решением будет переход к другому руководителю или в другую компанию. Хотя, как показывает опыт, трудно сделать успешную карьеру, не научившись разруливать конфликты вместо того, чтобы покинуть поле боя. С другой стороны, если подобная ситуация повторяется вновь и вновь, стоит задуматься, не несете ли вы свои проблемы с собой, как улитка домик. Если это так, то вместо того чтобы в очередной раз убежать, стоит научиться их решать. Иначе они так и будут преследовать вас, отравляя жизнь на каждом новом месте.

У большинства людей анализ и планирование действий на этом и заканчиваются. Тем не менее, если у вас действительно развиты и рефлексия, и желание строить успешную карьеру, то задайте себе вопрос-бонус: не прослеживается ли в моей проблеме одна и та же регулярно повторяющаяся модель? Не ухожу ли я уже в третий раз с интересного проекта потому, что приходит новый руководитель? Не перегораю ли стандартно через полгода после начала? Почему у меня уже на четвертой работе «все хорошо, если бы не конфликт со смежным отделом»?

В своей практике я встречала немало мастеров дебюта. Г. всегда начинал новый проект с маниакальной активности — обзвона всех ближних и дальних участников, выбора звучного имени проекта, создания междивизионной рабочей группы и назначения времени регулярных телеконференций на двадцать человек, чтобы отслеживать продвижение к цели. Кажется, еще немного — и он решит проблемы голода в Африке, глобального потепления и мира во всем мире. Однако через несколько месяцев оказывалось, что, умея выстроить организационную структуру проектов, Г. не имел идей для их наполнения. Где-то в его списках, отвечающих за подпроекты, значился Джон или Дик из соседнего отдела, курирующий решение... например, давней проблемы голода в Африке без дополнительного бюджета и в нагрузку к основной работе. Правда, Джон попал в перечень исключительно благодаря названию своей должности, например слову «Африка» в титуле, и решать проблему на деле никогда не брался. Да и начальство его согласилось на участие Джона в проекте, не совсем понимая, что от него потребуется.

Либо активист сам не знал, как именно подходить к этой наболевшей проблеме, либо сознательно строил «потемкинские деревни» для начальства. Через пару месяцев Джон телеконференции уже не посещал, квадратик напротив решения его проблемы был закрашен красным, зато много других квадратиков всех цветов осеннего листопада еще некоторое время держали Г. на плаву. Своих мыслей относительно решений у него не было, коллективно вечный двигатель изобрести не удавалось. Глядь, активист начинал следующую программу или, окончательно потеряв интерес, вскоре переходил в смежный отдел.

Если история раз за разом повторяется, то речь идет не просто о потере мотивации, а о глубинном сбое в стиле работы. Можно, конечно, махнуть на это рукой, но вряд ли, не научившись действовать по-другому, герой получит реальные результаты и продвинется на следующую ступеньку. Скорее всего, его карьера выйдет на плато, пусть и высокогорное. А со временем она еще и кризисом мотивации обернется, когда человек осозна́ет, что уже десять лет ходит в одной должности без перспективы двинуться дальше.

Есть целый ряд повторяющихся моделей поведения, выдающих глубинную проблему, подобно тому как медицинские симптомы обозначают болезнь. Например, «где я ни окажусь, не могу найти нормальных подчиненных, все самому приходится делать» или «никогда не удается сосредоточиться на одной стратегии, все приходится менять из-за несогласий в руководстве» — все это на самом деле признаки хорошо известных проблем. Фактором, дающим вам знать, что пора встретиться с собственными демонами лицом к лицу, может стать именно их повторяемость.

Проблемы, связанные с латентными кризисами, присущими каждому и проявляющимися под влиянием обстоятельств, очень трудны для самостоятельной диагностики. Поэтому для их решения обычно требуется помощь тренера (executive coach) или психотерапевта. Различные типы подобных кризисов, угнездившихся в психике каждого из нас, хорошо описаны в книге Алана Даунза The Secrets of an Executive Coach*. Последующее описание я во многом основываю именно на его материале. Алан, будучи психологом по образованию, выстроил очень интересную теорию, в чем именно заключаются источники подобных проблем, проводя параллели с воспитанием, полученным человеком в детстве. Я вкратце изложу его основные мысли применительно к мотивации, но очень рекомендую прочитать весь труд целиком.

Прежде чем перейти к описанию кризисов, следует отметить, что работа над ними становится эффективной только тогда, когда человек дозрел до признания кризиса

---

* Выходила на русском языке: Даунз А. Выйти из кризиса и добиться успеха. Эффективные техники разрешения конфликтных ситуаций. М. : У-Фактория, 2007.

и неизбежности смены подхода. Даунз работает с людьми, которые систематически добивались успеха, а потому сделали хорошую карьеру, но вдруг, на некоем ее этапе, столкнулись с проблемой. Это может быть потеря мотивации, карьерное плато, повсеместно испорченные отношения с людьми или даже поступки, совершаемые себе во вред. С точки зрения Даунза, для успеха в изживании таких проблем их обладателю прежде всего необходимо, признав наличие кризиса, принять на себя ответственность за выход из него. Тот, кто продолжает винить в происходящем других, психологически не готов совершать трудные шаги: признавать свою неправоту и менять отношение к ситуации. Если виноват кто-то другой — зачем менять себя?

Поэтому Даунз видит в ситуации острого кризиса важный положительный момент: она подталкивает человека к тому, чтобы признать необходимость изменений. Как заметил американский философ Джон Дьюи, правильно определенная проблема уже наполовину решена. Признав, что проблема не в начальнике, не в конкурентах и не совете директоров, а в собственном перегорании или в панической боязни неудач, руководитель делает первый шаг к ее решению.

Алан Даунз также считает, что внутри каждого из нас постоянно назревает свой набор кризисов. Под влиянием определенных событий один из них может внезапно проявиться, и это дает возможность его диагностировать и изжить. В то же время другие потенциальные проблемы, связанные как с личными качествами, так и с воспитанием, могут зреть годами, не давая о себе знать. Мы не задумываемся о них, пока они не начнут негативно влиять на нашу мотивацию.

Вначале человек идет по пути наименьшего сопротивления, пытаясь подавить кризис: в очередной раз меняет работу, подчиненных, стратегию. Нередко он так и не задумывается о более глубоких причинах, заставляющих ситуацию повторяться вновь и вновь, уже с другими людьми или на другом рынке. Но уход от решения лишь усугубляет проблему: определенная модель поведения в сходных условиях входит в привычку. А чем сильнее привычка, тем сложнее ее изменить.

Событие, провоцирующее кризис, может никогда не произойти. Например, программист, не любящий работать с людьми, может никогда не стать руководителем и будет счастливо писать код в одиночку. Но стоит ему ради лучшей зарплаты взяться за руководство другими, как он начинает терять удовлетворение от своего труда. Его все раздражает, он начинает срываться на подчиненных или коллег, винит начальство, заставляющее его заниматься ерундой, или погружается в депрессию. На самом деле он просто пытается игнорировать тот факт, что его натура и воспитание не располагают к доверию к людям, умению принять их недостатки и терпеливо отнестись к проблемам роста. Он может сменить образ деятельности, например, став CTO* или свободным консультантом, то есть выбрать лестницу профессионального роста, не требующую получать результаты через действия других. Или, наоборот, приняв идею собственного несовершенства в области управления, начать учиться руководить. Последнее потребует работать над собой психологически, научиться получать радость от собственного участия в развитии других людей и ценить разнообразие опыта и навыков, которые они приносят в команду, даже если каждый из них имеет определенные недостатки и пробелы в знаниях.

Это трудный и болезненный процесс, во многом схожий с попытками заново научиться ходить после серьезной травмы. Он подразумевает необходимость заставлять себя совершать действия, противоречащие привычной манере поведения. А это требует немалой силы воли, дисциплины и регулярного внешнего анализа результатов. Ментор или

---

* Chief Technology Officer, технический директор; как правило, не имеет штата подчиненных или, в редких случаях, имеет очень небольшой.

опытный руководитель может помочь лишь отчасти, в основном путем периодической объективной оценки. Ни один из них не может (и не должен, согласно своей роли) производить детальный «разбор полетов» каждую неделю и, главное, далеко не всегда обладает необходимыми знаниями и навыками, чтобы помочь сделать следующий шаг. Ни ментор, ни руководитель, как правило, не имеют ни психологического образования, ни практических навыков решения проблем, с которыми не сталкивались в свое время сами, — а ведь набор кризисов у каждого свой, индивидуальный. Так что проблемы такого рода нам приходится решать либо при помощи тренера, либо самостоятельно.

Мне кажется, к этому моменту я достаточно вас напугала. Будь я профессиональным тренером, было бы самое время подсунуть вам контракт на подпись... но я не ставлю перед собой подобной задачи и не пытаюсь развернуть новую область личной карьеры — мне нравится моя работа. Просто замечу в утешение, что даже небольшая корректировка, как правило, поможет почувствовать себя лучше, а долговременная работа над одной и той же проблемой не может не дать положительные результаты.

Алан Даунз выделяет в своей книге шесть различных кризисов: три кризиса мотивации и три кризиса отношений. Все они могут в значительной степени повлиять на настрой и отношение к работе. Корни трех первых лежат в нашем внутреннем мире, а трех последующих — во взаимоотношениях с другими людьми. Кризисы мотивации имеют непосредственное отношение к тому, насколько велико наше желание продолжать работу и какие чувства по отношению к ней мы испытываем. Кризисы отношений могут влиять на них косвенно, создавая ситуацию, из-за которой работа перестает доставлять нам удовольствие. Кроме того, они могут замедлить профессиональное продвижение и тем самым способствовать демотивации. Более того, как правило, каждый индивидуальный случай включает в себя проявление нескольких кризисов, так что не стоит искать, в какую графу записать себя, — скорее, стоит определить, какие из описанных ситуаций схожи с вашей.

Кризисы мотивации

Кризис страсти. Проявления этого кризиса во многом похожи на ситуацию, когда человек перерос свою работу: он перегорает, ему скучно, работа не вызывает интереса. Но в отличие от обычного этапа профессионального роста, требующего перехода на следующую ступеньку, утомление с завидным постоянством наступает гораздо раньше нормального срока пребывания на очередной должности.

Возможно, ваша новая работа недостаточно отличается от предыдущей, чтобы вызвать интерес освоения нового. Например, вы взялись вести другого клиента, но по сути процесс и требуемые профессиональные навыки мало отличаются от того, что вы делали раньше. После короткого периода новизны вы понимаете, что вам нечему учиться, и любая деятельность превращается в рутину. Но если по всем параметрам новое место должно быть интересным, сопряженным с освоением нового, а вы разочаровываетесь в нем так же быстро, естественно предположить наличие кризиса.

Кризис страсти характерен для тех, кто в силу различных обстоятельств был лишен возможности попробовать разные занятия и найти, что именно доставляет ему удовольствие. Это случается, например, с теми, на кого давили в детстве — мол, «в нашей семье все становятся инженерами». Многие переживающие этот кризис пытаются воплотить в жизнь не свои, а родительские мечты.

Один из моих одноклассников по бизнес-школе Колумбийского университета происходил из семьи индийских врачей. Его с детства готовили к медицине. Ни ему, ни его родителям не приходило в голову, что она может не быть его предназначением. В результате после долгих лет учебы, обзаведясь детьми и ипотекой, он понял, что не любит лечить людей. На момент нашей встречи мой одноклассник работал в страховой компании, оценивая сложные случаи с медицинской точки зрения, и хотел перейти в финансы, для чего и получал MBA.

Кому-то пришлось отказаться от своей мечты в силу материальных или социальных обстоятельств. Но чаще всего человек сам боялся экспериментировать и разбираться в собственных чувствах, просто плыл в потоке, не придавая большого значения выбору профессии. Или, окончив университет по интересной, но малооплачиваемой специальности, согласился на первую подвернувшуюся работу или ту, что показалась наиболее прибыльной на момент выбора. Таким людям советуют прислушаться к своим чувствам, для чего рекомендуют записывать свои мысли о работе, начиная каждый абзац со слов «я чувствую...».

Разобравшись в том, что именно вас воодушевляет, можно попытаться найти компромисс между мечтой и имеющимися рабочими навыками. Если бухгалтер чувствует, что по-настоящему реализуется, когда учит, ему стоит поискать возможность преподавать финансовые предметы в колледже. Однако это может закончиться переходом в более низкооплачиваемую область. Очень многие дауншифтеры, бросившие корпоративный мир ради «бизнеса как стиля жизни» (life style businesses) — выращивания экологически чистых овощей, открытия небольшого отеля в отреставрированном старинном доме или создания студии танцев, — совершили именно такой шаг. В более мягком варианте это может быть возвращение с руководящей работы на позицию специалиста, переход из разработок в маркетинг или смена консалтинговой работы на постоянную должность в обычном бизнесе, не требующую скачков с проекта на проект и сопряженную с ответственностью за сегмент бизнеса, нередко — у одного из прежних заказчиков.

Кризис ответственности. Страдающий от кризиса ответственности участвует в огромном количестве проектов, но не несет личной ответственности ни за один из них. Он постоянно занят, проводит дни на встречах и телеконференциях, но нигде его присутствие по-настоящему не критично. Он производит впечатление профессионала в своей области, но переходит с работы на работу до того, как его деятельность начнет приносить ощутимые результаты. Он отлично умеет критиковать чужие проекты или «мутить воду», напоминая о необходимости учесть ряд факторов, и умудряется исчезнуть до того, как ответственность за это ляжет на его плечи. Такие люди часто чувствуют горечь от того, что повышения достаются другим, в то время как они сами так много трудятся. Это нередко демотивирует.

Причиной кризиса ответственности является подсознательный страх провала у тех, кто несколько раз обжегся. Человек посвятил несколько лет проекту, который решили закрыть по независящим от него обстоятельствам, или не смог получить заслуженное повышение из-за сокращений в период рецессии. После ряда неудач, проникнувшись фатализмом и уверившись в отсутствии контроля над ситуацией, он боится куда-либо «вкладывать душу» и начинает уклоняться от личной ответственности за конкретное дело. Вместо этого он предпочитает порхать с проекта на проект, создавая видимость бурной деятельности. Это приводит к карьерному плато, разочарованию и демотивации. Единственный выход из смертельной спирали — заставить себя выбрать пару проектов и сделать их по-настоящему своими, победив страх.

Кризис уверенности в себе. Этот кризис присущ тем, кто долго и стабильно добивался успеха, но вдруг «потерял хватку». Такие люди нередко заходят столь далеко в подсознательном страхе не оправдать надежд, что начинают заниматься саботажем собственной карьеры, вплоть до деструктивных шагов, или пытаться ежедневно подтвердить былые достижения. Одним из очень характерных проявлений этого кризиса является «синдром самозванца» — внутреннее ощущение человека, что его успех не заслужен, и дискомфорт от признания его заслуг другими. Он теряет уверенность в себе, часто приписывая свои результаты удаче или внешним факторам, проникаясь завистью по отношению к другим, чувствующим себя адекватно и комфортно в любой ситуации.

В основе этого кризиса лежит тот же страх провала и вера в необходимость непрерывно доказывать свою ценность чередой успехов. Результаты всегда требуют времени — и прежде всего нужно дать это время самому себе.

Три следующих кризиса проявляются через отношения человека с окружающими — коллегами, начальниками, подчиненными, — причем, как и в предыдущем случае, человек может переживать несколько кризисов одновременно.

Кризисы отношений

Кризис принадлежности к группе. Этот кризис связан с внутренним желанием быть частью стаи, семьи, общины. Жертвы этого кризиса испытывают сильное чувство долга по отношению к своей организации или сообществу, часто определяя себя через подобную общность. Как результат — они тяжело переживают любое неприятие или несогласие, а потому пытаются добиться всеобщего одобрения и полного консенсуса.

По моим личным наблюдениям, люди, привыкшие согласовывать свои решения с коллегами, часто быстрее продвигаются на ранних этапах карьеры. Их отличают хорошие отношения со всеми, умение наладить взаимодействие, репутация человека, умеющего сработаться с партнерами, заказчиками и смежными отделами. Однако, привыкнув к необходимости добиваться консенсуса, люди реже идут на конфликт и полагают несогласие коллег или руководителей других подразделений серьезным препятствием к продвижению той или иной инициативы.

Следствием такого подхода является так называемый «паралич анализа» — известное явление, когда в попытке привлечь максимальное количество сторонников люди бесконечно исследуют ситуацию и задерживают решение.

Другой признак того же кризиса — непрерывная смена стратегии в попытках угодить разным вышестоящим начальникам. Человек постоянно меняет планы, дергая отдел из стороны в сторону, в зависимости от того, с кем поговорил последним. В результате он перестает добиваться серьезных результатов, не очень ясно представляет, куда двигаться дальше, и, как следствие, теряет мотивацию. При этом многие начинают винить начальство или коллег, которые не могут договориться между собой, или жалуются на постоянное ощущение тревоги, так как подсознательно понимают невозможность удовлетворить всех.

В основе подобного кризиса лежит заложенный с детства страх, что человека не любят или что его действия не одобряют старшие. Многие комплексы закладываются у нас с детства, и среди них, в частности, излишнее стремление искать родительской похвалы. Единственный способ побороть его — признать проблему, найти в себе смелость спорить и отстаивать свои идеи. Для этого придется прежде всего отказаться от желания всем нравиться и отныне полагаться на свое суждение, переопределив успех как достижение результатов, а не одобрение других.

Я не обладаю должным медицинским образованием, чтобы предложить детальные пути решения: кто-то справляется сам, кому-то нужна помощь психотерапевта. Мне встречались люди, осознавшие для себя подобную проблему и старающиеся принимать более решительную позицию в спорах. Другие и на достаточно высокой должности продолжают просить руководителя о помощи, чтобы внести потенциально конфликтное предложение на совете или поговорить с коллегами об изменении сроков сдачи проекта. Как правило, это верный способ выйти на карьерное плато и потерять возможность подняться выше определенной метки.

Кризис неравенства (неполноценности). Общепринятый перевод термина the crisis of inferiority в русском языке звучит как «комплекс неполноценности», и именно им я буду пользоваться впредь. Тем не менее в данной ситуации речь идет именно о неравенстве по отношению к коллегам, а не к средней норме. Разница весьма существенна, особенно если социальный, образовательный или материальный уровень группы сравнения достаточно высок.

Человек, неожиданно примкнувший к тем, кого раньше считал элитой, вследствие производства в генералы, повышения в партнеры или избрания в академический совет, вдруг оказывается формально на равных с теми, на кого еще вчера смотрел снизу вверх. Смена таблички на двери и печать новых визиток занимает несколько дней, но психологическое нивелирование требует гораздо больше времени. Носители этого комплекса так и не привыкают к тому, что бывший начальник теперь просто коллега.

Признаком кризиса является страх стать частью группы, в которой человек не доминирует. Тот, кто привык всегда и во всем быть лучше остальных — «звездой» в группе, любимым ребенком в семье или отличником в классе, — часто чувствует себя неуютно, оказавшись в другой весовой категории, где приходится снова начать путь с нижних этажей негласной пирамиды влияния, знаний и возможностей.

Как правило, страдающие этим комплексом ощущают зависть, если коллега получает повышение или рассказывает об удачно завершенном проекте. Вместо радости за другого и желания узнать детали они испытывают неприятное ощущение от того, что награда достанется не им. Люди, страдающие от проявления кризиса неполноценности, не признают своих ошибок — ведь они привыкли быть лучше других. При этом они часто чувствуют необходимость постоянно доказывать свою ценность и демонстрировать, что достойны места, которое занимают.

В основе этого кризиса тоже лежит страх, но страх несколько другого рода: боязнь оказаться не на уровне, потерять лицо, продемонстрировать слабость. Как и остальные страхи, он закладывается в детстве, возможно, излишней критикой со стороны родителей или постоянным сравнением с другими детьми. В ранние годы формируется модель поведения, которая в будущем при определенных обстоятельствах может спровоцировать внешние проявления кризиса.

Возможно, вы получили повышение относительно недавно, и у вас идет естественный процесс привыкания к новому социальному положению и роли внутри компании. Он может занимать от нескольких месяцев до года. В этом случае не стоит переживать, если вы испытываете комплекс самозванца или продолжаете смотреть на равных по должности снизу вверх. Это распространенный психологический феномен: привыкание к новому и его интернализация требуют времени.

Тем не менее, если этот процесс продолжается слишком долго, стоит задуматься о причинах. Можно напомнить себе, что, как говорят американцы, ваши коллеги «точно так же надевают по утрам штаны». И что другие, добившиеся большего успеха, тоже начали путь с той отметки, где сейчас находитесь вы. Просто вы в очередной раз «пошли в первый класс»: надо освоить много нового и, в частности, научиться признавать свои ошибки и работать над ними. Поздравьте тех, кто прошел этот путь, начав его раньше вас — вам понадобится их помощь, — но не считайте их выше или удачливее вас самих.

Попробуйте поговорить с некоторыми из них о семьях, отпусках, детях, чтобы за званием и положением увидеть реального человека, такого же, как вы, и установить контакт на более глубоком уровне.

Выработка уверенности в себе дается нелегко. Один из приемов — перед встречей с коллегами произносить про себя внутренние «кодовые слова» (например, «я — равный»). Главное в этом приеме — постоянство кодовой фразы, благодаря которому у человека формируется инстинктивная реакция: спадает напряжение, распрямляются плечи, в речи звучат уверенные нотки.

Другим помогает исправление дефектов внешности, например замена очков на линзы или сбрасывание веса, если он вызывал внутреннюю стеснительность. Третьим нужна работа с профессиональным психологом, чтобы докопаться до корней проблемы: почему человек смотрит на других снизу вверх, когда и как это началось, с чем связано.

Несмотря на обилие специальных тренингов по выработке уверенности, я лично отношусь к ним с некоторой опаской. Во-первых, они часто заставляют человека перейти грань и впасть в искусственную необъективность или зазнаться. Во-вторых, некоторые из них приводят к употреблению психотерапевтических штампов в повседневной речи. В-третьих, они часто маскируют проблему за счет заученной манеры поведения, не помогая человеку изжить ее внутри себя. Вопрос преодоления кризиса очень индивидуален, и, не будучи психологом или психиатром, я воздержусь от дальнейших советов.

Кризис изоляции. Вам приходилось сталкиваться с позицией «хочешь, чтобы что-то было сделано хорошо, — сделай это сам»? Кризис изоляции — это кризис человека, стоящего на вершине собственного перфекционизма. Он страдает и от одиночества, и от недоверия к тем, кто оказался недостаточно хорош по его строгим критериям.

Страдающий от такого кризиса может регулярно жаловаться, что устал от тупости окружающих. Ему не особенно нравится его работа. В его рассказах слышится горечь человека, обойденного повышением, порой не раз и не два, в пользу очередного идиота и лизоблюда, равно как и отвращение ко всему происходящему в компании — ханжеству начальства, глупости коллег, бюрократическим порядкам и невыполнимым инструкциям.

Кризис изоляции, как правило, имеет одну характерную черту: возведение забора, защищающего руководителя и его группу от мира вокруг, — он верит, что они одни во всей компании умеют не ударить в грязь лицом. Это может быть коммуникационный барьер, а может быть искусное умение прятаться за инструкции («в стандартном описании такого нет, ничего не могу сделать»). Порой дело доходит до реального физического ограждения: начальник настаивает, чтобы его отдел сидел на другом этаже или в другом здании, отдельно от остальных. Без вмешательства извне он строит свою маленькую империю и активно препятствует общению своих с другими отделами, удерживая власть над своей маленькой территорией.

В основе подобного поведения, как и в случае остальных кризисов, тоже лежит страх — на этот раз страх предательства. Возможно, человек разочаровывался в других или чувствовал себя обманутым в прошлом, когда его обошли повышением, и не хочет, чтобы история повторилась. А может быть, он просто с детства боится доверять людям.

Как правило, носители этого кризиса не только разочарованы в людях, но и не обладают достаточным терпением, чтобы прощать им несовершенства и ошибки. Они не хотят снова стать жертвами предательства или чужого промаха, а потому инстинктивно делают все, чтобы понизить взаимную зависимость. Такое поведение не способствует ни эффективному сотрудничеству с другими, ни хорошему климату в коллективе. Более того, такие люди часто являются перфекционистами по натуре, неспособными делегировать —

ведь они ясно видят, что никто не справится с поручением так же хорошо, как они сами! Микроменеджмент утомляет не только подчиненных, но и самого руководителя, зачастую работающего на износ.

Страдающий от кризиса изоляции отказывается принять имманентную часть человеческой натуры — наличие недостатков. Своих же слабостей он не замечает, но требует от других соответствия своим высоким стандартам. А реальные люди редко оказываются идеальными, тем самым все больше и больше убеждая его, что им доверять нельзя.

Подобный жизненный сценарий часто разыгрывается в доме сурового родителя, требующего от ребенка рано повзрослеть и быть идеальным везде и во всем. Отсюда и неумение простить недостатки, которое выросший ребенок переносит на коллег и подчиненных. Он ожидает идеального поведения и навыков и от себя, и от других, но при этом чужие пробелы видит гораздо лучше, все больше разочаровываясь в людях из-за несоответствия реальности и ожиданий.

Требуется немало мужества, чтобы признать за людьми право на недостатки. Вместо того чтобы делать все самостоятельно, стоит попробовать разобраться в источнике проблемы. Почему коллега или подчиненный не умеет делать что-то или не понимает «простую» истину? Потратив время на объяснение и заставив себя поверить в способность других людей сделать что-то лучше, он впервые сделает шаг к изживанию комплекса и разрушению барьеров. А почувствовав себя более вовлеченным в общий процесс работы, скорее всего, вернет утраченную мотивацию.

Есть еще один набор решений проблем с мотивацией, о котором мне хочется поговорить отдельно. Иногда нам нужен способ продержаться до окончания проекта или времени, когда можно будет поменять работу, — своего рода аналог кофеина, который взбодрит на несколько часов.

Я нашла для себя несколько средств, которыми с удовольствием поделюсь.

Занятия, доставляющие удовольствия и улучшающие резюме. Часто можно включить в повседневный календарь дела, не мешающие получению результатов, но улучшающие ваше резюме, расширяющие профессиональный кругозор или сеть контактов. То, на что не хватает времени во время активной фазы проекта, вполне скрасит более спокойную его стадию.

Это могут быть выступления на конференциях или общение с прямыми заказчиками (для разработчиков, финансистов или даже сотрудников отдельных областей маркетинга оно совсем не обязательно входит в рабочие обязанности, но во многом обогащает за счет лучшего понимания того, что происходит на рынке). Это также может быть практика интервью с прессой, менторство, выступления перед молодежью в профессиональной области, организация благотворительных программ или спонсорства, например тренировка школьных команд FIRST*. Сюда же можно отнести улучшение своего имиджа в социальных медиа или обучение. Главное, чтобы дело доставляло вам удовольствие, требовало регулярного внимания, давало подпитку положительными эмоциями, повышало вашу профессиональную ценность и позволяло не слишком сильно отвлекаться от основной работы. Как показал мой собственный опыт, неплохим проектом такого рода может быть написание книги.

Хобби вне работы. Хобби или нерабочий проект прекрасно помогают вернуть интерес к жизни, подзарядиться положительными эмоциями и не накапливать отрицательные. К тому же они расширяют кругозор и знакомства, что может открыть новую область для карьеры. Не хотите писать статьи или книги в профессиональной области — как насчет

---

* FIRST Robotic Competition — международный конкурс по робототехнике среди средних школ, проводимый ежегодно. *Прим. ред.*

художественных произведений? Может быть, стоит попробовать новый вид спорта (тот же гольф!), выучить новый язык (особенно если существует возможность длительной командировки с возможностью в нем попрактиковаться) или принять участие в благотворительной деятельности вне работы?

Как показывает мой опыт менторства, новое хобби часто выводит людей из круговорота печальных мыслей о работе и позволяет продержаться до наступления определенных событий, например окончания работы за рубежом или завершения проекта, более спокойно воспринимая повседневные офисные проблемы. И главное, оно часто открывает новую дверь. Достаточно вспомнить, что большинство популярных блогеров начинали свои дневники из любви к жанру, а не из желания создать коммерческий продукт или публичный имидж.

«Пойди туда, не знаю куда»

Тем, кто совсем отчаялся в поисках нового занятия или карьеры, полезно вспомнить, что наш выбор всегда сужен собственными представлениями о том, чем занимаются те или иные специалисты. В детстве мы хотим быть врачами, учителями, милиционерами или космонавтами потому, что они были нам известны. Вряд ли мы могли себе представить, чем занимается «начальник отдела эксплуатации», «инвестиционный банкир» или «актуарий». И даже вполне взрослые люди часто не подозревают о существовании таких профессий, как «карьерный тренер» или «консультант по поступлению в колледж».

Когда дочка моих друзей выбирала специальность в университете, она проинтервьюировала человек десять-пятнадцать близких знакомых родителей, спрашивая, из чего состоит их день, что доставляет удовольствие, а что не нравится и т. п. Это может натолкнуть на идеи о смежных специальностях или даже полной смене профессии, заодно предоставив некоторую отдушину.

И последнее. Попробуйте больше общаться с людьми, которые любят свое дело. Когда мы смотрим сериалы про работу в госпитале или в рекламном агентстве, жизнь героев кажется нам очень интересной. Во многом это происходит за счет того, что, следя за ними, мы начинаем верить в радость от проведения сложной операции или оригинальной рекламной кампании, хотя никогда в жизни не делали ни того ни другого. Энтузиазм заразителен и передается другим. Верно и обратное. Трудно любить свою работу, когда все вокруг ненавидят свое занятие. Это начинает казаться противоестественным. А потому один из способов улучшить самомотивацию — это окружить себя теми, кто обладает ей в избытке.

Глава 23

Планирование скорости организационных изменений

Мы не можем изменить ничего из того,
что не можем принять.
Осуждение не освобождает,
а порабощает.

Карл Юнг*

Успешная карьера руководителя состоит из пары десятков должностей и проектов, как лестница из ступенек. Профессиональный рост возможен лишь через постоянное расширение компетенции, а оно требует регулярно покидать зону комфорта и осваивать новые области. Как следствие — раз в несколько лет каждый из нас переходит на новую работу и оказывается перед необходимостью проложить новый курс, часто по неизвестному ранее ландшафту деловых отношений и реалий.

Большинство руководителей, переходящих на новую должность, в первый год работы планируют и внедряют немало изменений. Это вызвано не просто желанием «оставить свой след», а самой природой нового назначения: свежей оценкой ситуации, анализом и постановкой целей по ее улучшению.

---

* We cannot change anything until we accept it. Condemnation does not liberate it oppresses.

В своей книге «Первые 90 дней»* Майкл Уоткинс вводит классификацию состояния организаций, с которыми может столкнуться новый руководитель: стартап, выход из кризиса, реорганизация и поддержание успеха. В стартапе предполагается взрывной рост, запуск новых деловых процессов, создание новых работ и должностей. В случае выхода из кризиса — быстрый разворот бизнеса в сторону прибыльности, нередко связанный с такими изменениями, как кадровые перестановки и смены ролей, а в ряде случаев — и увольнения, закрытия филиалов или продажа частей компании; в такой ситуации существует понимание необходимости изменений. Реорганизация же, как правило, связана с еще не осознанной основными действующими лицами необходимостью их совершить, чтобы компания не вошла в кризис или вернулась к прежним темпам роста. Поэтому больше внимания уделяется коммуникациям и убеждению людей начать изменения; но далее их приходится проводить — пусть с меньшим размахом, чем при кризисе. Уже из этого простого описания понятно, почему огромному числу руководителей приходится в первые же дни на новом месте планировать значительные перемены на своем участке работы.

Однако чем выше позиция и шире область ответственности, тем больше потенциальное разрушительное действие таких перемен и связанный с ними риск. Представьте себе, что вы решили изменить систему подсчета и выплаты комиссионных, чтобы мотивировать отдел продаж сфокусироваться на определенной группе продуктов. Возможно, ожидания не оправдались. Либо качество, либо отсутствие нужного количества специалистов в технической поддержке не позволяют наращивать продажи достаточно быстро, даже несмотря на увеличенные комиссионные. Это не всегда легко предсказать заранее. Одно дело — демотивировать неправильной

---

* М. : Манн, Иванов и Фербер, 2012. *Прим. ред.*

системой вознаграждения десять человек, другое — всю организацию сбыта в глобальной компании на сотню стран и тысячи работающих в продажах. В первом случае засобираются уходить двое-трое, все на виду, есть шанс удержать и быстро изменить план. Во втором можно потерять сотни хороших специалистов, а с ними и часть их заказчиков, пока удастся выявить проблему и поменять план. Сама смена системы комиссионных займет время — например, она потребует автоматизации расчетов, — а значит, компания может понести серьезные потери.

Риск, связанный с переменами, куда больше, чем тот немедленный эффект, который они вызовут. За короткий промежуток времени любая организация может принять и внедрить лишь определенное количество изменений. После этого люди теряют доверие к руководству, не ожидают ничего хорошего и не верят в постоянство нововведений. В компании накапливается общая усталость. Работа в ситуации нестабильности не отличается привлекательностью, и вы начнете терять лучших — тех, кто быстрее других найдет места у конкурентов. Заказчики и инвесторы начнут сомневаться в компании с большой текучкой и непрерывными реорганизациями. Так что проводить любые изменения стоит селективно и продуманно, а лучше всего предварительно протестировав, если это, конечно, возможно, их эффект с помощью пилотных проектов.

Стремление выбрать слишком высокую скорость введения изменений и неготовность людей к трансформации такого рода — одна из проблем, с которой вам, скорее всего, придется столкнуться, если вы пришли в организацию, требующую значительных улучшений в стратегии и операциях. С одной стороны, успех вашей работы во многом зависит от возможности провести их как можно быстрее. С другой, вам придется столкнуться с определенным сопротивлением среды и возможностью компании принять нововведения, не вытолкнув вас наружу.

Сила трения и пилотные проекты. Далеко не все изменения нужно начинать с перекраивания структуры подчинения. Как человек с естественнонаучным образованием, я очень люблю, когда мне объясняют социальные явления или законы управления на примерах физики. Так вот, в очередной беседе об изменениях, связанных с нарушением статус-кво и потенциально вызывающих дисбаланс в организации, мой начальник дал мне прекрасный совет, которым стоит поделиться.

— Не надо начинать с новых назначений, которые вызовут трение. Ты же знаешь физику? Трение в системе вызывает выделение тепла (так как беседа шла на английском, то имелся в виду скорее «эмоциональный накал») и сопротивление. В результате оно замедляет движение. Выбери человека, который может сделать необходимое, перераспредели нагрузку, чтобы у него время было, — и начинайте. А когда вы наберете скорость и дело пойдет — объявишь об изменениях в должностях и организационной структуре. Они уже никого не удивят: процесс идет, люди привыкли, сопротивление меньше.

Это действительно хороший прием, позволяющий сосредоточиться на деле, а не политике, а заодно и убедиться, что выбранный вами кандидат в самом деле способен произвести нужные изменения. К сожалению, последнее тоже немаловажно. Строить новую структуру с нуля и руководить уже более-менее работающей организацией — это две разные работы, и далеко не всегда способные ко второй могут осилить первую.

Объяснение с точки зрения физики красиво и элегантно, а в практичности совета я убедилась не раз. В тяжелые времена рецессии, когда не хватает ресурсов для начала крупных инициатив и глобальных изменений, мне несколько раз удавалось дать пробиться росткам нового за счет запуска рабочей группы. Всегда есть неформальные лидеры, готовые взять на себя руководство такими проектами. Это дает им возможность проявить себя и в будущем возглавить

306   Часть III. Успешный старт на новом месте

направление. И многие будут рады поучаствовать в дополнительном проекте, если это интересно, дает возможность расширить сеть контактов, поработать вместе со старшим руководством, поучаствовать в чем-то новом и значительном. Дело добровольное и требующее высокой степени мотивации, но именно поэтому и производительность таких инициатив нередко на порядок выше среднего.

Лучшие люди — на ключевых постах

Изменения в первую очередь связаны с кадровыми вопросами. Одно из основных правил руководства гласит: для успешного ведения дел следует поставить лучших людей на самые важные проекты, сегменты или позиции. Чем большую значимость имеет для вас некоторый участок работы, тем больше проблем он вам доставит, если им руководит неподходящий специалист. К сожалению, построение организации — не игра в тетрис: не всегда хороший человек подходит на определенную роль, и не всегда того, кто сегодня находится на позиции, можно мгновенно передвинуть. Кроме того, не все кадровые изменения удается синхронизировать в силу самых разных причин: от расписания важных моментов в проектах и функциях до особенностей трудового законодательства различных стран.

Первым делом возникает естественная необходимость оценить, какие участки работы являются для вас ключевыми, стоят ли на них правильные люди, можно ли научить имеющихся или кто-то из них требует замены. В последнем случае важно определить, не идет ли речь о «хорошем человеке не на своем месте»: можно ли ему найти более подходящее занятие в организации, где он будет соответствовать требованиям.

Пример: работая над преобразованиями в организации продаж, я инициировала оценку навыков людей, управляющих отношениями с сотней самых крупных заказчиков. Их совокупный бизнес составлял половину общего оборота компании и к тому же стратегически являлся очень важным сегментом ее бизнеса. Тем не менее до этого распределение управляющих по клиентам происходило почти стихийно: кто-то имел хорошие отношения с отделом закупок с прежней работы; кто-то жил в городе, где находилась штаб-квартира заказчика; кто-то был нанят на эту позицию со стороны, когда заказчик был небольшим, но так на ней и остался после нескольких лет роста бизнеса, даже если не очень хорошо справлялся с рядом вопросов. Замены отдельных сотрудников проводились достаточно часто в силу смены работы или невыполнения плана одним из управляющих. Но весь список целиком ни разу не анализировали системно на предмет наличия навыков, необходимых сегодня, и расстановки лучших специалистов по самым важным клиентам. Возможно, в прошлом, когда эти люди только начали работать с новыми заказчиками, им было достаточно знать ограниченный объем продуктов или работать в рамках одной страны. Но с ростом компании, усложнением набора услуг и расширением бизнеса с рядом крупнейших клиентов от них стало требоваться гораздо большее, например координировать действия с нашими продавцами в разных странах.

Оценка производилась совместными усилиями глобальных и региональных руководителей, имевших возможность наблюдать этих людей в действии. Если кто-то из них был известен недостаточному числу участников обсуждения, то мы связывались с руководителями, непосредственно знакомыми с их работой. Нам удалось достаточно объективно оценить их способности по нескольким стандартным критериям, позволявшим сравнить их друг с другом и приоритезировать список. В результате мы заменили пятую часть руководителей, отвечавших за отношения с крупными клиентами, что привело к росту продаж и увеличению количества удовлетворенных клиентов (согласно их регулярному опросу) в первые же полгода.

Это не значит, что все люди, не обладавшие достаточными навыками, покинули компанию. Те, у кого был необходимый опыт, перешли на работу с малыми или региональными клиентами, где пробелы в умении вести дела по всем странам и продуктовым предложениям не препятствовали успеху. Другим, чьи результаты в целом оставляли желать лучшего, пришлось уйти. Последнее было отнюдь не легким решением, но необходимым как с финансовой точки зрения, так и с точки зрения морального климата. Мало кому приятно работать в поте лица и осваивать новое, если сосед получает ту же зарплату, не прикладывая таких же значительных усилий и не добиваясь особых результатов.

Нередко радикальные изменения требуют времени, а начинать новые проекты в определенных сегментах или новых областях нужно уже с первого месяца работы. И тогда возникает вопрос: кому поручить дело? Как быть, если оно не вписывается в имеющееся распределение обязанностей или если тот, кто по логике существующей организационной структуры должен им заниматься, скорее всего, не справится?

Новый уровень делегирования

Когда-то давно, еще на моей первой директорской работе, мы обсуждали с тогдашним начальником степень моей загрузки. Загрузка была чрезмерной. И он засомневался, хорошо ли я делегирую обязанности. Я стала жаловаться, что по всем областям, соответствующим ролям начальников отделов, которые мне подчинялись, я отдала на откуп все, что могла. Я предоставила им максимальную свободу действий, сократила свою роль до минимума — согласовать цели, выслушать и прокомментировать план, преимущественно на предмет дополнительных вопросов, которые они могли не учесть, устранить барьеры: помочь выбить бюджет или разрешить конфликт. Что съедало мое время, так это дополнительные инициативы, которые всегда возникают в верхних слоях организации, но под которые не предусмотрено ставок.

Например, за месяц до нашего разговора мы начали обсуждать возможность покупки другой компании. Наш отдел неожиданно оказался источником экспертизы по совмещению имеющихся и приобретаемых продуктовых линеек. Понятно, что под такой анализ ставку не предусмотришь: дело может возникнуть раз в пять лет, потребовать нескольких недель напряженнейшей работы и уйти в никуда. При этом в итоге компанию могут и не купить, но это неважно: надо все отложить и работу сделать. В слияниях и поглощениях (Mergers and Acquisitions, M&A) требуется принять несколько важных решений в кратчайшие сроки, а анализ трудоемкий, срочный и, как правило, основанный на неполных данных. Параллельно с этим шла наша повседневная работа, в которой тоже случались авралы.

— Ну, — сказал мой начальник, — и кто у тебя отвечает за заключение по M&A?

— Я сама и отвечаю… потому что ни один из подчиняющихся мне отделов был «не в теме».

— А за анализ падения продаж в Европе?

— То же самое.

— Одно из самых распространенных заблуждений молодых начальников, — сказал мне мой босс, — это считать, что если в должностной инструкции подчиняющихся им руководителей отделов не прописан проект, то они не могут над ним работать. Ты же тоже не эксперт по тем самым слияниям? Что ты делаешь — ищешь экспертов, сравниваешь варианты, логически анализируешь. Люди, которые со временем подрастут профессионально и придут тебе на смену, должны делать то же самое. Разве что от тебя лично потребуется чуть больше помощи — посоветовать, как начать, с кем поговорить, обсудить результаты. Но ведь они так же могут собирать и анализировать информацию, составить рекомендации — пусть и посовещавшись с тобой — и сделать презентацию. И за счет того, что они выйдут из своей зоны комфорта, они смогут развиться профессионально — а у тебя будет более сильная команда. Ведь если они не будут делать новые и сложные вещи под твоим руководством, как они научатся делать их самостоятельно? Естественно, что все новые требования и дополнительная нагрузка сначала валятся на тебя — как директор, глава отдела, ты заметнее. Но это не значит, что они должны там же и оставаться, не перераспределяясь дальше. Восемьдесят процентов любой работы в штаб-квартире — это обычные проекты. Остальное — это то, что потребовалось бизнесу в данный момент.

С тех пор я нередко следую этому совету и не устаю удивляться, насколько он помогает сделать два дела сразу: перераспределить нагрузку и развить команду.

Очень хорошим способом атаковать проблему, требующую совместного внимания разных подразделений и одновременно не вписывающуюся в повседневный список проектов, является метод рабочих групп. Суть его в следующем: формируется временная группа для решения этой задачи, и в нее приглашаются члены из разных отделов и функций. По определению это не постоянная структура: решив необходимую проблему, она прекращает регулярные встречи и совместную работу. Обычно у такой группы есть спонсор — кто-то из высшего руководства, берущий на себя ответственность за результат, участвующий в наиболее серьезных решениях по проекту, помогающий с ресурсами и устранением барьеров. Например, спонсор может договориться со своими коллегами об участии ведущих специалистов из их отделов в деятельности рабочей группы или оплате командировок. Кроме того, обычно выбирается лидер, ведущий непосредственное руководство работой на повседневном уровне. Он проводит общие встречи, разбивает команду на группы, работающие над частями проекта, и т. п.

Участие в таких инициативах, как правило, означает дополнительную нагрузку, но одновременно дает возможность приобрести совсем другие навыки, значительно расширить сеть контактов внутри компании и проявить себя. Поэтому обычно такие проекты очень привлекательны для тех, кто строит административную карьеру, — и гораздо менее интересны для работающих без цели дальнейшего профессионального развития.

В первый год на новом месте, оказавшись перед проблемой введения изменений и подбора людей, я несколько раз запускала подобные инициативы. Они мне очень помогли не только проверить и довести до ума несколько новых подходов, но и лучше узнать участников. В итоге в ком-то я разочаровалась, но зато несколько человек перешли на более интересные должности, подчиняющиеся мне напрямую.

Прежде чем менять, расскажи, что ты хочешь изменить

Изменения в одной функции или подразделении компании не могут не сказаться на остальных ее частях. Это особенно заметно в матричной структуре организации бизнеса. Даже если они непосредственно не влияют на то, что передается от одного отдела к другому в процессе обработки информационных и материальных потоков (будь то отчеты или данные о новых заказчиках, поставки частей или чертежи новых образцов), они могут изменить сложившиеся рабочие цепочки, повлиять на моральный климат или повысить сложность сотрудничества. Именно поэтому коммуникации во все стороны — не только в рамках вашего сегмента бизнеса, но и с коллегами, возглавляющими смежные функции, продуктовые линии или регионы, — приобретают особую важность.

Мы уже обсуждали методы построения горизонтальных отношений, равно как и необходимость уделять время лоббированию, особенно в политически заряженной обстановке. Проводя изменения в своем отделе, даже если они не затрагивают других напрямую, полезно дать коллегам знать об этом заранее. Это поможет вам получить дополнительные идеи и советы, возможно, опирающиеся на неизвестные вам эпизоды истории компании, более диверсифицированный опыт и другую точку зрения на ту же ситуацию. В некоторых случаях такое обсуждение поможет вскрыть детали, о которых вы не подумали заранее. Но кроме того, это даст возможность заручиться поддержкой других руководителей, а значит, обеспечить более мягкий климат в организации для проведения любых реформ.

Собственно, совет, ставший заголовком этого подраздела, дал мне один из моих менторов, когда я уходила из IBM: «Прежде чем менять что-то, расскажи другим, что ты хочешь изменить». Он не раз наблюдал, как я вносила изменения, нарушала сложившийся баланс сил и строила новые структуры — иногда с большей степенью успеха, иногда с меньшей, если, например, увязала в политической борьбе. Учитывая, что я специализировалась на участках работы с быстрым ростом или разворотом проблематичных областей бизнеса, неудивительно, что мы нередко обсуждали подобные преобразования.

— Есть люди, — сказал он, — которые хорошо рассказывают о планах, но не умеют их внедрять. А есть те, кто анализирует ситуацию так быстро, что забывает объяснить остальным, почему изменения важны. Ты всегда была успешной на практике — не забывай рассказывать людям заранее о том, что собираешься предпринять, и тебе будет легче это сделать.

Стоит ли говорить, что я не раз с благодарностью вспоминала этот совет.

Организационные изменения

Не прошло и года со времени моего перехода в другую компанию, как наш CEO, мой непосредственный начальник, вышел на пенсию. Когда я упомянула об этом у себя в блоге, оказалось, что эта тема не просто актуальна, но и временами болезненна для многих читателей. Одни полагали, что только у них в компании регулярно происходят организационные изменения, и были рады, что это довольно общая ситуация в корпоративном мире. Другие удивлялись, что я спокойно отношусь к смене начальника, особенно когда уходит один из лучших боссов, на которых мне довелось работать.

Согласно исследованию HBR*, средняя продолжительность успешной карьеры CEO составляет 4,8 года. Дело не только в том, что люди на этой позиции работают на износ и со временем усталость накапливается (особенно если учесть, что, как правило, к должности главы компании приходят на более поздних фазах карьеры). Оказывается, существуют и другие причины периодической смены глав компаний. Со временем многие CEO начинают избегать потерь активнее, чем работать над ростом, и уже не хотят нарушать статус-кво. А следовательно, в зависимости от ситуации на рынке и степени удовлетворенности прибылью инвесторы могут периодически производить замену CEO. Разумеется, не следует забывать, что при среднем сроке в 4,8 года реальный разброс достаточно велик — многие стоят во главе бизнеса по 7–10 лет, а то и гораздо дольше, если компанией владеет семья.

Периодическая ротация в высшем руководстве крупных компаний на уровень ниже CEO практически неизбежна. Это связано с целым рядом факторов. Тут и высокий уровень напряжения, присущий старшим позициям, и перемены на рынке, ведущие к смене стратегии и, соответственно, необходимости свежего взгляда или иных навыков, и переходы, связанные с профессиональным и карьерным развитием, и другие причины. Многие из них влекут за собой изменения в структуре и составе организации на более низком уровне. Любые перемены обычно вызывают стресс из-за страха неизвестности — к счастью, обычно непродолжительный.

---

* http://web.hbr.org/ds/022513

Но люди нередко забывают о положительных моментах перемен, например возможности поучиться новому у другого руководителя и расширении количества спонсоров в вашей сети.

В большинстве крупных современных корпораций организация деятельности, включающая участников (начальников, коллег, глав смежных отделов) и структуру (из каких отделов состоит более крупное подразделение, кто кому подчиняется и какие функции выполняет), редко бывает статичной. Проще всего представить ее в виде здания. Его несущие стены и фундамент — права владения, наличие базовых функций, таких как финансы или отдел кадров, региональное присутствие и состав внутреннего совета директоров — относительно стабильны. А вот расположение комнат и коридоров, цвет стен и мебель меняются практически постоянно. Чем больше особняк, тем выше вероятность, что как минимум в одном его крыле идет очередной ремонт и перестройка.

Почему это происходит? С одной стороны, немалую роль играют объективные факторы. Меняется рынок, меняются технологии, меняются конкуренты, появляются новые методы организации труда. А значит, немного перестраиваются бизнес-модель и деловые процессы внутри корпорации, и уже под них — внутренняя организационная структура. Чем более гибка компания, тем, как правило, она быстрее отвечает на все внешние изменения, а значит, лучше под них подстраивается. Все известные мне крупные компании, успешные в своих областях рынка, делают это практически непрерывно.

С другой стороны, не менее важны и факторы субъективные. Лучший способ не допускать стагнации — это проводить ротацию руководящего состава раз в несколько лет. И свежий взгляд на бизнес у человека, пришедшего на новое место, гарантирован, и перестраивать существующую организацию под новые условия проще, приходя в нее извне. Не случайно говорят, что «новая метла чисто метет». Как правило, окинув ландшафт свежим взглядом, руководитель думает о том, как вывести бизнес на новый уровень — например, остановить падение или ускорить рост, в зависимости от ситуации. А значит, вносит определенные изменения в его структуру.

Кроме того, компании, где существует культура и традиция поддержки профессионального развития и воспитания собственных лидеров, часто осуществляют ротации и с другой целью. Проходя через несколько различных должностей, люди с хорошим начальным потенциалом осваивают новые области и процессы, а значит, оказываются лучше подготовленными к следующей ступени своей карьеры. Кроме того, они часто приносят с собой знание, как те или иные задачи решались на их прежнем месте, и могут обогатить практическую работу совсем в другой функции или регионе. Наконец, горизонтальные перемещения способствуют укреплению контактов внутри компании, улучшению совместной работы и развитию «институциональных знаний» (то есть общей совокупности знаний в компании, как у сотрудников, так и изложенных в различных документах или сохраненных в базах данных).

Таким образом, какие-то изменения в руководстве крупной корпорации в течение года-двух практически неизбежны. А значит, если вы вдруг оказались в идеальной ситуации — все нравится, и начальники на пару уровней вверх, и коллеги, — наслаждайтесь, но не надейтесь, что это продлится вечно. Что-нибудь изменится, и лучше быть к этому готовым. Верно и обратное — если ситуация явно напрягает, то с большой вероятностью что-то в ней переменится в ближайшие год-полтора. Другое дело, что выбор, ждать ли весь этот срок в смутной надежде или переходить на другую позицию, зависит от вашей личной ситуации, приоритетов и критериев выбора работы, терпения и наличия альтернатив. Но, так или иначе, лучше рассматривать эту ситуацию не как потерю, а скорее как возможность приобрести дополнительных учителей и помощников в построении карьеры.

Когда я работала начальником отдела в подразделении малого и среднего бизнеса в IBM, за два года у нас сменилось три вице-президента. Самым обидным для меня было то, что очень влиятельная начальница моей руководительницы, в свое время уговорившая меня перейти в подразделение малого и среднего бизнеса, чтобы вырасти под ее руководством до директорской позиции, перешла на другую должность. Я расстроилась: несколько месяцев — к слову, весьма нелегких — казались потраченными впустую.

Как ни странно, оказалось, что все, что ни делается, к лучшему. Пришедшая ей на смену Д. была полной противоположностью своей предшественнице: приятная в общении и внимательная к людям, она в значительной мере деполитизировала ситуацию и создала куда более приятный климат. Мне очень нравилось у нее работать, и я уже не просто надеялась на повышение, но и радовалась, что не приходится ждать его, стиснув зубы. Увы, Д. повысили раньше, и она возглавила бо́льшую часть маркетинговой работы во всей корпорации. Записавшись к ней на беседу, я пожаловалась на свою горькую судьбу: мол, не успела я доказать одному вице-президенту, на что способна, как та уходит, а теперь, всего полгода спустя, история повторяется.

— Что ты, — рассмеялась Д. в ответ на мои жалобы. — Раньше про тебя знал один человек, потенциально принимающий решение о повышении, теперь двое, а сейчас моя преемница Л. узнает тебя получше — будет трое. С нами тремя, верящими в твои возможности, тебе будет проще получить повышение, у тебя будет сразу несколько «болельщиков» среди старшего руководства.

Стоит ли говорить, что она оказалась права? Настолько права, что я улыбаюсь каждый раз, вспоминая эту историю.

Не прошло и несколько месяцев, как открылась директорская позиция, и Л. меня на нее рекомендовала. А когда будущий начальник поинтересовался мнением других членов маркетингового совета о списке кандидатов — обычная практика во многих крупных компаниях, — то сразу трое представителей старшего руководства очень положительно, с примерами, отозвались о моей работе. Это сделало меня ведущим кандидатом и привело-таки к повышению. Более того, у меня оказалось сразу несколько важных профессиональных контактов, к которым можно было обратиться за советом и поддержкой в дальнейшем.

С тех пор я начала понимать, что смена руководства наверху далеко не всегда плоха для карьеры, если не расслабляться и продолжать демонстрировать хорошие результаты. Теряя хороших начальников, мы приобретаем потенциальных менторов, советчиков и спонсоров — тех, кто может рекомендовать нас или поддержать нашу кандидатуру. Как сказала мне Д., считавшая меня с тех пор своей ученицей и не раз помогавшая после, надо только радоваться расширению круга людей, которые тебя знают с лучшей стороны.

Описанная мной ситуация имела важную положительную особенность: все три вице-президента остались работать в той же компании. То, что это было редким везением, я поняла гораздо позже, когда мой любимый начальник собрался на пенсию. Наученная предыдущим опытом, я продолжала поддерживать контакт с ним даже после его перехода на другую должность и всегда могла рассчитывать на совет или просто моральную поддержку — а тут ниточка обрывалась. Мы остались в контакте в фейсбуке, иногда обменивались новостями или поздравлениями с днем рождения. Я часто думала, как бы П. поступил в той или иной ситуации или как бы он расценил мои действия. Но однажды настал день, когда мне понадобились рекомендации для работы в новой компании. По причинам очевидным я не могла обратиться ни к кому из предыдущих начальников, по-прежнему работавших в IBM, не раскрыв раньше времени свои планы сменить работу. А человек, покинувший организацию на несколько лет раньше меня, с удовольствием их дал. Это был еще один повод задуматься не только о пользе сети контактов, но и о том, что человек, ушедший с непосредственной орбиты ваших текущих рабочих отношений, далеко не всегда потерян для вашей карьеры.

Противостоять или поддержать?

Последнее, о чем, как мне кажется, имеет смысл упомянуть, — что стоит делать во время смены руководства, чтобы максимально облегчить перемены. Изменения вызывают определенное напряжение. Заказчикам и партнерам компании необходимо убедиться в том, что смена руководства не ухудшит их обслуживание, не задержит или не закроет совместные проекты, не повлечет изменения стратегии, которые кардинальным образом отразятся на их работе с вами. Сотрудники же опасаются очередных организационных изменений, потери наработанного «капитала доверия» у руководства и необходимости перестраивать работу под новые требования. Для инвесторов, если они не были непосредственными инициаторами перемен, они означают настороженность относительно стабильности успеха, если он был, или скорости улучшений, если они необходимы. И, наконец, непосредственно для нового руководителя это всегда стресс, связанный с переходом на новое место, изучением нового ландшафта одновременно с переоценкой стратегии и внесением изменений.

Лучшее, что можно сделать в такой ситуации, — помочь. Это как минимум отвлечет вас от волнений, но, скорее всего, поможет упрочить собственные позиции и завоевать уважение. Именно во время изменений и стресса становится видно, кто лидер, а кто нытик, на кого можно положиться, а кого надо утешать и успокаивать. Так что лучше использовать такую возможность не только чтобы продемонстрировать характер и помочь людям обрести уверенность, но и чтобы возглавить изменения, которые, возможно, принесет новое назначение. Даже если они коснутся вашей функции или отдела, лучше, если вы сами будете их планировать и вводить. В этом случае вы сможете лучше разобраться в том, чего новый руководитель пытается добиться, и совместить его и свое ви́дение бизнеса в новой стратегии, сумеете смягчить процесс перемен для своей команды и лучше объяснить происходящее заказчикам или партнерам. Это важно и для ваших отношений с новым начальником, и для результатов в вашем сегменте бизнеса, и для репутации лидера, и, как следствие, для карьеры в целом.

В современном корпоративном мире мало кому удается избежать изменений в своей организации: перемены на рынке диктуют быстрое изменение ландшафта внутри бизнеса. Чем выше вы поднимаетесь по должностной лестнице, тем более заметным становится ваше участие в сопровождающих их процессах и событиях. Несомненно, бывают случаи, когда изменения настолько противоречат вашим этическим или профессиональным взглядам, что вы предпочтете сменить место, но, к счастью, такого рода события — исключение. Чаще всего о них приходится слышать от довольно узких специалистов, не понимающих, что оптимизация крупной системы порой приводит к субоптимизации их участка работы. Люди, обладающие достаточно широкими взглядами и логическим мышлением, как правило, могут понять причины происходящего и выбрать собственный курс действий — инициировать пересмотр годовых целей, обсуждение изменения роли их организации или даже переход на другое место внутри команды.

Так или иначе, лучше принять тот факт, что регулярные изменения в руководстве бизнеса и его организации неизбежны. И что лучше стать частью волны перемен, чем оказаться накрытым таким цунами с головой. Надо научиться видеть в изменениях новые возможности, расширение сети контактов и открытые двери, а не потерю с трудом достигнутых результатов.

Послесловие

> Прыгайте, и вы узнаете,
> как раскрыть крылья,
> пока будете падать*.
> *Рэй Брэдбери*

«Reach for the moon. Even if you miss you'll land among the stars» («Старайся допрыгнуть до месяца в небе. Даже промахнувшись, ты окажешься среди звезд»), — говорит американская пословица.

«Tout soldat francais porte dans sa giberne le baton de marechal de France» («Каждый французский солдат носит в своем ранце жезл маршала Франции»), — говорил Наполеон, согласно свидетельству Э. Блаза, автора труда «Военная жизнь во времена Империи».

Я вовсе не призываю строить профессиональную карьеру в глобальной корпорации тех, кто не имеет к этому интереса, но я надеюсь, что моя книга поможет тем, кто поставил перед собой высокую и амбициозную цель.

Моя работа связана с поездками. Я встречаюсь с заказчиками и провожу время с нашими командами в различных странах, неделю в месяц живу в Амстердаме, где находится наша штаб-квартира, участвую в советах и конференциях. Для кого-то время, проведенное в самолете или в ожидании

---

* Jump, and you will find out how to unfold your wings as you fall.

посадки, — это выброшенные часы, но мне хорошо работается в отсутствие новой почты и звонков. И отлично пишется на русском языке в качестве отдыха, когда не остается сил. Как-то раз я подсчитала, сколько времени провела в пути, и выяснила, что в первый же год на новой работе я провела лишь в воздухе более 460 часов. 19 суток. Прибавить сюда ожидания рейсов и пересадки — и у меня образовался целый месяц в небе.

Это было совсем не легкое время — мои первые двенадцать месяцев во главе функции продаж и в исполнительном совете директоров компании. Они были связаны со сменой CEO и выводом компании из кризиса, борьбой с надвигающейся рецессией в Европе, сильно ударившей по всему рынку логистики. Многие из наших заказчиков значительно перестраивают свои собственные системы поставок и снабжения, чтобы повысить гибкость бизнеса и скорость его реакции на рыночные изменения. А это, в свою очередь, требует совсем другого типа партнеров среди их поставщиков транспортных и складских услуг.

Мы создали новую глобальную команду инженеров, создающих решения под заказчика и помогающих ему оптимизировать свою сеть поставок, и открыли первый в отрасли Инновационный центр логистики (The Center of Logistics Excellence) в Джексонвилле, быстро набирающий популярность у клиентов. Мы перестроили систему прогноза продаж, получив возможность гораздо раньше и точнее определять пробелы и работать над их восполнением. Веря, что лучшие люди должны быть расставлены по самым важным участкам работ, я провела ряд замен среди непосредственных подчиненных и управляющих ключевыми клиентскими счетами. Первая программа дистанционного обучения привлекла неожиданно много участников, мы получили массу писем с благодарностью от сотрудников. И в результате, несмотря на тяжелейшие экономические условия в целом, год стал для компании рекордным по объему новых продаж.

Я доказала — прежде всего себе, потому что никто не сомневался в моих навыках так сильно, как я сама, — что могу успешно руководить крупной организацией сбыта.

Но одновременно с решением проблем бизнеса мне пришлось решить куда больше личных проблем, связанных с переходом в другую лигу. Выход на новый уровень руководства потребовал отрефлексировать целый ряд изменившихся требований, заставить себя освоить не только логистику, но и качества, требующиеся от члена совета директоров, — улучшить коммуникации и executive presence, работу с коллегами и планирование организационных изменений. Как и раньше, мне показалось полезным записать и проанализировать многие из этих моментов по свежим следам.

Так родилась эта книга. И я очень надеюсь, что она поможет многим, идущим по тому же пути.

Приложение
Книги, которые стоит прочитать

Голдратт Э. Цель. М. : Манн, Иванов и Фербер, 2012.

Даунз А. Выйти из кризиса и добиться успеха. Эффективные техники разрешения конфликтных ситуаций. М. : У-Фактория, 2007.

Блэк К. Черным по белому. Секреты успеха, о которых молчит твой босс. М. : Альпина нон-фикшн, 2008.

Коллинз Дж. Как гибнут великие. М. : Манн, Иванов и Фербер, 2013.

Уоткинс М. Первые 90 дней. М. : Манн, Иванов и Фербер, 2012.

Файнер М. Искусство руководить по Файнеру. 50 принципов достижения успеха. М. : АСТ, 2005.

Eblin S. The Next Level. Nicholas Brealey Publishing, 2010.

Watkins M. Your Next Move. Harvard Business Review Press, 2004.

White K. Why Good Girls Don't Get Ahead, But Gutsy Girls Do Grand. Central Publishing, 1995.

Об авторе

Инна Кузнецова — Chief Commercial Officer и член совета директоров компании CEVA Logistics (Амстердам, Нидерланды), одного из мировых лидеров в логистике и оптимизации систем поставок. Возглавляет службы продаж, маркетинга и разработки решений. До перехода на более высокую должность в CEVA в начале 2012 года Инна была единственным вице-президентом русского происхождения в штаб-квартире IBM, где отвечала за маркетинг и поддержку продаж системного программного обеспечения, а также руководила подразделениями, отвечающими за бизнес IBM в Linux и технологии виртуализации.

Инна начала работу в IBM в России в 1993 году, а с 1997 года работает в США. С 2006 года занимает позиции в ранге executive, специализируется на областях высокого роста, вывода компании на новые рынки и слияний компаний. В 2010 году вышла ее первая книга «Вверх! Практический подход к карьерному росту», посвященная планированию карьеры и личному опыту работы в международных корпорациях.

Инна окончила ВМК МГУ и программу MBA в Колумбийском университете США.

На счету Инны многочисленные интервью российской и международной прессе по профессиональным и карьерным вопросам, выступления на конференциях и «круглых столах», профайл в Forbes (2011).

Кроме того, Инна является «тысячником» «Живого журнала», где с 2003 года ведет блог http://karial.livejournal.com. Ее посты неоднократно входили в топ-рейтинги блогосферы.

Максимально полезные
книги от издательства
«Манн, Иванов и Фербер»

Об издательстве

Как все начиналось

Мы стартовали в июне 2005 года с двумя книгами. Первой стала «Клиенты на всю жизнь» Карла Сьюэлла, второй — «Маркетинг на 100%: ремикс». «Доброжелатели» сразу же завертели пальцами у виска: зачем вы выходите на этот рынок? Вам же придется бороться с большими и сильными конкурентами!

Отвечаем. Мы создали издательство, чтобы перестать переживать по поводу того, что отличные книги по бизнесу не попадают к российским читателям (или попадают, но не ко всем и зачастую в недостойном виде). Весь наш опыт общения с другими издательствами привел нас к мысли о том, что эти книги будет проще выпустить самим.

И с самого начала мы решили, что это будет самое необычное издательство деловой литературы — начиная с названия (мы дали ему наши три фамилии и готовы отвечать за все, что мы делаем) и заканчивая самими книгами.

Как мы работаем

— Мы издаем только те книги, которые считаем самыми полезными и самыми лучшими в своей области.

— Мы тщательно отбираем книги, тщательно их переводим, редактируем, публикуем и активно продвигаем (подробнее о том, как это делается, вы можете прочитать на сайте нашего издательства mann-ivanov-ferber.ru в разделе «Как мы издаем книги»).

— Дизайн для наших первых книг мы заказывали у Артемия Лебедева. Это дорого, но красиво и очень профессионально. Сейчас мы делаем обложки с другими дизайнерами, но планка, поднятая Лебедевым, как нам кажется, не опускается.

Мы знаем: наши книги помогают делать вашу карьеру быстрее, а бизнес — лучше.

Для этого мы и работаем.

С уважением,
Игорь Манн,
Михаил Иванов,
Михаил Фербер

Предложите нам книгу!

Когда я не умел читать на английском бегло, я часто думал: «Как много я пропускаю! Какое количество книг выходит на английском языке и как ничтожно мало издается на русском!»

Потом я научился читать на английском, но проблемы мои не закончились. Я не умел читать на немецком, японском, китайском, итальянском, французском языках... И мимо меня проходило (и проходит) огромное количество хороших деловых книг, изданных на этих и других языках. И точно так же они проходят мимо вас — я не думаю, что среди нас много полиглотов.

Потом вышла моя книга «Маркетинг на 100%», где в одном из приложений были опубликованы рецензии на более чем 60 лучших, на мой взгляд, книг из тех 300, которые я прочитал на английском. Издательства деловой литературы начали издавать их одну за другой — и ни слова благодарности, ни устно, ни письменно.

Теперь я сам немного издатель. Поэтому хочу обратиться к таким же активным читателям, как я. Предложите нам хорошую книгу для издания или переиздания!

Мы вам твердо обещаем три вещи

— Во-первых, если книга стоящая — деловая и максимально полезная, то мы обязательно издадим или переиздадим ее (если права на нее свободны).

— Во-вторых, мы обязательно укажем в самой книге и на ее странице на нашем сайте, кем она была рекомендована. Читатели должны знать, кому они обязаны тем, что у них в руках отличная книга.

— В-третьих, мы подарим вам три экземпляра этой книги, и один будет с нашими словами благодарности.

Мы внимательно читаем все письма. Если предложенная вами книга заинтересует нас, мы обязательно свяжемся с вами.

И если вы хотите проверить твердость наших обещаний, то заполните, пожалуйста, специальную форму на нашем сайте mann-ivanov-ferber.ru

Мы ждем!

Игорь Манн

Где купить наши книги

Специальное предложение для компаний

Если вы хотите купить сразу более 20 книг, например для своих сотрудников или в подарок партнерам, мы готовы обсудить с вами специальные условия работы. Для этого обращайтесь к нашему менеджеру по корпоративным продажам: +7 (495) 792-43-72, b2b@mann-ivanov-ferber.ru

Книготорговым организациям

Если вы оптовый покупатель, обратитесь, пожалуйста, к нашему партнеру — торговому дому «Эксмо», который осуществляет поставки во все книготорговые организации.

142701, Московская обл., Ленинский р-н, г. Видное, Белокаменное ш., д. 1; +7 (495) 411-50-74, reception@eksmo-sale.ru

Санкт-Петербург

ООО «СЗКО», 193029, г. Санкт-Петербург, пр-т Обуховской обороны, д. 84, лит. «Е»; +7 (812) 365-46-03 / 04, server@szko.ru

Нижний Новгород

Филиал ТД «Эксмо» в Нижнем Новгороде
603074, г. Нижний Новгород, ул. Маршала Воронова, д. 3; +7 (831) 272-36-70, 243-00-20, 275-30-02, reception@eksmonn.ru

Ростов-на-Дону

ООО «РДЦ Ростов-на-Дону», 344091, г. Ростов-на-Дону, пр-т Стачки, д. 243а; +7 (863) 220-19 34, 218-48 21, 218-48 22, info@rnd.eksmo.ru

Самара

ООО «РДЦ Самара», 443052, г. Самара, пр-т Кирова, д. 75/1, лит. «Е»; +7 (846) 269-66-70 (71...79), RDC@samara.eksmo.ru

Екатеринбург
ООО «РДЦ Екатеринбург», 620007, г. Екатеринбург,
ул. Прибалтийская, д. 24а; +7 (343) 378-49-45 (46...49)

Новосибирск
ООО «РДЦ Новосибирск», 630105, г. Новосибирск,
ул. Линейная, д. 114; +7 (383) 289-91-42; eksmo-nsk@yandex.ru

Хабаровск
Филиал РДЦ Новосибирск в Хабаровске,
680000, г. Хабаровск, пер. Дзержинского, д. 24, лит. «Б», оф. 1;
+7 (4212) 21-83-81, eksmo-khv@mail.ru

Казахстан
«РДЦ Алматы», 050039, г. Алматы, ул. Домбровского, д. 3а;
+7 (727) 251-58-12, 251-59-90 (91, 92, 99), RDC-Almaty@mail.ru

Мы в Facebook!

Присоединяйтесь к нам в Facebook! Все самое интересное из первых рук: facebook.com/mifbooks

Помоги издательству!

Нам как издателям обязательно нужно знать, нравится ли вам эта книга. Поэтому мы просим помощи в ее оценке. Более того, ваших комментариев ждут тысячи тех, кто хотел бы узнать, стоит ли она прочтения.

Если книга вам понравилась, не пожалейте пары минут — оставьте отзыв на Ozon.ru. Расскажите, что интересного и полезного в ней нашли именно вы.

Если у вас есть замечания и комментарии к содержанию, переводу, редактуре и корректуре, то просим написать на be_better@m-i-f.ru — так мы быстрее сможем исправить недочеты.

Ваш книжный клуб

В любой компании есть необходимость учить сотрудников, мотивировать их, общаться друг с другом на интеллектуальные темы, генерировать новые идеи для улучшения и развития бизнеса, а также тренировать их ораторские навыки.

Все эти задачи прекрасно решает книжный клуб. Причем практически бесплатно (цена равна всего лишь стоимости книг). Организовать его очень просто, не нужно никакой специальной подготовки, а времени его заседания будут занимать всего лишь час или два в месяц.

Вот как может работать ваш книжный клуб (схема успешно опробована Игорем Манном в агентстве недвижимости МИАН и некоторыми другими компаниями, например хабаровской «Адвантикой»).

1. Подсчитайте, сколько сотрудников примут в нем участие (оптимальное количество — 7–12). Предположим, их десять вместе с вами.
2. Купите десять самых интересных новинок деловой литературы либо предоставьте участникам выбрать их самим. (Важно: книги должны быть на достаточно широкие темы: маркетинг, мотивация, управление, биографии, личностное развитие.)
3. Раздайте каждому по книге (одну оставьте себе). Сообщите, что через месяц каждый должен не более чем за пять минут рассказать, о чем прочитанная книга и какие полезные идеи из нее можно внедрить в вашей компании. Лучше, если для этого будет использоваться презентация в PowerPoint. Вот примерный расклад слайдов.

Первый. Картинка обложки, где ясно видны название и автор, комментарий, кто и когда читал книгу.

Второй. О чем эта книга? Сколько в ней страниц? Какова оценка по пятибалльной шкале? Кому в компании ее стоит прочитать — обязательно и желательно?

Третий. Основная идея книги (лучше выразить ее на одном слайде).

Четвертый (самый важный). Идеи для внедрения и фамилии сотрудников, которым предлагаете реализовать эти идеи.

Пять минут презентации на каждую книгу, и за час каждый из десяти участников получает:

— обзор девяти книг (прекрасное общее развитие);
— неформальное общение с коллегами;
— идеи для своего направления и развития компании;
— фан (надеемся, докладчики будут стараться рассказывать интересно и весело);
— еще одну книгу, уже для следующего заседания книжного клуба (их лучше купить и распределить между участниками заранее).

Чтобы отдача от книжного клуба была максимальной, учтите два важных момента.

1. Ведущий. Он следит за тем, чтобы докладчики не превышали пятиминутный лимит, регулирует порядок выступления, модерирует вопросы и ответы, фиксирует идеи.
2. Применение идей. Чтобы идеи быстро реализовывались, нужно создать специальный файл, желательно с общим доступом, и просматривать его как минимум ежемесячно. Особо ценные идеи (а такие будут обязательно) сразу записывайте в «горячие» задачи.

Попробуйте и вы. Спустя некоторое время вы обнаружите, что ваши сотрудники стали еще более начитанными, идеи больше не пропадают бесследно, показатели компании улучшаются, а корпоративная культура меняется к лучшему.

Выбрать книги вы можете прямо сейчас на mann-ivanov-ferber.ru.

Присоединяйтесь к нашей команде!

Наши успехи — это заслуга замечательных людей, работающих в нашей команде. У нас всегда есть вакансии для сильных кандидатов.

Вне зависимости от позиции будущие коллеги должны обладать следующими качествами:

— умение добиваться результата: процесс важен, но еще важнее результат, так как мы лично отвечаем за каждое свое дело;
— самостоятельность: мы хотим работать с теми, кто умеет управлять собой — организовывать себя, определять свои задачи, способы и пути их решения;
— пунктуальность: мы не любим тех, кто нарушает сроки;
— инициативность: «на земле» всегда виднее, что и как можно сделать лучше.

Мы ожидаем от своих коллег активной позиции в жизни издательства. Для нас важно соответствие сотрудников корпоративной культуре компании. Мы помним, что «нанимают за профессиональные навыки, а увольняют из-за несоответствия культуре».

Со своей стороны мы предлагаем:

— творческую работу в команде талантливых людей;
— возможность довольно быстро увидеть плоды своих трудов — книги — и получить за них благодарности от читателей;
— возможность работать дома или в уютном офисе в центре Москвы (в зависимости от вакансии);
— возможность учиться у коллег и на тренингах лучших специалистов отрасли.

Подробное описание актуальных вакансий (в том числе внештатных) приведено на нашем сайте на странице mann-ivanov-ferber.ru/about/job/

Ждем вас!

Вверх!
Практический подход к карьерному росту

Инна Кузнецова

О чем эта книга

Как справедливо замечает автор этой книги, карьера — это не просто способ зарабатывания денег. Для многих это путь самовыражения, самоидентификации, поиск своего места в жизни.

Книг о том, как построить карьеру в крупной международной корпорации, на российском книжном рынке пока немного, поскольку россиян, добившихся высоких постов в таких организациях, очень мало, и еще меньшее их число готово писать книги на эту тему. К тому же в России фактически отсутствует институт менторства, так что возможность вовремя получить совет по грамотному построению карьеры еще более уменьшается.

Данная книга, написанная Инной Кузнецовой в ее бытность вице-президентом штаб-квартиры IBM, призвана восполнить этот пробел: автор подробно описывает свой путь вверх, не упуская деталей, связанных с особенностями российского менталитета в условиях западного бизнеса.

Для кого эта книга

Для всех, кто мечтает сделать успешную карьеру в большой компании (особенно зарубежной).

Об авторе

Инна Кузнецова — с 2012 года Chief Commercial Officer и член совета директоров компании CEVA Logistics (Амстердам, Нидерланды), одного из мировых лидеров в логистике и оптимизации системы поставок. До этого была единственным вице-президентом русского происхождения в штаб-квартире IBM, где отвечала за маркетинг и поддержку продаж системного программного обеспечения, а также руководила подразделениями, отвечающими за бизнес IBM в Linux и технологии виртуализации.

На счету Инны многочисленные интервью российской и международной прессе по профессиональным и карьерным вопросам, профайл в Forbes (2011), выступления на конференциях и круглых столах. Кроме того, Инна является «тысячником» «Живого журнала», где ведет блог, посвященный вопросам карьеры.

Веди людей за собой
Проверенное руководство
по лидерству от признанного
лидера — главы компании
с мировым именем

Дэвид Новак

Taking People With You
The Only Way to Make Big Things Happen

О чем эта книга

Будь в вашей компании полтора миллиона или полтора десятка человек — вы мало чего сможете добиться, если не сумеете увлечь и воодушевить своих людей. Скорее всего, вы уже убедились в этом. Но как добиться от них искреннего энтузиазма?

Дэвид Новак, автор этой книги, — CEO компании Yum!Brands. Теперь в его команде 1 400 000 сотрудников. Это крупнейшая мировая ресторанная сеть — она насчитывает более 35 тысяч ресторанов по всему миру, ей принадлежат такие бренды, как KFC, Pizza Hut, Taco Bell и многие другие.

Дэвид разработал лидерскую программу «Веди людей за собой», благодаря которой Yum!Brands стала признанным лидером в области мотивации и вовлечения сотрудников. Вы можете пройти ее сейчас, если прочитаете эту книгу и последуете советам автора.

Не сомневайтесь — у вас получится. Как говорит сам Дэвид, «никто не знает заранее, на что он способен».

Фишка книги

Это уникальная возможность заочно пройти авторскую лидерскую программу от «лучшего лидера как в теории, так и на практике» (Уоррен Баффет), «аса мотивации» (Джек Уэлч) и «великого CEO» (Джеффри Иммельт). В книге есть конкретные упражнения, инструменты, вопросы для самоподготовки.

Для кого эта книга

Для всех владельцев бизнеса, руководителей и менеджеров, которым для достижения своих смелых целей нужна компания настоящих соратников, а не «офисного планктона».

Об авторе

Дэвид Новак — председатель совета директоров и CEO компании Yum!Brands (крупнейшая мировая ресторанная сеть — 35 тысяч ресторанов по всему миру, бренды KFC, Pizza Hut, Taco Bell и другие). До того как проснуться главой независимого бизнес-гиганта, Дэвид одиннадцать лет проработал в PepsiCo и был уверен, что там и останется до пенсии. Журналист по образованию. В поисках работы рассылал не стандартные резюме, а брошюрку со стихами собственного сочинения о том, почему его стоит взять на работу. Скромен. Жена даже отговаривала его от написания книги — кому, мол, будет интересно читать о «никому не известном» CEO? Хорошо, что не отговорила.

Помогите им вырасти или смотрите, как они уходят
Развитие сотрудников на практике

Беверли Кей и Джулия Джулиони

Help Them Grow or Watch Them Go:
Career Conversations Employees Want

Beverly Kaye , Julie Winkle Giulioni

О чем эта книга

Развивать сотрудников. Помогать им расти. Это как правильно питаться или делать зарядку. Вы знаете, что это хорошо. Вы понимаете, что вам стоит это делать. И тем не менее, если вы типичный менеджер, вы не делаете этого так хорошо и так часто, как стоило бы.

Исследование за исследованием в очередной раз подтверждает, что развитие сотрудников — ключевой инструмент менеджера для того, чтобы снизить текучку, повысить вовлеченность и продуктивность его команды. Несмотря на это, развитием занимаются редко, мотивируя это тем, что нет времени на встречи, заполнение анкет и прочую «бюрократию».

Но выход есть. И он достаточно прост: интегрировать частые и короткие беседы о карьерных целях и путях развития сотрудников в повседневную работу. Авторы предлагают несколько видов обсуждений, которые повысят понимание сотрудниками их сильных и слабых сторон, обозначат направление движения вашей компании и отрасли в целом и в результате помогут выработать индивидуальные планы развития, актуальные именно сегодня.

Эта книга наполнена практическими советами, примерами и шаблонами, а также почти сотней полезных вопросов, которые вам стоит обсудить со своими сотрудниками.

Для кого эта книга

Для всех, у кого есть подчиненные и кому небезразлична их судьба.

Фишка книги

Краткость, практичность, дизайн.

Об авторе

Беверли Кей — мировой эксперт в области построения карьеры, удержания и развития сотрудников. Была отмечена наградой Американского общества обучения и развития (ASTD) за выдающиеся заслуги в этой области на протяжении 30 лет. Основатель и CEO консалтинговой компании Career Systems International, соавтор трех книг.

Джулия Джулиони — сооснователь и руководитель консалтингового агентства Design-Arounds. На протяжении 20 лет разрабатывает и внедряет обучающие программы в различных организациях.

Правила выдающейся карьеры

Стивен Кови и Дженнифер Колосимо

Great Work, Great Career

Stephen Covey, Jennifer Colosimo

О чем эта книга

«Правила выдающейся карьеры» — одна из последних и лучших книг Стивена Кови, автора бестселлера «7 навыков высокоэффективных людей», которую журнал Chief Executive назвал самой влиятельной деловой книгой последних 100 лет.

Вместе со своей помощницей Дженнифер Колосимо, руководителем по обучению в компании FranklinCovey, он создал настоящую инструкцию для каждого, кто хочет выделиться из толпы, получить работу своей мечты и наслаждаться ею.

Эта книга научит вас:

- Создавать новые возможности для продвижения и превращать любую выбранную вами работу в выдающуюся.
- Выявлять свои преимущества и понимать, какой рыночной потребности они соответствуют.
- Строить отношения с ключевыми людьми.
- Создать резюме, которое будет работать на вас, а не валяться где-то в куче.

Фишки книги

Отличный перевод, простота изложения, множество примеров и советов, уже опробованных и оцененных, — книга разошлась во всем мире миллионными тиражами.

Для кого эта книга

Книга будет полезна всем, кто хочет найти идеальную работу и стать незаменимым на своем месте.

Об авторах

Стивен Кови получил международное признание в качестве специалиста по вопросам руководства. Он закончил школу бизнеса при Гарвардском университете и защитил докторскую диссертацию в Университете Бригама Янга, где занимался преподавательской деятельностью. Обучение людей целостному образу жизни и целостному руководству стало для него делом всей жизни.

Дженнифер Колосимо — руководитель по обучению в компании FranklinCovey. Она оказала влияние на более чем 30 000 клиентов по всему миру, с которыми работала как фасилитатор и докладчик. Прежде чем прийти в FranklinCovey, Дженнифер получила степень магистра в Университете Пердью и работала консультантом по кадровым перестановкам в компании Accenture.

Для новых идей

Для новых идей

Для новых идей

Для новых идей

Для новых идей

Для новых идей

Для новых идей

Для новых идей

Кузнецова Инна Анатольевна

Месяц в небе
Практические заметки о путях профессионального роста

Руководитель редакции *Артем Степанов*
Ответственный редактор *Юлия Потемкина*
Редактор *Дарья Давыдова*
Иллюстратор *Дарья Рычкова (bangbangstudio.ru)*
Дизайнер *Александр Завгородний (bangbangstudio.ru)*
Верстка *Вячеслав Лукьяненко*
Корректоры *Ярослава Терещенкова, Юлия Молокова*

Подписано в печать 26.06.2013.
Формат 60×90 $^1/_{16}$. Гарнитура Миньон.
Бумага офсетная. Печать офсетная.
Усл. печ. л. 22,0
Тираж 4000. Заказ

ООО «Манн, Иванов и Фербер»,
mann-ivanov-ferber.ru
facebook.com/mifbooks

Отпечатано в соответствии
с предоставленными материалами
в ООО «ИПК Парето-Принт», г. Тверь,
www.pareto-print.ru

www.ingramcontent.com/pod-product-compliance
Lightning Source LLC
Chambersburg PA
CBHW071405090426
42737CB00011B/1352